Dorothea Weidinger

Nation –
Nationalismus –
Nationale Identität

Bundeszentrale
für politische
Bildung

Die Reihe „Kontrovers" dient der Urteilsbildung vor allem der jüngeren politisch interessierten Bürgerinnen und Bürger. Verfasser und Herausgeber sind bemüht, durch die Auswahl der Texte ein möglichst faires Bild der einzelnen Standpunkte und des allgemeinen Diskussionsstandes zum Thema zu geben. Sie sind sich bewußt, daß eine neutrale und objektive Darstellung kontroverser Sachverhalte nur annäherungsweise erreichbar ist.

Redaktionsschluß:	Oktober 1998
Herausgeberin:	Bundeszentrale für politische Bildung
Redaktion:	Thomas Ammer
	Jürgen Faulenbach (verantwortlich), Anne Grote
Satzherstellung:	Fotosatz Froitzheim AG, Bonn
Druck:	Claussen & Bosse, 25917 Leck
	ISBN 3-89331-367-2

Inhaltsverzeichnis

Einführung

Das Verhältnis der Deutschen zu ihrer Nation war in den Jahren vor der Wiedervereinigung (glaubt man den Umfragen und der Mehrzahl der wissenschaftlichen Untersuchungen) eher ein „Nicht-Verhältnis". Nationalismus war, von einzelnen rechtsextremen Gruppierungen und Publikationsorganen abgesehen, nicht nur tabu, sondern schlicht „out" – und das sowohl bei der jungen Generation als auch bei ihren Eltern. Die Frage, ob die eine gemeinsame Nation aus Bundesrepublik Deutschland und DDR noch bestehe, ließ einen sehr großen Teil sowohl der westdeutschen als auch der ostdeutschen Bevölkerung kalt. Sie war ein „Nicht-Thema" für die meisten Staatsbürgerinnen und Staatsbürger.

Umso erstaunlicher war für viele, daß im Vorfeld der Wiedervereinigung und in den Jahren danach das Thema Nationalismus und nationale Identität nicht nur in den Liedtexten und Graffiti rechtsextremer Musikgruppen und Sprayerbanden inszeniert wurde, sondern daß es sich auch in den großen Tages- und Wochenzeitungen, in den politischen Magazinen und Talkshows zunehmend Platz verschaffte. Es entstand eine teilweise geradezu leidenschaftliche Kontroverse um die Frage, ob und inwieweit nationales Bewußtsein zeitgemäß und berechtigt sei, eine Kontroverse, die fast alle Altersgruppen in Ost- und Westdeutschland einbezog. Dieses Heft will die Kontroverse, die noch keineswegs beendet ist, dokumentieren.

Die geschichtlichen Wurzeln des Nationalismus im 19. und 20. Jahrhundert in Europa, in den USA und in der Dritten Welt werden in diesem Kontrovers-Band vorgestellt. Zugleich soll deutlich werden, daß das Entstehen nationalistischer Strömungen nicht zufällig und unvorhersagbar erfolgt, sondern durch bestimmte politische, soziale und wirtschaftliche Voraussetzungen begünstigt wird, die auch ihre Ausbreitung fördern. Die Länder des ehemaligen Jugoslawien werden hierzu als eindrucksvolles zeitgenössisches Beispiel herangezogen.

Zu zeigen, wie nationale bzw. nationalistische Regungen durch herrschende Eliten oder Ideologen instrumentalisiert werden, wie nationalistisches Gedankengut von Politik zu Machtgewinn und Machterhaltung benützt wird und welche Hilfsdienste die Medien dabei leisten, ist ein weiteres Anliegen dieses Hefts.

Es beginnt mit der Vorstellung von Definitionen zum Thema Nation aus verschiedenen geschichtlichen Epochen und geographischen Räumen.

Das zweite Kapitel befaßt sich mit den Begriffen Patriotismus und Nationalismus, definiert sie und zeigt anhand europäischer und außereuropäischer Quellen aus zwei Jahrhunderten sowohl die Entwicklung der Begriffe als auch die divergierenden Einstellungen verschiedener Bevölkerungsgruppen zur jeweiligen Manifestation und Bewertung der Begriffe.

Das dritte Kapitel verfolgt Einstellungen zu Nation und Nationalismus im deutschen Sprachraum bis zum Ende des Zweiten Weltkriegs. Zugleich wird versucht, zu klären, in welchem Verhältnis Rassismus und Nationalismus damals zueinander standen.

Der Entstehung und dem Wandel nationaler Stereotypen ist das vierte Kapitel gewidmet, das den Zeitraum vom Beginn der Kreuzzüge bis zur Gegenwart umfaßt.

Erscheinungsformen und Einflußmöglichkeiten nationaler bzw. nationalistischer Strömungen in Deutschland nach dem Zweiten Weltkrieg bis 1989 werden im fünften Kapitel dargestellt, das auch das Verhältnis der beiden deutschen Staaten zur „Deutschen Nation" untersucht.

Und schließlich will das sechste Kapitel neue Aspekte und neue Trends in der Bewertung von Nationalgefühl und nationaler Identität nach der deutschen Vereinigung aufzeigen.

Mit einem Ausblick auf Bedeutung (und mögliche Gefahren) europäischen „National"-Gefühls bzw. europäischer Identität schließt das letzte Kapitel.

Neben der Definition der Schlüsselbegriffe Nation, Nationalismus und nationale Identität sowie verwandter Begriffe ist es ein wesentlichen Anliegen des Hefts, die jeweilige Einbettung der Quellen in ihre (ideologie-)geschichtlichen, politischen, wirtschaftlichen und sozialen Zusam-

menhänge zu zeigen. Wichtig erscheint, deutlich zu machen, daß zu jeder Zeit zu fast allen angesprochenen Positionen Gegenpositionen existierten und existieren, daß zu nationalistischen Aussagen und Forderungen einzelner Bevölkerungsgruppen (fast) immer auch Gegenpositionen anderer Gruppen zu finden sind.

Wichtig erscheint auch, die Multikausalität ideologischer Strömungen (und Gegenstromungen) aufzuzeigen, Multiperspektivität einzuüben und verstehen zu lernen, daß Einstellungen und Verhaltensweisen anderer geschichtlicher Epochen immer auch aus den Umständen ihrer Zeit verstanden und interpretiert werden müssen. Die eindeutig wertende Stellungnahme aus heutiger Sicht soll damit nicht ausgeschlossen werden; es soll aber auch deutlich werden, daß Wertvorstellungen zeitlichen und sozialen Veränderungen unterliegen und daß Selbstgerechtigkeit der Spätgeborenen nicht die einzige Beurteilungsgrundlage historischer Aussagen sein kann.

Demgegenüber soll die Diskussion der zeitgenössischen Texte, die Gegenüberstellung von Position und Gegenposition, einerseits einen Überblick über aktuelle Beurteilungen von Nation und Nationalgefühl geben und andererseits zu kritischer Besinnung auf die eigenen Wertmaßstäbe und Einstellungen anregen. Die Beschäftigung mit aktuellen konträren Aussagen zu einem der Schlüsselthemen von Politik soll einen Beitrag leisten nicht nur zur Erfassung historischer Analogien, sondern auch zum Verständnis der Meinungsbildungsprozesse in der Gegenwart und zur Rolle der Medien in diesem Bereich.

Die Arbeit mit themengleichen Quellen aus den verschiedensten zeitlichen und geographischen Zusammenhängen soll zugleich den Blick schärfen dafür, wie Themenkonjunkturen entstehen und wie in diesem Zusammenhang die Mobilisierung von Massen durch gezielte Erfindung von Traditionen und territorialen Ansprüchen im Rahmen von Ideologien erfolgt.

Vor allem dem fächerübergreifenden Unterricht Geschichte/Politik/Sozialkunde will das Heft dienen. Handlungsorientierte Bearbeitung bietet sich mit der selbständigen Gestaltung von Interpretationen durch die Schülerinnen und Schüler an, die sich den jeweiligen historischen Hintergrund der Quelle allein oder in der Gruppe erarbeiten. Auch die eigenständige Suche, Diskussion und Bewertung aktueller Aussagen bzw. Texte zu Nation und Nationalgefühl – sozusagen in Fortschreibung des Hefts – und ihre Dokumentation wäre eine gute Möglichkeit handlungsorientierter Bearbeitung des Themas.

Der Blick für nationalistische Aussagen in den Manifestationen rechter Gruppierungen und Parteien sollte hiermit geschärft und damit einem grundlegenden Anliegen politischer Bildung Rechnung getragen werden: Der Förderung des kritischen Urteils der zukünftigen Staatsbürgerinnen und Staatsbürger, ohne das Demokratie nicht überleben kann.

Die teilweise sehr umfangreichen Quellen wurden für die Zusammenstellung gekürzt; die Kürzungen wurden durch ... gekennzeichnet. Ergänzungen zum besseren Verständnis des Zusammenhangs wurden in < > eingefügt, altertümliche oder weniger gebräuchliche Begriffe in [] erläutert. Die Rechtschreibung wurde da, wo es unbedingt erforderlich erschien, der heutigen (ohne Berücksichtigung der Rechtschreibreform) angepaßt.

1 Die Nation – Entstehung und Entwicklung eines Begriffs vom 18. bis zum 20. Jahrhundert

Der Begriff „Nation", der vom lateinischen *nasci* (geboren werden) kommt, hat im Verlauf der Geschichte einen erheblichen Bedeutungswandel durchgemacht. Bei den antiken Autoren – wie etwa Tacitus – bedeutet er soviel wie „Stamm" (z. B. der Germanen), also eine Abstammungsgemeinschaft von einem fiktiven Ahn. Als „nationes" werden von den zeitgenössischen und späteren Autoren auch die „Stämme" der Völkerwanderungszeit bezeichnet, die in sich keineswegs homogen im ethnischen Sinne waren (ebensowenig wie die „Stämme" des Tacitus), sondern Wander-Zweckgemeinschaften oder aber Kultverbände.

Im Mittelalter taucht der Begriff „nation" wieder als (grobe) Herkunftsbezeichnung für Studenten und Professoren der Universitäten auf sowie für die Teilnehmer kirchlicher Konzilien (z. B. von Vienne 1312), die nach „deutscher", „französischer", „englischer" und „spanischer" „nation" abstimmten.

Die Gesamtheit der Abstimmungs- und damit (Mit-)Entscheidungsberechtigten bei politischen Angelegenheiten einer Region meint der Begriff „nation" im späten Mittelalter und in der frühen Neuzeit: Ständische Vertretungen werden so benannt – im Gegensatz zur großen Masse der Bevölkerung, die solche Mitbestimmungsrechte nicht hatte. Die Vertreter der Territorien, der reichsfreien Städte, von Körperschaften oder kleineren reichsfreien Orten zählten seit 1649 zur Vertretung des „Heiligen Römischen Reiches Deutscher Nation".

Als „Nation" bezeichneten sich auch die Generalstände in Frankreich, eine Vertretung einzelner Bevölkerungsgruppen mit dem Recht der Entscheidung über Steuern. „Vereinigung der drei Nationen" schließlich hieß das Gremium, gebildet aus Deutschen, Magyaren und Szeklern, das im 15. Jahrhundert das Gebiet des heutigen Rumänien beherrschte.

Immer stärker aber setzte sich in der frühen Neuzeit der Begriff „Nation" als Bezeichnung der jeweils herrschenden Schicht eines Landes durch, z. B. der „Adelsnation" in Polen, Ungarn und – unter Einschluß der hohen Geistlichkeit – auch in Frankreich. Sie erhob den Anspruch auf politische Mitbestimmung (vor allem auf Mitentscheidung über Steuern), zahlte selbst aber meist keine Steuern und stand damit – zumindest teilweise – im Gegensatz zum jeweils herrschenden Monarchen einerseits und zum übrigen Volk andererseits, das praktisch die gesamte Steuerlast zu tragen hatte und dabei keinerlei Mitbestimmungsrecht besaß.

1.1 Der „Dritte Stand" als „Nation" im Frankreich des 18. Jahrhunderts

Aus diesem Widerspruch heraus ist die Neudefinition der „Nation" durch den Abbé Sieyès zu verstehen, der der Vertretung des Teils der Bevölkerung Frankreichs, der die Steuern zu bezahlen hatte – Bürgertum und Bauern – auch das alleinige Recht zur Steuerbewilligung und damit den Charakter einer „Nation" zusprach. Freilich waren unter den Vertretern des „Dritten Standes" praktisch keine Bauern, so daß diese Bevölkerungsschicht, die zudem vor der Französischen Revolution teilweise noch leibeigen war, sich nicht zur „Nation" zählen konnte. Zu dieser gehörten unterbürgerliche und unterbäuerliche Bevölkerungsgruppen (Bedienstete, Knechte, Tagelöhner etc.) ebensowenig wie die Frauen.

Mit der Erklärung von Sieyès und der Durchsetzung des neuen Nationsbegriffs erweiterten sich politische Mitbestimmungsrechte auf einen erheblich größeren Personenkreis in Frankreich – die „Nation" wuchs sozusagen in konzentrischen Kreisen in die Bevölkerung hinein. Zugleich nahm Sieyès den Gedanken der Naturrechtslehre auf, wonach es ein vorstaatliches Recht gibt, das nicht mit dem (vom Monarchen) gesetzten Recht identisch ist, sondern vor ihm da ist und Vorrang vor ihm hat. Und die Befähigung, dieses Recht zu setzen, schreibt er der Nation zu. Die Durchsetzung dieses Prinzips aber bedeutete die faktische Entmachtung des Souveräns.

Emmanuel Joseph Sieyès: Was ist der Dritte Stand? 1789

Emmanuel Joseph Sieyès (1748–1836), Geistlicher, französischer Revolutionär kleinbürgerlicher Herkunft; 1788 Kanzler der Diözese Chartres; 1788/89 Kampfschriften für eine Nation gleichberechtigter Bürger und gegen Standesprivilegien; auf seinen Antrag hin erklärten sich am 17.6.1789 die Vertreter des Dritten Standes zur Nationalversammlung; war an der Ausarbeitung der Verfassung 1791 beteiligt; 1799 Mitglied des Direktoriums; Zusammenarbeit mit Napoleon und Konsul unter Napoleon, 1815–1830 im Exil in Brüssel.

Was ist eine Nation? Eine Gesellschaft, welche unter einem gemeinschaftlichen Gesetz lebt und durch ein und dieselbe gesetzgebende Versammlung vertreten wird. Ist es nicht eine Tatsache, daß der Adelsstand Vorrechte und Privilegien genießt, welche er seine Rechte zu nennen sich erdreistet und welche von den Rechten des großen Ganzen der Bürger abgesondert sind? Er tritt dadurch aus der gemeinsamen Ordnung und dem gemeinschaftlichen Gesetz heraus. Also schon seine bürgerlichen Rechte machen aus ihm ein eigenes Volk der Nation ... Was seine politischen Rechte betrifft, so übt er auch sie besonders aus. Er hat eigene Stellvertreter, welche keineswegs vom Volk bevollmächtigt sind. Seine Abgeordneten halten ihre Sitzungen gesondert ab. Auch wenn er sich in einem Saal mit den Abgeordneten der einfachen Bürger versammeln würde, wäre ebenso gewiß, daß seine Stellvertretung prinzipiell unterschieden wäre. Sie ist für die Nation ganz fremd, zunächst durch ihren Ursprung, weil ihre Abordnung nicht vom Volk kommt, und dann durch ihren Gegenstand, welcher darin besteht, nicht das allgemeine, sondern das Privatinteresse zu verteidigen.

Der Dritte Stand umfaßt alles, was zur Nation gehört. Und alles, was nicht der Dritte Stand ist, kann sich nicht als einen Bestandteil der Nation betrachten. Was ist der Dritte Stand? Alles ... Die Nation existiert vor allem anderen, sie ist der Ursprung von allem. Ihr Wille ist immer legal; sie ist das Gesetz selbst. Vor ihr und über ihr gibt es nur das natürliche Recht ...

Sieyès, Emmanuel Joseph: Was ist der Dritte Stand? Essen 1988, S. 34, 80.

NUIT DU 4 AU 5 AOÛT 1789
OU LE DÉLIRE PATRIOTIQUE.

Junge, den Dritten Stand repräsentierende Männer zerstören mit Dreschflegeln die Insignien des Feudalismus.

1.2 Der ökonomische Begriff der Nation im 19. Jahrhundert

Von einem ganz anderen Begriff der Nation geht Friedrich List in seiner Schrift 1841 aus. Für ihn ist eine Nation ein geschlossener (Zentral-) Staat mit einer hinlänglichen Infrastruktur und einheitlichen Voraussetzungen für Handel und Geldverkehr. Seine Vorbilder sind Frankreich und Großbritannien, die schon im Mittelalter den Weg zum Zentralstaat einschlugen und sich im 19. Jahrhundert als große wirtschaftliche Einheiten darstellen. List ist nicht an der politischen Komponente des Begriffs „Nation" interessiert, die für Sieyès das Wesentliche war, an der Kombination von Freiheitsrechten und Mitentscheidungsrechten möglichst weiter Kreise der Bevölkerung, zumindest aber des Bürgertums. Für List hatte erste Priorität die Vereinigung der deutschsprachigen Territorien in Mitteleuropa, die seit dem Westfälischen Frieden in unzählige souveräne Gebiete zerfielen.

Friedrich List: Das nationale System der politischen Ökonomie, 1841

Friedrich List (1789–1846), Volkswirtschaftler und Politiker; ab 1817–1820 Professor in Tübingen, 1820 entlassen und zu Festungshaft verurteilt; emigrierte in die USA. Ab 1830 im konsularischen Dienst der USA, wurde zum Vorkämpfer des Eisenbahnbaus in Deutschland und zum Propagandisten des Deutschen Zollvereins. Vertreter liberaldemokratischer Strömungen und von „Erziehungszöllen". Sein Hauptwerk ist „Das nationale System der politischen Ökonomie".

... Die normalmäßige Nation besitzt eine gemeinschaftliche Sprache und Literatur, ein mit mannigfaltigen natürlichen Hilfsquellen ausgestattetes, ausgedehntes und wohl arrondiertes [abgerundetes] Territorium und eine große Bevölkerung. Ackerbau, Manufakturen, Handel und Schiffahrt sind in ihr gleichmäßig ausgebildet; Künste und Wissenschaften, Unterrichtsanstalten und allgemeine Bildung stehen bei ihr auf gleicher Höhe mit der materiellen Produktion. Verfassung, Gesetze und Institutionen gewähren ihren Angehörigen einen hohen Grad von Sicherheit und Freiheit, befördern Religiosität, Sittlichkeit und Wohlstand, haben mit einem Wort die Wohlfahrt der Bürger zum Zweck. Sie besitzt eine zureichende See- und Landmacht, um ihre Selbständigkeit und Independenz [Unabhängigkeit] zu verteidigen und ihren auswärtigen Handel zu schützen. Ihr wohnt die Kraft bei, auf die Kultur minder vorgerückter Nationen zu wirken und mit dem Überschuß ihrer Bevölkerung und ihrer geistigen und materiellen Kapitale Kolonien zu gründen und neue Nationen zu zeugen ...

Große Bevölkerung und ein weites, mit mannigfachen Naturfonds ausgestattetes Territorium sind wesentliche Erfordernisse der normalen Nationalität; sie sind Grundbedingungen der geistigen Bildung wie der materiellen Entwicklung und politischen Macht. Eine an Volkszahl und Territorium beschränkte Nation, zumal wenn sie eine besondere Sprache hat, kann nur eine verkrüppelte Literatur, nur krüppelhafte Anstalten für Beförderung der Künste und Wissenschaften besitzen. Ein kleiner Staat kann innerhalb seines Territoriums nie die verschiedenen Produktionszweige zur vollständigen Ausbildung bringen. Bei ihm wird jeder Schutz zum Privatmonopol. Nur durch Allianzen mit mächtigeren Nationen, durch teilweise Aufopferung der Vorteile der Nationalität und durch übermäßige Kraftanstrengung vermag er seine Selbständigkeit notdürftig zu behaupten ...

List, Friedrich: Das nationale System der politischen Ökonomie, Tübingen 1959, S. 174–178.

1.3 Die Nation als Produkt der gemeinsamen politischen Vergangenheit

Für John Stuart Mill entsteht eine Nation durch das Gefühl der nationalen Zugehörigkeit, das durch „objektive" Merkmale wie „Rasse, Sprache, Religion" zwar gefördert, im Grunde aber eigentlich erst durch die gemeinsame Vergangenheit erzeugt wird. Damit zeichnet er die „Nationwerdung" Großbritanniens (einschließlich Schottlands und der englischen Oberschicht in Irland) als Entwicklung einer gemeinsamen Identität nach.

Wichtig ist Mill (wie auch Sieyès – im Gegensatz zu List) die politische Mitwirkung und Selbstbestimmung der Nationsbürger als grundlegendes Merkmal einer „Nation".

John Stuart Mill: Betrachtungen über die repräsentative Demokratie, 1861

John Stuart Mill (1806–1873), britischer Philosoph und Nationalökonom; Vertreter des radikalen Liberalismus, 1856–1868 Mitglied des Unterhauses; entwarf ein System der deduktiven und induktiven Logik; sein Hauptwerk sind die „Grundsätze der politischen Ökonomie".

... Man kann sagen, eine Gruppe von Menschen konstituiere eine Nation, wenn diese Menschen untereinander durch gegenseitige Sympathien verbunden sind, die zwischen ihnen und irgendwelchen anderen nicht bestehen; aus diesem Gefühl heraus nämlich sind sie eher als mit anderen zur Kooperation untereinander bereit und wünschen sich eine gemeinsame Regierung – und zwar eine Regierung, die ausschließlich durch sie selbst oder aber durch einen Teil von ihnen gebildet wird. Ein solches Gefühl der nationalen Zusammengehörigkeit kann aus den verschiedensten Ursachen entstanden sein. Mitunter wird es durch gleiche Rasse und Abstammung hervorgerufen; Gemeinsamkeit der Sprache und Religion fördern es entscheidend. Auch geographische Grenzen stellen eine Ursache für die Entstehung des Nationalgefühls dar. Am stärksten in diesem Sinne aber wirkt eine gemeinsame politische Vergangenheit: Der Besitz einer nationalen Geschichte und die sich daraus ergebende Gemeinsamkeit der Erinnerungen: kollektive Gefühle des Stolzes und der Scham, der Freude und des Leides, die sich an die nämlichen Ereignisse der Vergangenheit knüpfen. Allerdings stellt keines dieser Momente eine unerläßliche Bedingung dar, wie auch keines allein für sich schon ausreichen muß ... Dennoch läßt sich generell sagen, daß das Nationalbewußtsein beim Fehlen der genannten Faktoren entsprechend schwächer ist. Die gemeinsame Sprache und Literatur und bis zu einem gewissen Grade die Gleichheit der Rasse und der historischen Vergangenheit vermochten unter den verschiedenen Territorialstaaten deutschen Namens, obgleich sie niemals wirklich unter einer Regierung vereinigt gewesen sind, zwar ein Nationalgefühl von beträchtlicher Stärke aufrechtzuerhalten; aber dieses Gefühl hat niemals ausgereicht, um den Wunsch nach Aufgabe der einzelstaatlichen Autonomie aufkommen zu lassen. Eine weitaus schwächer entwickelte sprachliche und literarische Einheit sowie eine geographische Lage, die das Land durch eine scharfe natürliche Grenze von den anderen Ländern trennt, haben andererseits in der Bevölkerung Italiens ein Maß an Nationalgefühl entstehen lassen, das – obgleich es noch nicht einmal voll entfaltet ist – bereits die großen Ereignisse bewirken könnte, die sich heute vor unseren Augen vollziehen ...

Mill, John Stuart: Betrachtungen über die repräsentative Demokratie, Paderborn 1971, S. 241–242.

1.4 Die Nation als tägliches Plebiszit, als die immer wieder erneuerte Zustimmung des Staatsbürgers zu seinem Staat

Eine der (geschichtlich-politisch) reifsten und rationalsten Erklärungen des Nationsgedankens hat der französische Religionswissenschaftler Ernest Renan in seiner berühmten Vorlesung an der Sorbonne 1882 entwickelt: Vor dem Hintergrund der Annexion Elsaß-Lothringens durch das Deutsche Reich 1871, die gegen den erklärten Willen der Einwohner dieser Region erfolgte, definiert er die Nation als konstituiert durch den „täglichen Akt der Zustimmung" ihrer Mitglieder, die diesen in der Regel aus einem Gefühl historischer Verbundenheit heraus erbringen. Noch heute ist dieser Gedanke die Grundlage des (allerdings inzwischen eingeschränkten) jus soli im Staatsbürgerschaftsrecht Frankreichs: Franzose ist, wer in Frankreich geboren ist (und Franzose sein will).

Ernest Renan: Was ist eine Nation? 1882

Ernest Joseph Renan (1823–1892), Orientalist, Sprach- und Religionswissenschaftler, Archäologe; 1862 Professur am Collège de France; ab 1878 Mitglied der Académie Française, hielt 1882 eine berühmte Vorlesung an der Sorbonne mit dem Titel: Qu'est-ce qu'une nation?

Eine Nation ist eine Seele, ein geistiges Prinzip. Zwei Dinge, die in Wahrheit nur eins sind, machen diese Seele, dieses geistige Prinzip aus. Eines davon gehört der Vergangenheit an, das andere der Gegenwart. Das eine ist der gemeinsame Besitz eines reichen Erbes an Erinnerungen, das andere ist das gegenwärtige Einvernehmen, der Wunsch, zusammenzuleben, der Wille, das Erbe hochzuhalten, welches man ungeteilt empfangen hat ... Eine Nation ist also eine große Solidargemeinschaft, getragen von dem Gefühl der Opfer, die man gebracht hat, und der Opfer, die man noch zu bringen gewillt ist. Sie setzt eine Vergangenheit voraus, aber trotzdem faßt sie sich in der Gegenwart in einem greifbaren Faktum zusammen: der Übereinkunft, dem deutlich ausgesprochenen Wunsch, das gemeinsame Leben fortzusetzen. Das Dasein einer Nation ist ... ein tägliches Plebiszit ...

Die Nationen sind nichts Ewiges. Sie haben einmal angefangen, sie werden enden. Die europäische Konföderation wird sie wahrscheinlich ablösen. Aber das ist nicht das Gesetz des Jahrhunderts, in dem wir leben. Gegenwärtig ist die Existenz der Nationen gut, sogar notwendig. Ihre Existenz ist die Garantie der Freiheit, die verloren wäre, wenn die Welt nur ein einziges Gesetz und einen einzigen Herrn hätte ...

Der Mensch ist weder der Sklave seiner Rasse, seiner Sprache, seiner Religion noch des Laufs der Flüsse oder der Richtung der Gebirgsketten. Eine große Ansammlung von Menschen gesunden Geistes und warmen Herzens erschafft ein Moralbewußtsein, welches sich eine Nation nennt. In dem Maße, wie dieses Moralbewußtsein seine Kraft beweist durch die Opfer, die der Verzicht der einzelnen zugunsten der Gemeinschaft fordert, ist die Nation legitim, hat sie ein Recht zu existieren ...

Das Vergessen – ich möchte fast sagen: der historische Irrtum, spielt bei der Erschaffung einer Nation eine wesentliche Rolle, und daher ist der Fortschritt der historischen Studien oft eine Gefahr für die Nation. Die historische Forschung zieht in der Tat die gewaltsamen Vorgänge ans Licht, die sich am Ursprung aller politischen Gebilde, selbst jener mit den wohltätigsten Folgen, ereignet haben. Die Vereinigung vollzieht sich immer auf brutale Weise. Die Vereinigung Nord- und Südfrankreichs ist das Ergebnis von fast einem Jahrhundert Ausrottung und Terror gewesen. Der König von Frankreich, ... der die vollkommenste nationale Einheit vollbracht hat, die es überhaupt gibt – verliert, von nahem besehen, seinen Nimbus. Die von ihm geformte Nation hat ihn verflucht ... Es macht jedoch das Wesen einer Nation aus, daß alle Individuen etwas miteinander gemein haben, auch, daß sie viele Dinge vergessen haben. Kein Franzose weiß, ob er Burgunder, Alane, Wisigote ist, und jeder Franzose muß die Bartholomäusnacht und die Massaker des 13. Jahrhunderts im Süden vergessen haben ... Die moderne Nation ist demnach das historische Ergebnis einer Reihe von Tatsachen, die dieselbe Richtung haben. Bald wurde die Einheit durch eine Dynastie verwirklicht, wie im Falle Frankreichs; bald durch den unmittelbaren Willen der Provinzen, wie im Falle Hollands, der Schweiz und Belgiens; bald durch einen allgemeinen Geist, der spät über die Launen des Feudalwesens triumphiert, wie im Falle Italiens und Deutschlands ...

Renan, Ernest: Qu'est-ce qu'une nation? Paris 1882, in: Vogt, Hannah (Hrsg. und Übers.): Nationalismus gestern und heute, Opladen 1967, S. 138–143.

1.5 „Kulturnation" versus „Staatsnation"

Friedrich Meinecke ist der „Erfinder" des Begriffs „Kulturnation", womit er Sprach- und Kulturgemeinschaften (vor allem die deutsche) gegen Staatsnationen westeuropäischer Prägung (Frankreich, Großbritannien) einerseits absetzt, andererseits aber auch betont, daß strenge Unterscheidungen nicht möglich sind, daß Staats- und Kulturnation ineinander übergehen können, ja es im Regelfall auch tun.

Friedrich Meinecke: Weltbürgertum und Nationalstaat, 1907

Friedrich Meinecke (1862–1954), Historiker, Professor in Straßburg, Freiburg und Berlin; veröffentlichte 1908 sein Hauptwerk: „Weltbürgertum und Nationalstaat", gab die „Historische Zeitschrift" heraus; politisch liberal, war Meinecke ein kompromißloser Gegner des Nationalsozialismus und nach dem Zweiten Weltkrieg erster Rektor der Freien Universität Berlin. Meinecke prägte die deutsche Geschichtsschreibung des 20. Jahrhunderts.

... Nationen, so sieht man wohl auf den ersten Blick, sind große mächtige Lebensgemeinschaften, die geschichtlich in langer Entwicklung entstanden sind und in unausgesetzter Bewegung und Veränderung begriffen sind... Gemeinsamer Wohnsitz, ... gemeinsame oder ähnliche Blutmischung, gemeinsame Sprache, gemeinsames geistiges Leben, gemeinsamer Staatsverband oder Föderation mehrerer gleichartiger Staaten – alles das können wichtige und wesentliche Grundlagen oder Merkmale einer Nation sein, aber damit ist nicht gesagt, daß jede Nation sie alle zusammen besitzen müßte, um eine Nation zu sein. Unbedingt vorhanden sein muß in ihr wohl ein naturhafter Kern, der durch Blutsverwandtschaft entstanden ist ... Man wird ... die Nationen einteilen können in Kulturnationen und Staatsnationen, in solche, die vorzugsweise auf einem irgendwelchen gemeinsam erlebten Kulturbesitz beruhen, und solche, die vorzugsweise auf der vereinigenden Kraft einer gemeinsamen politischen Geschichte und Verfassung beruhen. Gemeinsprache, gemeinsame Literatur und gemeinsame Religion sind die wichtigsten und wirksamsten Kulturgüter, die eine Kulturnation schaffen und zusammenhalten ... Aber häufiger sind doch die Fälle, daß politische Einflüsse und Interessen die Entstehung einer Gemeinsprache und Gemeinliteratur gefördert, wenn nicht sogar verursacht haben. Eng ist oft auch der Zusammenhang von Religion, Staat und Nationalität ... Kann man also innerlich Kultur- und Staatsnation nicht streng und säuberlich voneinander unterscheiden, so kann man es auch äußerlich nicht tun. Denn innerhalb einer echten Staatsnation können – wie das Beispiel der Schweiz zeigt – die Angehörigen verschiede-

ner Kulturnationen leben; und wiederum die Kulturnation kann in sich – wie das Beispiel der großen deutschen Nation zeigte – mehrere Staatsnationen entstehen sehen, d. h. Bevölkerungen von Staaten, die ihr politisches Gemeingefühl zu kräftiger Eigenart ausprägen, die dadurch zu einer Nation werden, oft es bewußt werden wollen, zugleich aber – sie mögen es wollen und wissen oder nicht – auch Angehörige jener größeren umfassenderen Kulturnation bleiben können ...

Meinecke, Friedrich: Weltbürgertum und Nationalstaat, München/Berlin 1919, S. 1–7.

1.6 Die Nation als „Schicksalsgemeinschaft"

Die Sozialdemokratie sah sich zu Beginn des 20. Jahrhunderts vor der Aufgabe, den Begriff und Wert der Nation zu definieren und zugleich den Anspruch des grundsätzlichen Internationalismus zu wahren. Für Otto Bauer, den Verfasser der folgenden Definition von „Nation", kam hinzu, daß er im Vielvölkerstaat Österreich-Ungarn lebte und dessen Konzeption multikulturellen (wenn auch nicht gleichberechtigten) Zusammenlebens verschiedenster Nationalitäten in vieler Hinsicht als zukunftsweisend ansah. Seine Bestimmung der Nation geht deshalb nicht von ethnischen (oder „rassischen") Gesichtspunkten aus, sondern stellt den historischen Aspekt in den Vordergrund. Revolutionär an dieser Definition ist sicherlich auch die Konzeption der erfahrenen Wirklichkeit als subjektiv, vom Vorwissen des Individuums bestimmt.

Otto Bauer: Die Nationalitätenfrage und die Sozialdemokratie, 1907

Otto Bauer (1881–1938), österreichischer Politiker und Publizist; Wortführer und Haupttheoretiker des Austromarxismus, Redakteur der Publikationsorgane „Der Kampf" und der „Arbeiter-Zeitung", Reichstagsmitglied. Vertrat als Staatssekretär im österreichischen Außenministerium eine radikale nationalstaatliche Lösung: die Auflösung Österreich-Ungarns und den Anschluß Deutsch-Österreichs an das Deutsche Reich; war maßgeblich an der Aus-

arbeitung der österreichischen Verfassung beteiligt. 1934 Flucht in die ČSR, 1938 nach Frankreich.

... Wir haben ... den Nationalcharakter ... als die Gesamtheit der einer Nation eigentümlichen, die Volksgenossen untereinander vereinigenden, sie von anderen Nationen scheidenden körperlichen und geistigen Merkmale bezeichnet. Indessen sind diese verschiedenen Merkmale einander keineswegs gleichwertig.

Gewiß gehört zum Nationalcharakter die verschiedenartige Bestimmtheit des Willens. Der Wille äußert sich in jedem Vorgang des Erkennens als Aufmerksamkeit, die von der Masse der erfahrenen Erscheinungen nur bestimmte auswählt, nur diese apperzipiert [wahrnimmt]: wenn ein Deutscher und ein Engländer dieselbe Reise machen, so werden sie mit sehr verschiedenartigem Gewinn in die Heimat zurückkehren; wenn ein deutscher und ein englischer Gelehrter denselben Gegenstand erforschen wollen, so werden die Forschungsmethoden, die Forschungsergebnisse beider sehr verschieden sein. Der Wille äußert sich noch unmittelbarer aber in jeder Entschließung: daß ein Deutscher und ein Engländer in gleicher Lage verschieden handeln werden ...

Es ist gewiß, daß die verschiedenen Nationen auch verschiedene Vorstellungsmassen besitzen: Verschiedene Begriffe von Recht und Unrecht, verschiedene Anschauungen vom Sittlichen und Unsittlichen, vom Anständigen und Unanständigen, vom Schönen und Unschönen, verschiedene Religion und verschiedene Wissenschaft ...

So gelangen wir also zu einem engeren Begriff des Nationalcharakters. Er bedeutet uns also zunächst nicht Gesamtheit aller körperlichen und geistigen Merkmale, die der Nation eigentümlich sind, sondern bloß die Verschiedenheit der Willensrichtungen, die Tatsache, daß derselbe Reiz verschiedene Bewegung auslöst, dieselbe äußere Lage verschiedene Entschließung hervorruft. Diese Verschiedenheit der Willensrichtung ist aber durch die Verschiedenheit der von einer Nation erworbenen Vorstellungen oder der einer Nation im Daseinskampfe angezüchteten körperlichen Eigenart ursächlich bestimmt.

Wir haben dann gefragt, wie eine solche Charaktergemeinschaft entsteht und haben die Frage dahin beantwortet, daß gleiche wirkende Ursachen die Gleichheit des Charakters erzeugt haben. So haben wir die Nation bestimmt als Schicksalsgemeinschaft.

Es gilt nun aber, den Begriff der Schicksalsgemeinschaft schärfer zu fassen. Gemeinschaft bedeutet nämlich nicht bloße Gleichartigkeit ... Denn Schicksalsgemeinschaft bedeutet nicht Unterwerfung unter gleiches Schicksal, sondern gemeinsames Erleben desselben Schicksals in stetem Verkehr, fortwährender Wechselwirkung miteinander ... Nicht Gleichartigkeit des Schicksals, sondern nur das gemeinsame Erleben und Erleiden des Schicksals, die Schicksalsgemeinschaft, erzeugt die Nation ... Die Nation kann also definiert werden als die nicht aus Gleichartigkeit des Schicksals, sondern aus Schicksalsgemeinschaft erwachsende Charaktergemeinschaft. Das ist auch die Bedeutung der Sprache für die Nation. Mit den Menschen, mit denen ich im engsten Verkehr stehe, mit denen schaffe ich mir eine gemeinsame Sprache; und mit den Menschen, mit denen ich eine gemeinsame Sprache habe, mit denen stehe ich im engsten Verkehr ...

Bauer, Otto: Die Nationalitätenfrage und die Sozialdemokratie, Wien 1907, S. 95–97.

1.7 Die Nation aus der Sicht des Marxismus-Leninismus

Bereits die Frühsozialisten in Frankreich vor 1840 vertreten eine Sicht der Nation bzw. des Nationalstaats, die im Gegensatz zur Sicht der Mehrzahl der bürgerlichen Autoren steht. Deutlich wird diese Strömung vor allem auch im „Kommunistischen Manifest", das Nation und Nationalbewußtsein, Patriotismus und Nationalismus als Merkmale der (im Verlaufe der zukünftigen Geschichte entmachteten) Bourgeoisie, des politischen Bürgertums (mit den Kapitalisten gleichgesetzt) abtut und die Zukunft der Menschheit nicht nur in einer klassenlosen sondern auch weitgehend nationalstaatslosen, jedenfalls keineswegs nationalistischen Gesellschaft sieht.

1.7.1 Karl Marx und Friedrich Engels: Manifest der Kommunistischen Partei, 1848

Friedrich Engels (1820–1895), Sohn eines Spinnereibesitzers, dessen Betrieb er später übernahm, seit 1842 Zusammenarbeit mit Karl Marx, mit Owen und den Chartisten (Vertretern des Verfassungsgedankens in Großbritannien), schrieb das für den wissenschaftlichen Sozialismus grundlegende Werk über die englische Arbeiterklasse, veröffentlichte 1847/48 – zusammen mit Karl Marx – das „Kommunistische Manifest".

Karl Heinrich Marx (1818–1883), deutscher Philosoph und Politiker, 1824 Übertritt vom jüdischen Glauben zum Protestantismus, Studium der Rechtswissenschaft in Bonn und Berlin, Schüler Hegels, 1842 Chefredakteur der „Rheinischen Zeitung", eines bürgerlichen Oppositionsblatts in Köln, lernt durch Engels die britische Nationalökonomie kennen, schrieb – auf der Grundlage eines Manuskripts von Engels – 1848 das „Kommunistische Manifest", das zum Beginn der Revolution 1848 erschien, aber keine unmittelbare Wirkung hatte. Marx vertrat den Gedanken einer einheitlichen deutschen Republik und des gemeinsamen Kampfes der deutschen Staaten gegen das reaktionäre Rußland.

... Den Kommunisten ist vorgeworfen worden, sie wollten das Vaterland, die Nationalität abschaffen. Die Arbeiter haben kein Vaterland. Man kann ihnen nicht nehmen, was sie nicht haben. Indem das Proletariat zunächst sich die politische Herrschaft erobern, sich zur nationalen Klasse erheben, sich selbst als Nation konstituieren muß, ist es selbst noch national, wenn auch keineswegs im Sinne der Bourgeoisie. Die nationalen Absonderungen und Gegensätze der Völker verschwinden mehr und mehr schon mit der Entwicklung der Bourgeoisie, mit der Handelsfreiheit, dem Weltmarkt, der Gleichförmigkeit der industriellen Produktion und der ihr entsprechenden Lebensverhältnisse. Die Herrschaft des Proletariats wird sie noch mehr verschwinden machen. Vereinte Aktion, wenigstens der zivilisierten Länder, ist eine der ersten Bedingungen seiner Befreiung. In dem Maße wie die Exploitation [Ausbeutung] des einen Individuums durch das andere aufgehoben wird, wird die Exploitation einer Nation durch die andere auf-gehoben. Mit dem Gegensatz der Klassen im Innern der Nationen fällt die feindliche Stellung der Nationen gegeneinander. . .

Marx, Karl/Engels, Friedrich: Manifest der Kummunistischen Partei, Berlin 1958, S. 29f.

Ungleich enger – und weit weniger komplex – als der Nationsbegriff Meineckes und Bauers ist der Stalins, den er im Auftrag Lenins 1913 entwarf: Die Nation ist das Ergebnis einer geschichtlichen Entwicklung und sie bedarf bestimmter Merkmale, um überhaupt als solche gelten zu können – womit gleichzeitig Sprachgemeinschaften, die nicht über einen eigenen Staat verfügen, der Charakter als Nation aberkannt wird. Anderseits steht Stalin mit seiner Ablehnung des Rassenbezugs der Nation in deutlichem Gegensatz zu einem Großteil der zeitgenössischen Literatur, greift teilweise Positionen von Mill und Renan auf und zeigt keinen Rückgriff auf Positionen des Historischen Materialismus.

1.7.2 J.W. Stalin: Marxismus und nationale Frage, 1913

Joseph Wissarionowitsch Stalin (1879–1953), seit 1901 Mitglied des Parteikomitees der Sozialdemokratischen Arbeiterpartei Rußlands, ab 1903 wiederholt nach Sibirien verbannt, 1912 Mitglied des ersten bolschewistischen Zentralkomitees, gründete die Parteizeitung „Prawda"; wurde nach Studien zur „Nationalitätenfrage" 1913 in Wien verhaftet und bis 1916 nach Sibirien verbannt. War an Planung und Durchführung der Oktober-Revolution maßgeblich beteiligt; bekleidete 1917–1923 das Amt des Volkskommissars für Nationalitätenfragen. Während Lenins Krankheit Vorbereitung der Machtübernahme, 1922 Generalsekretär der KP Rußlands (Bolschewiki), nach dem Tod Lenins Ausschaltung politischer Gegner und Konkurrenten durch „Säuberungen" und Schauprozesse; Ausbau der UdSSR zu einem totalitären Staat.

Eine Nation ist vor allem eine Gemeinschaft, eine bestimmte Gemeinschaft von Menschen. Diese Gemeinschaft ist keine Rassen- und keine Stammesgemeinschaft. Die heutige italienische Nation hat sich aus Römern, Germanen, Etruskern, Griechen, Arabern usw. gebildet. Die französische Nation ist aus Galliern, Römern, Briten, Germanen usw. entstanden. Dasselbe muß von den Engländern, Deutschen usw. gesagt werden, die sich aus Menschen verschiedener Rassen und Stämme zu Nationen formierten. Also ist eine Nation keine Rassen- und keine Stammesgemeinschaft, sondern eine historisch entstandene Gemeinschaft von Menschen. Eine Nation ist eine historisch entstandene stabile Gemeinschaft von Menschen, entstanden auf der Grundlage der Gemeinschaft der Sprache, des Territoriums, des Wirtschaftslebens und der sich in der Gemeinschaft der Kultur offenbarenden psychischen Wesensart. Dabei versteht sich von selbst, daß die Nation, wie jede historische Erscheinung überhaupt, dem Gesetz der Veränderung unterworfen ist, ihre Geschichte, ihren Anfang und ihr Ende hat ... Es muß hervorgehoben werden, daß keines der aufgeführten Merkmale, einzeln genommen, zur Begriffsbestimmung der Nation ausreicht. Mehr noch: Fehlt nur eines dieser Merkmale, so hört die Nation auf, eine Nation zu sein. Man kann sich Menschen mit gemeinsamem „Nationalcharakter" vorstellen, ohne jedoch deshalb sagen zu können, daß sie eine Nation bilden, wenn sie wirtschaftlich voneinander getrennt sind, auf verschiedenen Territorien leben, verschiedene Sprachen sprechen usw. Das gilt beispielsweise für die russischen, die galizischen, die amerikanischen, die georgischen Juden und die Bergjuden, die unseres Erachtens keine einheitliche Nation bilden. Man kann sich Menschen mit gemeinsamem Territorium und Wirtschaftsleben vorstellen, aber ohne gemeinsame Sprache und gemeinsamen „Nationalcharakter" werden sie dennoch keine Nation bilden. Das gilt z. B. für die Deutschen und die Letten im Ostseegebiet. Schließlich sprechen die Norweger und die Dänen eine Sprache, aber sie bilden nicht eine Nation, weil die anderen Merkmale fehlen. Nur das Vorhandensein aller Merkmale zusammen ergibt eine Nation ...

Stalin, Joseph Wissarionowitsch: Marxismus und nationale Frage, in: ders.: Werke, Bd. 2, Berlin 1950, S. 268, 272.

Das „Kleine Politische Wörterbuch" von 1985, das die offiziellen Definitionen politischer und historischer Begriffe für die DDR lieferte, bestimmt den Begriff der Nation ganz aus dem Zusammenhang des Historischen Materialismus als geschichtlich notwendig auf dem Weg der Menschheit zum Sozialismus und Kommunismus: Die Nation ist der Entfaltungsraum des Kapitalismus, der notwendigerweise dem Sozialismus Platz zu machen hat, der in das Endstadium der Menschheitsgeschichte, den Kommunismus, überleitet. Die Nation hat in allen diesen Stadien ihre Bedeutung, entwickelt sich aber inhaltlich zu immer höherer Qualität – bis hin zu einer Verschmelzung der Nationen durch Höherentwicklung und Annäherung.

1.7.3 Kleines Politisches Wörterbuch, 1985

Nation: Struktur- und Entwicklungsform der Gesellschaft in der kapitalistischen und kommunistischen Gesellschaftsformation ... Im gesellschaftlichen Entwicklungsprozeß haben sich zwei grundlegende Typen von Nationen herausgebildet: die kapitalistische und die sozialistische Nation. Die kapitalistische Nation ist eine Entwicklungsform der kapitalistischen Gesellschaft. Ihre ökonomische Grundlage ist die kapitalistische Produktionsweise, daher ist sie in antagonistische Klassen gespalten und wird durch Klassenkämpfe und soziale Konflikte geprägt. Ihre führende Kraft ist die Bourgeoisie ... Solange sich der Kapitalismus in seiner Aufstiegsphase befindet, kann er auch der Nation eine Entwicklungsperspektive bieten, und die Bourgeoisie kann als Repräsentant der Nation auftreten, weil ihre Klasseninteressen weitgehend mit den nationalen Interessen übereinstimmen. Im Stadium des Niedergangs des Kapitalismus, im Imperialismus, entsteht jedoch ein immer tiefer werdender Konflikt zwischen den Interessen der Nation und denen der herrschenden Monopolkapitalisten ... Die weitere Entwicklung der Nation ist untrennbar mit dem revolutionären Kampf der Arbeiterklasse um die Beseitigung des Imperialismus und die Errichtung des Sozialismus verbunden. Die Arbeiterklasse vertritt die wahren Interessen der Nation ... Durch die sozialistische Revolution und den Aufbau der sozialistischen Gesellschaft gestaltet sie die Existenzgrundlagen der Nation um, gibt ihr einen neuen Inhalt und schafft damit einen qualitativ höheren Typ des nationalen Gemeinschaft, die sozialistische Nation ... Die sozialistische Nation gewinnt zugleich ein neues Verhältnis zu den anderen Nationen. Wenn für die Beziehungen zwischen den kapitalistischen Nationen Feindschaft, Streben nach Unterdrückung, Übervorteilung und Ausbeutung anderer Nationen charakteristisch sind, so werden die Beziehungen zwischen den sozialistischen Nationen durch die Prinzipien des proletarischen Internationalismus bestimmt. Die sozialistische Nation und die nationalen Beziehungen im Sozialismus sind durch die Wechselwirkung nationaler und internationaler Züge charakterisiert. Dabei wächst das spezifische Gewicht des Internationalen mit der weiteren Entwicklung des reifen Sozialismus und seinem allmählichen Übergang zum Kommunismus. Im Ergebnis dieses Prozesses entsteht eine internationale Gemeinschaft gleichberechtigter sozialistischer Nationen. Auch in der kommunistischen Gesellschaftsformation wirken zwei Tendenzen in der Entwicklung der Nation und der nationalen Beziehungen. Sie ergeben sich historisch aus den bereits charakterisierten Tendenzen des Kapitalismus, gewinnen aber im Sozialismus einen qualitativ neuen Inhalt: 1. Die Tendenz zur freien nationalen Entwicklung durch das beständige Aufblühen der Nation; 2. Die Tendenz zur ständigen allseitigen Annäherung der Nationen mit dem schließlichen Resultat ihrer Verschmelzung in der späteren Zukunft...

Kleines Politisches Wörterbuch, Berlin 1985, S. 632–636.

1.8 Der Begriff der Nation im deutschen und italienischen Faschismus

Max Hildebert Boehm ist – obwohl ein Gegner des Nationalsozialismus – ein typischer Vertreter des nationalen Gedankens, wie er in Deutschland in der ersten Hälfte des 20. Jahrhunderts sich ausbreitete. Er wendet sich gegen Meineckes Begriff der Kulturnation und begrenzt den Nationsbegriff auf die Staatsnation. Er baut in seinem Versuch einer Abgrenzung von Volk und Nation auf dem Solidaritätsgedanken auf – ähnlich wie Mill und Renan –, erweitert ihn aber (in Übernahme italienischen nationalistischen Gedankenguts) um den Begriff der Irredenta, der „unerlösten" Volksteile, die dem Nationalstaat, dessen Sprache sie sprechen, nicht angehören und die deshalb ihre historische Bestimmung nur in ihrer Vereinigung mit ihm finden können. Damit ist er

einer der Wegbereiter der Rechtfertigung (auch gewaltsamer) Eingliederung deutschsprechender Minderheiten in Europa in ein Großdeutschland.

1.8.1 Max Hildebert Boehm: Das eigenständige Volk, 1932

Max Hildebert Boehm (1879–1943), deutscher Publizist, prägte wesentliche Teile „völkischen" Gedankenguts; förderte die Rezeption mittelalterlicher Epen in der deutschen Literatur; bis 1934 Leiter des Instituts für Grenz- und Auslandsstudien an der Deutschen Hochschule für Politik in Berlin.

Jeder Staat, unabhängig von seiner Form und Verfassung, herrscht über eine Menge von Menschen, die die Hauptbevölkerung seines Gebietes ausmachen und die seine Untertanen sind. Er beansprucht für diese Herrschaft Dauer und leitet sein Herrschaftsrecht vielfach aus einer weit zurückreichenden Vergangenheit ab. Dieses Herrschaftsverhältnis ist heute für jeden einzelnen Untertan oder Staatsbürger auch völkerrechtlich anerkannt und begründet dessen Staatsangehörigkeit ... Diese im Staat zu einer Rechts- und Schicksalsgemeinschaft zusammengeschlossene Untertanenschaft oder Staatsbürgerschaft nennt man im herkömmlichen Sprachgebrauch zumeist ein „Volk"... Wir lehnen ... die neuerdings eingebürgerte Scheidung zwischen Staatsnation und Kulturnation ab. Jede Nation ist ihrem Wesen nach Staatsnation. Aber auch der Staatsformalismus im französischen und westeuropäischen Nationsbegriff kann uns nicht befriedigen. Uns ist die Nation weder eine demokratisch veredelte Bezeichnung für das Staatsvolk auch in Vielvölkerstaaten, noch ein anderer Ausdruck für das Volk, das in den Pseudonationalstaaten der Gegenwart über eine mehr oder minder gewichtige Mehrheit verfügt. Unter der Nation verstehen wir das Volk, das sich im Element der Macht zu einer willensgebundenen Einheit hinentwickelt und sich als solche ... neu konstituiert. So gehörte zur italienischen Nation schon vor dem Krieg <vor 1914> auch der italienischsprechende Österreicher, der sich als ein Teil der „Italia irredenta" fühlte, und wir zählen umgekehrt denjenigen Volksdeutschen heute nicht zur deutschen Nation, dem es, brutal gesprochen, gleichgültig wäre, auf Gebot seines Staates gegen Deutsche in den Krieg zu ziehen. Damit ist gesagt, daß die Nationszugehörigkeit und zugleich die nationale Solidarität im wahren Sinne des Wortes weder an formal staatliche Gemeinschaft noch an künftige Hoffnung auf solche geknüpft zu sein braucht ... Die Nation ist im Kern das seiende oder werdende Staatsvolk ... Zu ihr gehören auch diejenigen konnationalen Ausländer, die ohne formale Zugehörigkeit zum Mutterstaat mit ihm in einer eigentümlichen Schwebelage schicksalhaft willenseins sind, ohne daß sie damit ihre staatsbürgerliche Legalität dem Wirtsstaat gegenüber zu verletzen brauchen ...

Boehm, Max Hildebert: Das eigenständige Volk, Darmstadt 1965, S. 30 f., 35 f.

Während in der theoretischen Grundlegung des deutschen Faschismus (Nationalsozialismus) vor allem die Rasse die Nation konstituierte, ist bei Benito Mussolini, dem Begründer des italienischen Faschismus, der Staat der Schöpfer der Nation. In seiner Doktrin des Faschismus erschafft sich der Staat die Nation, ist er das immanente Bewußtsein der Nation.

1.8.2 Benito Mussolini: Della doctrina del Fascismo, 1932

Benito Mussolini (1883–1945), Volksschullehrer, 1900 Beitritt zur Sozialistischen Partei, Arbeit als Journalist und Herausgeber mehrerer Zeitungen, unter anderem des Parteiorgans der PSI „Avanti!". Ihm gelang es, seine Partei, die Partito Nazionale Fascista, zur ersten bürgerlichen Massenpartei zu machen. 1922 wurde er zum Ministerpräsidenten eines Koalitionskabinetts ernannt, ermöglicht durch Bündnisse mit der Großindustrie und dem Militär; ab 1925 Aufbau einer Einparteiendiktatur und eines totalitären Staates, dem er als „Duce" vorstand. Verträge mit Hitler („Achse Berlin-Rom"), Teilnahme am Zweiten Weltkrieg an der Seite Deutschlands, 1943 vom König entlassen, verhaftet, von deutschen Fallschirmjägern befreit, gründete die Republik von Salò; 1945 erschossen.

... Die höchste Persönlichkeit ist eben die Nation, insofern sie mit dem Staat identisch ist. Die Nation erschafft nicht den Staat im Sinne des alten naturalistischen Rezeptes, das die Basis der Publizistik der im zwanzigsten Jahrhundert entstandenen Nationalstaaten bildet. Im Gegenteil! – die Nation wird vom Staate erschaffen, der dem Volke das Bewußtsein der eigenen moralischen Einheit, den Willen und daher auch die eigentliche Existenz verleiht. Das Recht einer Nation auf Unabhängigkeit leitet sich nicht von einer literarisch und ideell festgestellten Bewußtheit des eigenen Seins ab, und noch weniger von einer zufallsmäßigen Konstellation, sondern von einer bewußten Aktivität, von einem politischen Willen zur Tat und zur Feststellung der eigenen Handlungsfreiheit: von da aus nimmt der Staat gewissermaßen seinen Anfang; als ethischer Universalwille ist er unausgesetzt der Schöpfer des Rechts. Die Nation als Staat ist eine ethische Realität, die existiert und lebt, indem sie sich entwickelt. Ihr Stillstand ist ihr Tod.

Daher ist der Staat nicht nur die Autorität, die regiert und den Willen der einzelnen in Form von Gesetzen und durch Bewertung des Geisteslebens zur Geltung bringt; er ist auch jene Kraft, die ihren Willen nach außen hin durchsetzt, indem sie andere Staaten veranlaßt, sie anzuerkennen und zu respektieren, und die so durch die Tat der Allgemeinheit die Zwangsläufigkeit der Entwicklung beweist, die der Staat genommen hat. Der Staat ist daher auch Organisation und Expansion nach außen hin, wenn auch vielleicht nur durch Andeutung der vorhandenen Möglichkeiten. Und so kann sich der Staat seiner Natur nach mit dem menschlichen Willen vergleichen, welcher in seiner Entwicklung gleichfalls keine Schranke kennt und sich dadurch verwirklicht, daß er seine eigene Unbegrenztheit erweist ...

Der Staat steigert das kurzbegrenzte Leben seiner einzelnen Angehörigen, indem er das immanente Bewußtsein der ganzen Nation verkörpert ...

Mussolini, Benito: Della doctrina del Fascismo, in: Enciclopedia Italiana, Bd. XIV, 1932, Sp. 1126; deutsche Übersetzung in: Mussolini, Benito: Reden und Schriften, Zürich 1934, S. 89 f.

1.9 Der Begriff Nation in der internationalen wissenschaftlichen Diskussion der Zeit nach dem Zweiten Weltkrieg

Lemberg, Deutsch und Anderson, Autoren der 60er und 80er Jahre des 20. Jahrhunderts aus dem deutschen und englischen Sprachraum, entwickeln die Definition der Nation weiter, indem sie nicht mehr abstellen auf gemeinsame Merkmale wie Sprache, Literatur, Kultur, sondern allein auf das Bestehen eines Kommunikationszusammenhangs zwischen den Angehörigen einer Nation. Dieser – und die gemeinsamen Inhalte dieser Kommunikation (die nationale Ideologie) – konstituieren nach ihnen die Nation. Aufgabe des Nationalismus ist es danach, den Zusammenhalt der Nation zu gewährleisten. Nach Anderson wird sogar aus der durch den Nationalismus gestifteten Gemeinschaft das „Produkt Nation".

1.9.1 Eugen Lemberg: Nationalismus, 1964

Eugen Lemberg (1903–1976), Studium der Politikwissenschaft und Soziologie in Prag, Lehrtätigkeit in Prag und Kassel; 1955–1957 Leiter der Schulabteilung im Hessischen Kultusministerium, ab 1957 Professor für Soziologie des Bildungswesens am Deutschen Institut für internationale pädagogische Forschung in Frankfurt; sein Hauptinteresse galt der Osteuropageschichte, der Slawistik und der Nationalitätenfrage.

Was also die Nationen zu Nationen macht oder – allgemeiner gesagt – große gesellschaftliche Gruppen zu selbstbewußten, aktionsfähigen, nationalen oder nationalähnlichen Gemeinschaften bindet und von ihrer Umwelt abgrenzt, das ist nicht die Gemeinsamkeit irgendeines Merkmals, die Gleichheit der Sprache, der Abstammung, des Charakters, der Kultur oder der Unterstellung unter eine gemeinsame Staatsgewalt, sondern umgekehrt: ein System von Vorstellungen, Wertungen und Normen, ein Welt- und Gesellschaftsbild, und das bedeutet: eine Ideologie, die einer durch irgendeines der erwähnten Merkmale gekennzeichneten Großgruppe ihre Zusammengehörigkeit bewußt macht und dieser Zusammengehörigkeit einen be-

sonderen Wert zuschreibt, mit anderen Worten: diese Großgruppe integriert und gegen ihre Umwelt abgrenzt . . .

Wenn es die Gleichheit irgendeines jener Merkmale wäre, was die Nationen zu Nationen macht, was die Träger des gleichen Merkmals zu einer Gemeinschaft auf Leben und Tod verbindet, zu Hingabe, Leistung und Opfer veranlaßt, dann wäre das überlegene Lächeln über dieses Relikt primitiver Gesellschaftszustände berechtigt, ebenso die Erwartung, daß fortschreitende Vernunft und Aufklärung die leidenschaftliche Bindung auf Grund solcher Gleichheit und die daraus entstehenden Konflikte mit der Zeit aus der Welt schaffen werden.

Denn welche sittliche Verpflichtung, welchen Anlaß zu Liebe und Haß, zu Heroismus und Verbrechen könnte die Gleichheit der Haarfarbe oder Schädelform oder auch der Sprache und Abstammung geben, wenn dahinter nicht ein Welt- und Gesellschaftsbild, ein System von Werten und Normen stünde, das dieser Gleichheit einen besonderen Wertakzent, einen verpflichtenden Charakter verleiht, den einzelnen an diejenigen bindet, die mit ihm jenes Merkmal teilen, und von anderen abgrenzt, die dieses Merkmals nicht teilhaft sind! Dieses System von Werten und Normen aber, die Ideologie, ist das Primäre und Wesentliche; die Merkmale sind die Hilfsmittel, an denen sie sich orientiert.

Danach ist der Nationalismus eine jener Ideologien, die Großgruppen binden und von ihrer Umwelt abgrenzen, ihnen einen Ort und eine Rolle in der Geschichte der Menschheit oder ihres Kulturkreises zuweisen, die die Hingabe und manchmal den Fanatismus ihrer Angehörigen herausfordern, die diese Angehörigen auf eine Werteordnung verpflichten, ja ihnen den Sinn ihres Lebens deuten.

In eine Formel gefaßt erscheint der Nationalismus damit als die Integrationsideologie jener Großgruppen oder Großgesellschaften, in die sich die Menschheit seit Anbeginn gegliedert hat und aller Voraussicht nach auch weiterhin gliedern wird . . .

Lemberg, Eugen: Nationalismus, Reinbek 1964, Bd. 2, S. 52f.

1.9.2 Karl Wolfgang Deutsch: Nationenbildung – Nationalstaat – Integration, 1966

Karl Wolfgang Deutsch (1912–1992), Politik-wissenschaftler, Studien zur Rolle der Medien, zur Kommunikations-Gesellschaft, 1958–1967 Professor an der Yale University in New Haven (Conn.), 1967–1978 Professor an der Harvard University in Cambridge (Mass.). 1977–1985 Direktor des Instituts für vergleichende Gesellschaftsforschung am Wissenschaftszentrum in Berlin.

Eine Nation ist ein Volk im Besitze eines Staates. Um einen Staat in Besitz zu nehmen, müssen einige Mitglieder dieses Volkes den Hauptteil der Führungskräfte dieses Staates stellen, und eine größere Zahl von Volksangehörigen muß sich mit diesem Staat irgendwie identifizieren und ihn unterstützen.

Ein Volk wiederum ist ein ausgedehntes Allzweck-Kommunikationsnetz von Menschen. Es ist eine Ansammlung von Individuen, die schnell und effektiv über Distanzen hinweg und über unterschiedliche Themen und Sachverhalte miteinander kommunizieren können. Dazu müssen sie ergänzende Kommunikationsgewohnheiten haben, gewöhnlich eine Sprache und immer eine Kultur als gemeinsamen Bestand von gemeinsamen Bedeutungen und Erinnerungen, der es wahrscheinlich macht, daß diese Individuen in der Gegenwart und in der nahen Zukunft gemeinsame Präferenzen und Wahrnehmungen miteinander teilen.

Die Angehörigen ein und desselben Volkes sind in bezug auf ihre Gewohnheiten und ihre Charakterzüge einander ähnlich und ergänzen einander in bezug auf andere Gewohnheiten. Wenn ein bedeutender Teil der Angehörigen eines Volkes nach politischer Macht für seine ethnische oder sprachliche Gruppe strebt, können wir es als Nationalität bezeichnen. Wenn solche Macht erlangt worden ist – gewöhnlich mit der Beherrschung eines Staatsapparates –, bezeichnen wir es als Nation . . .

Deutsch, Karl Wolfgang: Nationenbildung – Nationalstaat – Integration, Düsseldorf 1972, S. 204.

1.9.3 Benedict Anderson: Die Erfindung der Nation, 1983

Benedict Anderson (geb.1936 in Kunming, China), Professor für Government and Asian Studies und Direktor des South-East-Asian-Program an der Cornell-University, New York.

. . . Nation . . . ist eine vorgestellte politische Gemeinschaft – vorgestellt als begrenzt und souverän. Vorgestellt ist sie deswegen, weil die Mitglieder selbst der kleinsten Nation die meisten anderen niemals kennen, ihnen begegnen oder auch nur von ihnen hören werden, aber im Kopf eines jeden die Vorstellung ihrer Gemeinschaft existiert . . . In der Tat sind alle Gemeinschaften, die größer sind als die dörflichen mit ihren Face-to-face-Kontakten, vorgestellte Gemeinschaften. Gemeinschaften sollten nicht durch ihre Authentizität voneinander geschieden werden, sondern durch die Art und Weise, in der sie vorgestellt werden . . . Die Nation wird als begrenzt vorgestellt, weil selbst die größte von ihnen mit vielleicht einer Milliarde Menschen in genau bestimmten, wenn auch variablen Grenzen lebt, jenseits derer andere Nationen liegen. Keine Nation setzt sich mit der Menschheit gleich. Selbst die glühendsten Nationalisten träumen nicht von dem Tag, da alle Mitglieder der menschlichen Rasse ihrer Nation angehören werden – anders als es in vergangenen Zeiten den Christen möglich war, von einem ganz und gar „christlichen" Planeten zu träumen. Die Nation wird als souverän vorgestellt, weil ihr Begriff in einer Zeit geboren wurde, als Aufklärung und Revolution die Legitimität der als von Gottes Gnaden gedachten hierarchisch-dynastischen Reiche zerstörten . . . Deshalb träumen Nationen davon, frei zu sein und dies unmittelbar – wenn auch unter Gott. Maßstab und Symbol dieser Freiheit ist der souveräne Staat. Schließlich wird die Nation als Gemeinschaft vorgestellt, weil sie, unabhängig von realer Ungleichheit und Ausbeutung, als „kameradschaftlicher" Verbund von Gleichen verstanden wird. Es war diese Brüderlichkeit, die es in den letzten zwei Jahrhunderten möglich gemacht hat, daß Millionen von Menschen für so begrenzte Vorstellungen weniger getötet haben als vielmehr bereitwillig gestorben sind . . .

Anderson, Benedict: Die Erfindung der Nation, 2. Auflage, Frankfurt/Main 1988, S. 15f.

Fragen zu Kapitel 1:

1 E. J. Sieyès sagt, eine Nation sei „eine Gesellschaft, welche unter einem gemeinschaftlichen Gesetz lebt und durch ein und dieselbe gesetzgebende Versammlung vertreten wird".
Welche rechtlichen und staatsbürgerlichen Voraussetzungen müssen damit geschaffen sein, damit eine „Nation" als solche bezeichnet werden kann?
Inwiefern steht diese Definition in Gegensatz zu der von Friedrich List?

2 John Stuart Mill fordert ein „Gefühl der nationalen Zusammengehörigkeit" als Voraussetzung einer Nation.
Zu welchen Ereignissen in der Geschichte von Wales, Schottland und Irland steht diese Aussage in deutlichem Widerspruch?
Welche Bevölkerungsteile berücksichtigt sie nicht?
Welche Intention hat J.S. Mill?

3 Ernest Renan sagt: „Das Dasein einer Nation ist ... ein tägliches Plebiszit". Was wird damit über das Verhältnis von Nation und Demokratie ausgesagt? Gilt diese Aussage heute noch?

4 Welche zukunftsweisenden Elemente finden sich in der Definition der Nation von Otto Bauer? Welche heutigen (jungen) Nationalstaaten in Osteuropa bedienen sich seiner Argumentation? (Ziehen Sie dazu auch die Texte des Kapitels 2 heran!)

5 Welche Bedeutung hatte die von Stalin vertretene restriktive Auslegung des Nationsbegriffs für die Staatenbildung in Osteuropa nach 1945? Welche Unterschiede zeigt Stalins Definition gegenüber der in den Texten 1.7.1 und 1.7.3?

6 Zeigen Sie auf, welche Prinzipien des Historischen Materialismus der Definition der Nation aus dem Kleinen Politischen Wörterbuch zugrundeliegen! Welche Gründe haben wohl dazu beigetragen, daß die prophezeite Auflösung bzw. Verschmelzung von Nationen nicht stattgefunden hat bzw. eher gegenteilige Trends sich durchgesetzt haben?

7 Welche grundlegenden Unterschiede finden sich zwischen den Definitionen Boehms und Mussolinis zur Nation, obwohl beide faschistischem Gedankengut zugerechnet werden?

8 Welche neuen Definitionselemente der Nation finden sich bei Lemberg, Deutsch und Anderson, und auf welche der Kategorien von Nationen am Ende des 20. Jahrhunderts lassen sie sich besonders gut anwenden?

2 Nationales Bewußtsein, Patriotismus, Nationalismus – Entwicklungen vom 18. bis zum 20. Jahrhundert

Im Vorfeld der Französischen Revolution und unter dem Eindruck der ersten Teilung Polens 1772 (und damit des weitgehenden Verschwindens dieses Landes von der politischen Landkarte) tauchte in Europa erstmals der Gedanke auf, ein nationales Bewußtsein, eine Besinnung auf besondere Eigenschaften und Wertvorstellungen einer Nation sei unabdingbar, um diese – allen politischen Widerständen zum Trotz – zu erhalten oder aber zu schaffen.

Im Frankreich der Revolution verbindet sich das Bewußtsein des „Dritten Standes", die Nation zu repräsentieren, mit der Forderung nach Neugestaltung des politischen Lebens, nach individuellen Freiheitsrechten und politischer Mitbestimmung. Dabei steht aber der Idee der Nation zu dieser Zeit fast überall in Europa die Tatsache entgegen, daß eine der wichtigsten Voraussetzungen der Nationwerdung, die gemeinsame, allen gleichermaßen verständliche Sprache, nicht existiert: Das vorrevolutionäre Frankreich war in eine Vielzahl von Sprachen aufgeteilt (wie etwa auch Italien vor 1860, in dem nur etwa 2 % der Bevölkerung Hochitalienisch sprachen); es bedurfte erheblicher Anstrengungen, den Dialekt der Hauptstadt und ihres Umlands, der Île de France, zur französischen Nationalsprache werden zu lassen. Erst die gemeinsame Sprache aber – soviel war den Zeitgenossen klar – schafft nationales Zusammengehörigkeitsgefühl auf Dauer.

Am Ende des 18. Jahrhunderts geht es jedoch nicht eigentlich um Nationalismus, sondern um Patriotismus, Vaterlandsliebe. Die Hingabe von Leib und Gut an die alten Autoritäten, wie Lehnsherrschaft und Kirche, wird ersetzt durch den Gedanken der Aufopferung für das Vaterland. Vorbilder für diese Vaterlandsliebe finden die Autoren am Ende des 18. und zu Beginn des 19. Jahrhunderts im Verhältnis Israels zu seinem Gott und im Verhältnis des Vollbürgers zum antiken griechischen Stadtstaat.

Das Frankreich der Revolution setzte folgerichtig der Nation Altäre; sie wurde zur Religion. Die so vergöttlichte Nation hatte selbstverständlich dann nicht nur das Recht, sondern geradezu den Auftrag, ihre Ideale auch außerhalb des eigenen Territoriums zu verbreiten. Die weitgehende Militarisierung Frankreichs in den Napoleonischen Kriegen und die Stoßkraft, die das Volksheer aus dem nationalen Gedanken gewann, ermöglichten Napoleons Erfolge.

Diese aber wiederum weckten den Patriotismus, aber auch den Nationalismus bei den Intellektuellen des deutschsprachigen Raums, die sich – großenteils mit der Unterstützung ihrer Regierungen – seiner bedienten, um die „Befreiung vom französischen Joch" zu erreichen. Von da aus griff der Nationalismus auf die Völker Süd-, Mittel- und Osteuropas über und führte letztendlich zur Nationalstaatsbildung in Deutschland und Italien sowie zur Zerschlagung des Vielvölkerstaats Österreich-Ungarn.

Als Einigungs- und Befreiungsideologie griff der Nationalismus der geistigen Eliten auf die „Gemeinsamkeit der Sprache, der Geschichte, des Nationalcharakters" zurück. Freilich mußte die Sprache – wie erwähnt – oft erst „erfunden" werden, indem aus einem regionalen Dialekt eine „Hochsprache" wurde, und eine „gemeinsame Geschichte" mußte oft nicht nur verklärt, sondern sogar erst konstruiert werden. „Große Reiche", die zu irgendeiner Zeit auf dem Boden des in Frage stehenden Territoriums bestanden hatten – waren sie auch Hunderte von Jahren entfernt von der Gegenwart und ohne Kontinuität zu ihr – wurden zum Kern einer (fiktiven) nationalen Geschichte.

Gegen Ende des 19. Jahrhunderts schlug der in fast allen Ländern Europas herrschende Nationalismus in einigen Ländern in eine neue Qualität um. Charles Maurras hat dafür den Begriff des „Integralen Nationalismus" geprägt: Das Vaterland wird nicht nur zum zentralen, sondern zum ausschließlichen Wert; die jeweils eigene Nation wird in ihren Eigenschaften, in ihrer „historischen Sendung" verabsolutiert; ihr wird die „Mission" zugeschrieben, das eigene Volkstum über die Erde zu verbreiten und damit die Welt zu „erlösen". Kritik hieran ist nicht mehr erlaubt, jeder

Zweifel gilt als Verrat – der Integrale Nationalismus erweist sich als Unterdrückungsideologie auch in der eigenen Nation. Diese Ideologie aber liefert die Rechtfertigung für den Imperialismus.

Aus europäischer Erziehung der einheimischen Eliten übernahmen nach dem Ende des Zweiten Weltkriegs Kolonialvölker den Nationalismus als Befreiungsideologie im Kampf gegen die Kolonialherren. Damit wurde auf die Territorien Afrikas und Asiens die Idee der Nation übertragen, die diesen geschichtlich fremd war, die aber der Legitimation des Herrschaftsanspruchs der einheimischen Eliten diente. Der Nationalismus der 90er Jahre des 20. Jahrhunderts schließlich resultiert aus dem Zerbrechen der sozialistischen Staatenblöcke und dem Ende des sowjetischen Einflusses in der Dritten Welt. Die Idee der Nation – und mit ihr die des Nationalismus – wurde zum tragenden Gedanken der Neugestaltung Osteuropas.

In keiner Periode aber war der Nationalismus die ausschließlich akzeptierte Ideologie, wenngleich sich ihre Akzeptanz im Verlauf des 19. und 20. Jahrhunderts von den Eliten hin zu den Massen verlagerte und obwohl sich die nationalen Regimes dieser Idee exzessiv bedienten. Sowohl in Europa als auch in den Ländern der Dritten Welt (und heute in den Nachfolgestaaten der Sowjetunion) erhoben und erheben sich Stimmen gegen den Nationalismus und seine mörderischen und selbstmörderischen Auswirkungen. Inwieweit diese Stimmen in der breiten Bevölkerung Widerhall fanden und finden, muß indes offen bleiben.

2.1 Zur Definition des Begriffs „Nationalismus":

2.1.1 Peter Alter: Nationalismus, 1994

Peter Alter (geb. 1942), Historiker an der Universität Köln, Stellvertreter Direktor des Deutschen Historischen Instituts in London.

„SIE mit Ihren nationalistischen Ansprüchen!"

... Im heutigen Sprachgebrauch und Sprachverständnis handelt oder argumentiert jemand „nationalistisch" oder wird jemand als „Nationalist" bezeichnet, wenn er die Interessen einer Nation, in der Regel die der eigenen, den Interessen anderer Nationen rücksichtslos überordnet und bereit ist, diese gegebenenfalls ... zu mißachten ... Dem Nationalismus als einer extremen Ideologie haftet spätestens seit dem Zweiten Weltkrieg ein starker negativer Beigeschmack an, eine mehr oder weniger moralische Bewertung. Der Begriff wird von Westeuropäern und Amerikanern benutzt, um Formen kollektiver Selbstsucht und Aggressivität im vorgeschobenen Namen der Nation zu brandmarken. Demgegenüber werden eine „nationale Gesinnung", „Nationalgefühl" oder ein Handeln im „nationalen" Sinne weiterhin positiv gewertet. Hiermit werden offenbar legitime Interessen angesprochen, die nicht zwangsläufig zu Konflikten mit dem Nationalismus anderer Völker führen müssen ...

Um das ... Wort „Nationalismus" zu vermeiden, wird heute gelegentlich wieder der ältere Begriff des Patriotismus, der Vaterlandsliebe, bemüht. Er meinte im Europa des 18. Jahrhunderts die emotionale Bindung an eine Landschaft, an einen dynastischen Staat oder einen Herrscher. Die Liebe zum Vaterland verband sich mit allgemeinmenschlichen Idealen: Man konnte sehr wohl Patriot und Weltbürger zugleich sein ... Seit dem 19. Jahrhundert wurde der Begriff Patriotismus auf die Bindung des Individuums zur Nation und zum Nationalstaat übertragen ... Der Gebrauch des Begriffs Nationalismus, der sich zum ersten Mal in einer Schrift Johann Gottfried Herders nachweisen läßt, verbreitete sich in der Alltagssprache erst seit der Mitte des 19. Jahrhunderts. Aber bis heute ist umstritten, was unter Nationalismus genau zu verstehen ist ... <Nach> Lemberg <ist der Nationalismus> „ein System von Vorstellungen, Wertungen und Normen, ein Welt- und Gesellschaftsbild"..., das einer sozialen „Großgruppe ihre Zusammengehörigkeit bewußt macht und dieser Zusammengehörigkeit einen besonderen Wert zuschreibt, mit anderen Worten: diese Großgruppe integriert und gegen ihre Umwelt abgrenzt."...
Der moderne Nationalismus, wie er sich seit der Amerikanischen und Französischen Re-

volution darstellt, ist eine Ideologie und zugleich eine politische Bewegung, die sich auf die Nation und den souveränen Nationalstaat als zentrale innerweltliche Werte beziehen und die in der Lage sind, ein Volk oder eine große Bevölkerungsgruppe politisch zu mobilisieren. Nationalismus verkörpert also in hohem Maße ein dynamisches Prinzip, das Hoffnungen, Emotionen und Handlungen auszulösen vermag. Er ist ein Instrument zur politischen Solidarisierung und Aktivierung von Menschen, um ein gemeinsames Ziel zu erreichen ...

Alter, Peter: Nationalismus, München, Zürich 1994, S. 17 – 20.

2.2 Patriotismus und Nationalbewußtsein im 18. Jahrhundert

2.2.1 Friedrich Karl von Moser: Von dem deutschen Nationalgeiste, 1775

Friedrich Karl von Moser (1723–1798), Jurist, Reichshofrat in Wien und Minister in Hessen-Homburg, verfaßte Schriften gegen den Sittenverfall der Regierenden und Korruption.

Wir werden uns untereinander fremd und die Gleichgültigkeit und der Kaltsinn einer deutschen Provinz gegen die andere steigt immer höher. Dieses Fremdsein, diese Flucht voreinander, dieses dem gemeinsamen vaterländischen Interesse so schädliche und dem deutschen Namen so unrühmliche Vorurteil macht, daß ... man sich untereinander nie so weit bekannt wird und kommuniziert, um ... über die Quellen der Zwietracht sich zu besprechen, zu beraten und auf den Grund des gemeinschaftlichen Besten, der allgemeinen Liebe, Pflicht und Ehre des Vaterlands zusammenzusinken. Dasselbe beweist sich hernach in großen und gemeinsamen Gefahren. Die Verhandlungen der Kreis- und Reichstage enthalten davon zu allen Zeiten solche häufige Beweise, wie gelassen ein deutsches Land zugesehen, daß die andere bald von den Türken, bald von den Franzosen, von Spaniern und Schweden, gebrandschatzt, verheeret und von dem deutschen Reich selbst ganz abgerissen worden ...

Die Liebe des Vaterlands erlöscht immer mehr... Der patriotische Trieb ... artet in lauter Eigennutz aus. Mein Vaterland! Vergönne einem deiner Bürger den sehnenden, den redlichen Wunsch gleich einträchtiger Gesinnungen! Sind wir doch, so gut als die Helvetier [Schweizer], ebenfalls Eid- und Bundesgenossen... Wie glücklich, wie ruhig würde Deutschland alsdann sein, wenn... ein Berliner Wien, ein Wiener Hannover, ein Hesse Mainz als sein Vaterland achten und lieben lernte...

Moser, Friedrich Karl von: Von dem deutschen Nationalgeiste, Selb 1976, S. 39–42, 54 ff.

2.2.2 Jean-Jacques Rousseau: Considérations sur le Gouvernement de Pologne [Überlegungen über die Regierung Polens], 1772

Jean-Jacques Rousseau (1712–1778), geboren in Genf, ohne formale Ausbildung, Autodidakt, verfaßte musiktheoretische Beiträge für die Encyclopédie von d'Alembert und Diderot. Der preisgekrönte „Discours sur le sciences et les arts", die Antwort auf die Frage der Akademie von Dijon, „ob der Fortschritt der Wissenschaften und Künste dazu beigetragen hat, die Sitten zu verbessern oder zu reinigen", machte Rousseau mit einem Schlag berühmt. In der Folge entstanden seine grundlegenden philosophischen und pädagogischen Schriften.

... Wenn ihr es erreicht, daß ein Pole niemals ein Russe werden kann, dann antworte ich Euch, daß Rußland Polen nicht unterwerfen wird. Es sind die nationalen Einrichtungen, die den Genius, den Charakter, den Geschmack und die Sitten eines Volkes formen, die es zu eben diesem und keinem anderen machen, die ihm diese glühende Vaterlandsliebe einflößen, die auf Gewohnheiten gegründet ist, die man unmöglich ausreißen kann...

Beginnen Sie immer damit, den Polen eine hohe Meinung von sich selbst und ihrem Vaterland zu geben... Man sollte eine periodische Festlichkeit beschließen und sie alle zehn Jahre mit einem Pomp begehen, der nicht glänzend und leichtfertig ist, sondern einfach, stolz und republikanisch. Dabei sollte man würdig und ohne Emphase das Lob der tapferen Bürger aussprechen, die die Ehre hatten, für das Vaterland in den Kerkern des Feindes zu leiden...

Ich wollte, daß man durch Ehren und öffentliche Belohnungen allen patriotischen Tugenden zu Ansehen verhülfe, daß man die Bürger ohne Aufhören mit dem Vaterland beschäftigte, daß man es zu ihrem wichtigsten Geschäft machte und es ihnen ununterbrochen vor Augen hielte...

Man muß die alten Gebräuche erhalten und wiederherstellen und passende einführen, die den Polen allein eigen sind. Diese Gebräuche ... würden immer den Vorteil haben, die Polen an ihr Land gefühlsmäßig zu binden und ihnen einen natürlichen Widerwillen zu geben, sich mit dem Fremden zu vermischen. Ich sehe es als ein Glück an, daß sie eine besondere Tracht haben. Hüten Sie diesen Vorzug mit Sorgfalt! ... Die Erziehung ist ein wichtiger Punkt. Sie muß den Seelen die nationale Form geben und ihre Meinungen und ihren Geschmack so lenken, daß sie durch Neigung, Leidenschaft und Notwendigkeit Patrioten werden. Ein Kind, das seine Augen öffnet, muß das Vaterland sehen und bis zu seinem Tode nichts sonst. Jeder wahre Republikaner sauge mit der Muttermilch die Vaterlandsliebe ein, das heißt die Liebe zu den Gesetzen und zur Freiheit. Die Liebe bestimmt seine ganze Existenz. Er sieht nur das Vaterland, er lebt nur dafür. Sobald er allein ist, ist er nichts; sobald er kein Vaterland mehr hat, ist er nicht mehr, und wenn er nicht tot ist, geht es ihm umso schlimmer...

Mit zwanzig Jahren muß der Pole nicht wie jeder andere Mensch sein; er muß ein Pole sein. Ich will, daß er über sein Land liest, wenn er lesen lernt; daß er mit zehn Jahren seine gesamte Produktion kennt, mit zwölf alle seine Provinzen, alle Wege, alle Städte; daß er mit fünfzehn seine ganze Geschichte kennt, mit sechzehn alle Gesetze; daß es in ganz Polen keine gute Tat und keinen berühmten Mann gibt, von denen ihm nicht das Gedächtnis und das Herz voll sind und von denen er nicht augenblicks Rechenschaft geben könnte...

Rousseau, Jean-Jacques: Considérations sur le Gouvernement de Pologne, Paris 1772, in: Vogt, Hannah (Hrsg. und Übers.): Nationalismus gestern und heute, Opladen 1967, S. 76–78.

2.2.3 Bertrand Barère: Sur la Langue Française [Die Sprache der einen und unteilbaren Nation ist Französisch], 1794

Bertrand Barère de Vieuzac (1755–1841), Rechtsanwalt, 1789–1791 Mitglied der verfassungsgebenden Nationalversammlung, leitete als Präsident den Konvent beim Prozeß gegen Ludwig XVI; ursprünglich gemäßigt, wechselte er 1792 auf die Seite Robespierres und erwies sich als eines der radikalsten Mitglieder des Wohlfahrtsausschusses. Nach Robespierres Tod zur Deportation verurteilt, begnadigt, trat in die Dienste Napoleons, war 1815–1830 im Exil.

. . . Ich werde heute Ihre Aufmerksamkeit auf die schönste Sprache Europas lenken, diejenige, die als erste offen die Menschen- und Bürgerrechte geheiligt hat, die den Auftrag hat, der Welt die erhabensten Gedanken der Freiheit und die höchsten Theorien der Politik zu übermitteln. Lange Zeit war sie Sklavin, sie schmeichelte den Königen, verdarb die Höfe und knechtete die Völker . . . Endlich begann sie wieder Kraft, Vernunft und Freiheit zu gewinnen unter der Feder einiger Philosophen, die vor der Revolution um 1789 durch Verfolgung geehrt wurden. Aber noch immer schien sie nur gewissen Klassen der Gesellschaft zu gehören. . .

Wir haben die Regierung revolutioniert, die Gesetze, die Gebräuche, die Sitten, die Kleidung, den Handel und sogar die Gedanken. Laßt uns nun auch die Sprache revolutionieren, die ihr tägliches Instrument ist . . .

Der Föderalismus und der Aberglaube sprechen bretonisch; die Emigration und der Haß auf die Republik sprechen deutsch; die Konterrevolution spricht italienisch und der Fanatismus baskisch. Zerschlagen wir diese Instrumente der Schädigung und des Irrtums . . .

Die Bürger in der Unwissenheit ihrer Volkssprache zu lassen, das heißt das Vaterland verraten . . . Bürger, die Sprache eines freien Volkes muß für alle die gleiche sein . . .

Barère, Bertrand: Sur la Langue Française, Rede vor dem Wohlfahrtsausschuß am 28.1.1794, in: Vogt, Hannah (Hrsg. und Übers.): Nationalismus gestern und heute, Opladen 1967, S. 81 f.

2.3 Nationalismus als Befreiungsideologie

2.3.1 Deklaration der griechischen Nationalversammlung, 1822

Die Deklaration der griechischen Nationalversammlung steht im Zusammenhang mit der Schwächung des Osmanischen Reiches und der Durchsetzung der Gedanken der Französischen Revolution bei der griechischen Intelligenz, die beim russischen Zaren ebenso Unterstützung fand wie bei Preußen und Österreich-Ungarn. Gerade die griechische Intelligenz und die griechische Wirtschaft hatten eine privilegierte Stellung im Osmanischen Reich inne, eine Stellung, die sich teilweise deutlich positiv von der der eigentlich türkischen Bevölkerung unterschied.

Wir, die Nachkommen der edlen und klugen Völker von Hellas, wir, die wir Zeitgenossen der aufgeklärten und zivilisierten Völker Europas sind, . . . können um unserer Selbstachtung willen nicht länger das Joch der ottomanischen [türkischen] Macht ertragen, die uns seit mehr als 400 Jahren bedrückt . . . Auf Grund dieser fortdauernden Sklaverei haben wir beschlossen, zu den Waffen zu greifen, um uns und unser Land zu rächen für eine schreckensreiche, ihrer Natur nach frevlerische Tyrannis, für eine beispiellose Despotie, unvergleichbar jeder anderen Herrschaft. Der Krieg, den wir gegen die Türken führen, ist nicht der einer Partei oder das Resultat einer Meuterei, er wird nicht geführt, um Vorteile für irgendeinen einzelnen Teil des griechischen Volkes zu gewinnen; es ist ein nationaler Krieg, ein heiliger Krieg, ein Krieg mit dem Ziel, die Rechte der persönlichen Freiheit, des Eigentums und der Ehre zurückzuerobern – Rechte, die die zivilisierten Völker Europas, unsere Nachbarn, heute besitzen, Rechte, die die grausame, unerhörte Tyrannei der Ottomanen uns vorenthält – uns allein –, und noch die Erinnerung an diese Rechte wollen sie in unseren Herzen erstiken. Sind wir denn weniger vernünftig als andere Völker, daß wir von diesen Rechten ausgeschlossen bleiben sollen? Sind wir so minderwertige und niedrige Geschöpfe, unwürdig, diese Rechte zu genießen, verdammt, unter ewiger Sklaverei zu schmachten, wie Lasttiere oder bloße Gliederpuppen, den absurden Launen eines grausamen Tyrannen unterworfen, der wie ein gemeiner Räuber von weit her gekommen ist, um unsere Küsten zu überfallen? . . . Wir bauen auf das Fundament unserer natürlichen Rechte und wollen uns den übrigen Christen in Europa, unseren Brüdern, angleichen; darum haben wir einen Kampf gegen die Türken begonnen, oder besser gesagt, wir haben alle unsere isolierten Kräfte vereint und uns zu einem einzigen bewaffneten Körper formiert, fest entschlossen, unser Ziel zu erreichen, nämlich: uns selbst durch weise Gesetze zu regieren oder alle zusammen unterzugehen. Wir, die Nachkommen der ruhmreichen Völker von Hellas, empfinden es als unwürdig, länger in einem Zustand der Sklaverei zu leben, der vernunftlosen Tieren angemessen ist, nicht aber denkenden Menschen. . .

„Deklaration der Völker Europas" der griechischen Nationalversammlung am 21. 1. 1822, in: Kohn, Hans: Von Macchiavelli zu Nehru, Freiburg 1965, S. 117 f.

2.3.2 Kasimierz Brodzinski: Die Idee der polnischen Nation kommt vom Himmel selbst, 1831

Kasimierz Brodzinski (1791–1835), polnischer Dichter, Soldat unter Napoleon, später Professor für Literatur und Ästhetik, stand vor allem unter dem Einfluß Herders. Er schrieb sein nationales Glaubensbekenntnis während der Erhebung des polnischen Fürsten Czartoryski gegen die russische Besatzungsmacht.

Eine Nation ist eine eingeborene Idee, die von allen denen, die sie vereint, verwirklicht wird. Sie ist eine Familie mit eigenem Schicksal und eigener Mission. Ist sie nicht wie ein Mensch, dessen Wünsche, Vorstellungen und Fühlen ihn vorantreiben? Die Rückschläge formen ihren Charakter. Gott schuf die Völker als getrennte Individuen wie die Menschen, damit sie als seine Instrumente die ganze Menschheit beeinflussen und die notwendige Harmonie der Welt errichten können . . . Der Unterschied zwischen einem Volk und einem Menschen liegt darin, daß ein Mensch für sein Volk sterben kann, nicht aber das Volk für die Menschheit, solange es sich seiner selbst bewußt ist und sich als Volk fühlt. Darüber hinaus wird in einer reifen Nation jedermann bereit sein, sein Leben zu opfern, damit die Nation für die Menschheit lebe . . . Früher hielt jedes Volk sich für Ziel

und Mittelpunkt aller Dinge, so wie man die Erde als Mittelpunkt des Universums sah . . . Kopernikus entdeckte das System des materiellen Universums; nur die polnische Nation (und ich sage das frei und stolz auf mein Vaterland) ahnt die wahre Bewegung des moralischen Universums. Sie hat erkannt, daß jedes Volk nur Teil eines Ganzen ist und wie die Planeten um eine Mitte kreisen muß. Jedes bildet ein zusammenhängendes und notwendiges Ganzes, dessen Kräfte sich im Gleichgewicht halten. Nur blinder Egoismus weigert sich, das zu erkennen. Ich erkläre, daß die polnische Nation durch die Fügung des Himmels der Philosoph, der Kopernikus der moralischen Welt ist. Mißverstanden und verfolgt, wird sie dennoch weiterbestehen und Menschen finden, die sich gläubig zu ihr bekennen, und ihre Dornenkrone wird zu einer Krone des Sieges und der nationalen Herrlichkeit werden . . . Es ist die Idee der polnischen Nation, unter der Sonne der Religion den Baum der Freiheit und Brüderlichkeit zu hegen; die Rechte von Thron und Volk auf einer Waage zu wägen, die vom Himmel selber stammt; der großen Zeit gemäß zu wachsen und am Werk der Menschheit mitzuwirken. In allen Stürmen hat sie die Grenze bewacht, die Barbarei und Kultur trennt. Wunderbar wird sie sich aus dem Grab erheben und von dem Verbrechen gegen die Freiheit der Völker künden, das Unrecht, das ihr zugefügt wurde, bezeugen und so der Welt als warnendes Beispiel dienen.

Brodzinski, Kasimierz: Die Idee der polnischen Nation kommt vom Himmel selbst, in: Schulze, Hagen/Paul, Ina (Hrsg.): Europäische Geschichte, München 1994, S. 1148 f.

2.3.3 Paul de Saint-Victor: Barbaren und Banditen, 1871

Paul de Saint-Victor (1846–1901), französischer Politiker und Publizist.

. . . Man muß die Sturmglocken läuten, zum Sammeln trommeln, denn Frankreich weiß nicht zu hassen. Es gibt einen einzigen Fehler in seinem ansonsten bewundernswerten Bau: das Fehlen der Erinnerung. Seine Unkenntnis der Geographie, seine Unfähigkeit in bezug auf Fremdsprachen verraten diesen Mangel . . . Doch trifft das nicht nur das intellektuelle Gedächtnis, sondern auch das moralische Gedächtnis und vor allem die Erinnerung an erlittene Verletzungen. Frankreich vergißt schnell, vergibt freudig, selbst die unverzeihlichsten Beleidigungen. Dies hängt freilich mit der wunderbaren Leichtigkeit zusammen, mit der es bislang seine Wunden heilte. Man versöhnt sich leicht mit einem Feind, wenn man sicher glaubt, die erhaltenen Schläge zu überleben. Darüber hinaus vermutet Frankreich den Haß, den es selbst ignoriert, auch nicht bei anderen. Seit sechzig Jahren lebte es an der Seite Deutschlands, ohne zu ahnen, daß es von ihm verabscheut wurde. Eine ganze Nation plante seine heimliche Ermordung, plante seinen Ruin, bereitete Schritt für Schritt die Invasion vor: Frankreich sah und hörte nichts. Eines Tages schließlich, des Wutgeschreis überdrüssig, antwortete es mit einem Lied von Alfred de Musset und vergaß die Sache. Die Barbaren waren da, am anderen Ufer des Flusses, stießen Drohungen aus, schlugen an ihre Schilde: Es schleuderte ihnen diese Pfeile gewichtslos wie Bienenstachel entgegen und glaubte, sie entwaffnet zu haben. Dieser Haß auf Frankreich indes war am anderen Ufer des Rheins eine ständige Regung. Er brannte in unermeßlicher Tiefe, genährt durch die alten Urkunden längst gebrochener Verträge, durch den Pfälzischen Krieg wie durch die Kanonen von Jena. Denn Deutschland weiß nichts von Verjährung der Rache; Turenne und Napoleon sind vor seiner Rachsucht Zeitgenossen. Niemals wird es sich als zufriedengestellt erklären ... Haß über alle Maßen – manchmal der einzige Kraftquell eines Volkes, aus dem es in Zeiten der Gefahr die Energien zu höchster Rettung schöpft – haben wir während der Invasion aufgehäuft. Er wurde von soviel Schande und Erniedrigung, soviel an Beleidigungen und Schmähungen gespeist, daß er nahezu für ewig vorzuhalten schien ... Möge sich dieser Haß nicht in Worten erschöpfen, sondern in unsere Gesetze Eingang finden, sich in unseren Sitten niederschlagen, auf unsere Außen- und Innenpolitik einwirken. Er soll unsere neue Armee entstehen lassen, die sich bereits eines heroischen Kampfes rühmen darf, er soll sie mit Leidenschaft aufstacheln, mit seinem Atem entflammen. Es gibt Gifte, die heilsam sind; Frankreich kann nur geheilt werden, wenn es mit ihm geimpft wird ...

Saint-Victor, Paul de: Barbaren und Banditen, in: Jeismann, Michael/Ritter, Henning (Hrsg.): Grenzfälle. Über neuen und alten Nationalismus, Leipzig 1993, S. 312–317.

2.3.4 Douglas Hyde: The Revival of Irish Literature, 1894

Douglas Hyde (Pseudonym: An Craoibhin Aoibhinn, 1860–1949), irischer Dichter und Wissenschaftler, 1909–1932 Professor in Dublin; Bemühungen um die Wiederbelebung der gälischen Sprache; 1938–1945 erster Präsident der Republik Irland; lieferte bedeutende Beiträge zur irischen Literatur, zur Sprach- und Literaturforschung.

... Wenn wir einen Blick aus der Vogelschau auf unsere Insel heute werfen und sie mit dem vergleichen, was sie einst war, dann bestürzt uns die seltsame Tatsache, daß diese Nation, die einstmals, wie jeder zugibt, eine der am gründlichsten klassisch gebildeten und kultivierten Nationen Europas war, jetzt eine der am weitesten zurückgebliebenen ist ... Ich möchte versuchen zu zeigen, wie dieser Verfall des irischen Volkes in neuerer Zeit hauptsächlich darauf zurückzuführen ist, daß das Volk im Laufe dieses Jahrhunderts vom richtigen Pfad abgewichen ist; es hat aufgehört, irisch zu sein, ohne dadurch englisch zu werden. Ich möchte versuchen zu zeigen, daß bei der Masse des Volkes dieser Vorgang erst vor kurzem begonnen hat, in viel jüngerer Zeit als die meisten annehmen, und daß diese Entwicklung noch immer fortschreitet. Ich möchte ferner Ihre Aufmerksamkeit auf die Unlogik jener Menschen lenken, die ihre eigene Sprache aufgeben, um englisch zu sprechen, die ihre klangvollen irischen Namen in eintöniges Englisch übersetzen, die englische Bücher lesen und nichts von der gälischen Literatur wissen, dessen ungeachtet aber leidenschaftlich beteuern, das Land, das sie so unbesehen imitieren, zu hassen. Ich möchte Ihnen sagen, daß wir durch unsere Anglisierung in Bausch und Bogen leichtfertig den überzeugendsten Anspruch aufgegeben haben, von der Welt als Nation anerkannt zu werden ... Sie werden fragen, warum sollten wir wünschen, Irland keltischer zu machen als es ist – warum sollten wir es überhaupt entanglisieren? Meine Antwort lautet: Das irische Volk befindet sich zur Zeit in einer höchst anormalen Lage – es kopiert England und gleichzeitig scheint es England zu hassen. ... Was liegt hinter den nationalen Gefühlen, mit denen die irischen Millionen so stark infiziert zu sein scheinen? ... Natürlich ist es ein sehr komplexes Gefühl, das sie treibt;

31

aber ich glaube, zugrunde liegt ihm hauptsächlich die halb unbewußte Empfindung, daß das Volk, das einmal mehr als halb Europa besessen hat, das sich in Griechenland festgesetzt, das unmündige Rom verbrannt hat, jetzt – anderswo fast ausgelöscht und aufgesogen – die letzte Anstrengung für seine Unabhängigkeit auf dieser Insel Irland unternimmt; und was auch geschieht, das Volk unserer Tage kann sich selbst nicht völlig der Hülle der eigenen Vergangenheit entledigen ... Wir haben schließlich selber mit der Kontinuität des irischen Lebens gebrochen. Und gerade zu einem Zeitpunkt, in dem das keltische Volk mit größter Wahrscheinlichkeit den Besitz seines eigenen Landes wieder erlangen kann, findet es sich seiner keltischen Charakteristika entkleidet und beraubt, abgeschnitten von seiner Vergangenheit und kaum verbunden mit der Gegenwart ...

Es hat alles verloren, was es besaß – Sprache, Traditionen, Musik, Genius und Ideen. Gerade in dem Augenblick, in dem wir darangehen sollten, ein neues irisches Volk und die gälische Nation aufzubauen, so wie, wir erinnern uns, Griechenland neu aufgebaut worden ist, gerade in diesem Augenblick finden wir uns der Bausteine der Nationalität beraubt. Die alten Backsteine haben 1 800 Jahre gehalten; jetzt sind sie zerbrochen, wir müssen uns daranmachen, neue zu brennen, auf anderem Grund und aus anderem Lehm. ... Mit einem Wort, wir müssen danach streben, alles Heimatliche, alles was nach unserem Boden schmeckt, alles Gälische, alles Irische zu pflegen und zu kultivieren, weil trotz der kleinen Beimischung von Sachsenblut im Nordwesten diese Insel keltisch bis ins Mark ist und immer bleiben wird ...

Hyde, Douglas: The Revival of Irish Literature and other Addresses, 2. Auflage, London, 1894, S. 117–119 (deutsche Übersetzung B. Hadden).

2.3.5 Martin Buber: Hebräischer Humanismus, 1941

Martin Buber (1878–1965), jüdischer Religionsphilosoph, 1924–1935 Professor in Frankfurt/Main, 1938–1945 Professor in Jerusalem, Vertreter des Zionismus, der Bewegung, die für die Juden einen eigenen Staat anstrebte, Erneuerer der jüdischen Mystik, 1953 mit dem Friedenspreis des Deutschen Buchhandels ausgezeichnet.

Israel ist nicht ein Volk wie andere Völker, so sehr sich das auch in einzelnen Generationen seine Vertreter gewünscht haben. Israel ist ein Volk wie kein anderes, denn es ist das einzige Volk in der Welt, das von seinem Anbeginn zugleich Nation und Glaubensgemeinschaft ist. In der historischen Stunde, in der es aus Stämmen zum Volk zusammenwuchs, erwuchs es zum Träger einer Offenbarung ...

Man sagt, jedes große Volk halte sich eben für auserwählt, das heißt man macht das Bewußtsein der Besonderheit zu einer Funktion des allgemeinen Nationalismus. Halten nicht auch die Nationalsozialisten das deutsche Volk für das von der Vorsehung zur Beherrschung der Welt ausersehene? ...

Nicht darum geht es, ob wir uns als auserwählt empfinden oder nicht, sondern darum, daß unsere geschichtliche Existenz faktisch einzig ist. Jedoch daran ist es nicht genug. Auch unsere Erwählungslehre ist ihrem Wesen nach etwas ganz anderes als die Erwählungslehren der Völker, ob sie auch vielfach von ihr abhängig sind: was sie von ihr übernommen haben, ist nie das Wesentliche gewesen. Das Wesentliche, das, was sie von ihnen allen scheidet, ist, daß diese Erwählung ganz und gar eine fordernde Erwählung ist. Hier haben nicht die Wunschträume eines Volkes mythische Gestalt angenommen, hier wird nicht einem Volke Größe und Macht bedingungslos verheißen, hier wird von ihm Hartes gefordert, seine ganze künftige Existenz wird davon abhängig gemacht, ob es die Forderung erfüllt ...

Gott will, daß der Mensch, den er geschaffen hat, wahrhaft Mensch werde, und zwar nicht bloß in einzelnen Erscheinungen, wie bei allen Völkern, sondern in der Lebensordnung eines Volkes, das damit die Lebensordnung einer künftigen Menschheit, eines Volkes aus Völkern, entwirft. Israel ist erwählt, ein wahres Menschenvolk, und das heißt: ein Volk Gottes zu werden ...

Buber, Martin: Hebräischer Humanismus, in: ders.: Der Jude und sein Judentum, 2. Auflage, Gerlingen 1993, S. 724–727.

2.4 Der Nationalismus des späten 19. und frühen 20. Jahrhunderts – geprägt von Rassismus und imperialistischem Gedankengut

2.4.1 Julius Langbehn: Rembrandt als Erzieher, 1890

August Julius Langbehn (1851–1907), Schriftsteller und Kulturkritiker, erregte 1890 Aufsehen durch sein anonym erschienenes Werk „Rembrandt als Erzieher", in dem er gegen Materialismus, Industrialisierung und „Halbbildung" polemisierte und „Verinnerlichung" und „Idealismus" als wesentliche Voraussetzungen einer politischen, sozialen und kulturellen Wiedergeburt Deutschlands proklamierte. Er übte nachhaltigen Einfluß auf die die deutsche Heimatkunstbewegung und auf die Ideologie des Nationalsozialismus aus.

Greift man die Bestimmung der heutigen Deutschen am tiefsten, so gerät man auch hier auf die alte Forderung: sie sollen das sein, was sie von uralters her waren; wozu sie die Natur selbst gemacht hat. Sie sind, waren und werden sein Arier. Für diesen ihren angeborenen Charakter sollen sie leben und streiten und sterben, wenn es sein muß! Denn im Grunde ist nur das Blut wert – das ureigene Blut –, daß um seinetwillen ein Blut vergossen wird . . .

Ein Volk, das sich auf sich selbst konzentriert, wird dadurch unwillkürlich auch mächtig über andere; Griechenland hat es bewiesen; Deutschland wird es hoffentlich beweisen. Schon allein durch seine Lage ist es bestimmt, im europäischen Staatsleben entweder zu dominieren oder dominiert zu werden; ein Drittes gibt es nicht; und solange ist es einig ist, dominiert es. Eben darum muß und wird es auch im europäischen Geistesleben die Führung übernehmen – wenn es wieder den Mut zu einer besonderen und nur ihm eigentlichen Bildung findet . . .

Wie innerhalb eines jeden einzelnen Volkes, so bedarf es auch innerhalb der Menschheit einer Über- und Unterordnung der einzelnen Teile . . . Was der deutsche Kaiser unter den deutschen Fürsten ist, das geborene Haupt, sollte Deutschland unter den übrigen Ländern der Erde sein . . . Die Deutschen sind bestimmt, den Adel der Welt darzustellen. Deutschlands Weltherrschaft kann nur eine innerliche sein; wie auch sein Aristokratismus nur ein innerlicher sein kann; aber beide werden sich trotzdem äußerlich betätigen und geltend machen müssen . . .

Langbehn, Julius: Rembrandt als Erzieher, Leipzig 1936, S. 143.

2.4.2 Josiah Strong: Our Country, 1885

Josiah Strong (1835–1911), amerikanischer Geistlicher (Methodist) und Publizist, Vertreter eines aggressiven, stark religiös geprägten Nationalismus.

Es ist nicht unwahrscheinlich, daß vor Ende des nächsten Jahrhunderts diese Rasse zahlenmäßig allen anderen zivilisierten Rassen der Welt überlegen sein wird. Sieht es nicht so aus, als wollte Gott den Völkern dieser Erde den Stempel unserer angelsächsischen Zivilisation aufdrücken? Sieht es nicht gleichzeitig so aus, als wolle er diese Zivilisation mit der ihr zustehenden Macht versehen? Meine Zuversicht, daß es dieser Rasse gelingen wird, ihre Zivilisation der Menschheit aufzuprägen, basiert nicht allein auf ihrer numerischen Überlegenheit, wie etwa in China! Worauf ich meine Hoffnung setze, ist, daß in dieser Rasse etwas vereint ist, was die Welt nie zusammen gesehen hat, d. h. zahlenmäßige Überlegenheit und eine hochentwickelte Zivilisation. Es kann nicht ernsthaft bezweifelt werden, daß Nordamerika die große Heimat der Angelsachsen werden wird, das Zentrum ihrer Macht, ihres Lebens und ihres Einflusses . . . Die unbesiedelten und unkultivierten Landstriche der Erde sind begrenzt und werden bald alle okkupiert sein. Es wird nicht mehr lange dauern, bis die Bevölkerung die Grenzen der Subsistenzmittel [der Mittel zum Lebensunterhalt] zu spüren bekommen wird, wie dies heutzutage in Europa und Asien bereits der Fall ist. Dann wird die Welt in ein neues Stadium ihrer Geschichte eintreten, den Endkampf der Rassen, auf den die angelsächsische Rasse gegenwärtig vorbereitet wird. Lange bevor diese Abertausende und Millionen von Menschen hier sein werden, wird die mächtige Zentrifugalkraft, die der angelsächsischen Rasse angeboren ist und die in den Vereinigten Staaten noch an Intensität gewonnen hat, sich endgültig durchsetzen. Dann wird diese Rasse in ihrer unvergleichlichen Energie und mit ihren majestätischen Bevölkerungszahlen, gestützt auf die sich von ihrem großen Reichtum ableitende Macht, den höchsten Grad an Freiheit, die reinste Form des Christentums und die höchstentwickelte Zivilisation repräsentieren. Da sie zudem die besonders aggressive Fähigkeit ausgebildet hat, der Menschheit ihre Institutionen aufzuprägen, wird sie sich über den ganzen Erdball ausbreiten ...

Strong, Josiah: Our Country, its possible Future and its present Crisis, New York 1885, S. 213 f. (deutsche Übersetzung B. Hadden).

einen auf Gerechtigkeit, Freiheit und Frieden gegründeten Zustand der Gesellschaft hervorbringen will, muß es auch seinem Wunsch entsprechen, daß ich alles in meiner Macht Stehende tue, um jener Rasse so viel Spielraum und Macht wie möglich zu verschaffen. Wenn es einen Gott gibt, denke ich, so will er daher eines gern von mir getan haben: nämlich so viel von der Karte Afrikas britisch-rot zu malen wie möglich und anderswo zu tun, was ich kann, um die Einheit der englischsprechenden Rasse zu fördern und ihren Einflußbereich auszudehnen ...

Stead, William T. (Hrsg.): The Last Will and Testament of Cecil Rhodes, London 1902, S. 58 f., 98 (deutsche Übersetzung B. Hadden).

2.4.3 The Last Will and Testament of Cecil Rhodes, 1902

Cecil Rhodes (1853–1902), britischer Politiker, gewann durch den Erwerb von Diamantenfeldern in Südafrika politischen Einfluß und ein großes Vermögen, kontrollierte später die gesamte südafrikanische Diamantenproduktion. Ab 1881 Parlamentsabgeordneter in der Kapkolonie, bewirkte 1885 die britische Besetzung von Betschuanaland und den Erwerb von Rhodesien durch die British South Africa Company; ab 1890 Premierminister der Kapkolonie, führte den Krieg gegen die Buren; 1896 Rücktritt.

... Ich behaupte, daß wir die erste Rasse in der Welt sind und es für die Menschheit um so besser ist, je größere Teile der Welt wir bewohnen. Ich behaupte, daß jedes Stück Land, das unserem Gebiet hinzugefügt wird, die Geburt von mehr Angehörigen der englischen Rasse bedeutet, die sonst nicht ins Dasein gerufen worden wären. Darüberhinaus bedeutet es einfach das Ende aller Kriege, wenn der größere Teil der Welt in unserer Herrschaft aufgeht ...

Die Förderung des Britischen Empire, mit dem Ziel, die ganze zivilisierte Welt unter britische Herrschaft zu bringen, die Wiedergewinnung der Vereinigten Staaten, um die angelsächsische Rasse zu einem einzigen Weltreich zu machen: was für ein Traum! ... Da <Gott> sich die englischsprechende Rasse offensichtlich zu seinem auserwählten Werkzeug geformt hat, durch welches er

2.4.4 Chigaku Tanaka: What is Nippon Kokutai? (ca. 1930)

Chigaku Tanaka (1887–1943), Schüler Nichirens, des Gründers einer buddhistischen Sekte aus dem 13. Jahrhundert, vertrat im Japan der 30er Jahre einen aus europäischen und japanischen religiösen Traditionen gemischten Nationalismus. Seine Einführung in die nationalen Prinzipien Japans erschien zunächst in Tokio in englischer Sprache.

... Unser ist ein Land, das mit der „Übergabe des Landes" durch die Sonnengöttin begann und vollendet wurde mit dem „Aufbruch des Landes", den Kaiser Jimmu vollbrachte – es ist ein heiliges Land, regiert durch erhabene Kaiser, gleichaltrig mit Himmel und Erde, deren kaiserlicher Thron durch eine einzige Dynastie eingenommen wurde. Sein Aufbau ist verschieden von dem anderer Länder. Die Grundsätze, auf die das Land gegründet wurde, sind streng und fest, und die „Drei großen Grundsätze", die „Fünf großen Elemente" und die „Acht großen Nationalen Richtlinien" bestanden in vollkommener Ordnung, bevor der Staat gebildet wurde, und sind mit ihm zusammen systematisiert worden. So wurde das Kaiserreich gegründet, in dem nach göttlichem Gebot natürliche Gesetze und Gerechtigkeit das Gefüge von Staat und Leben bildeten, es wurde gegründet in der Absicht, ein Land zu erwählen und der Welt den Weg zur Tugend zu zeigen, und wie man ein Volk regiert, dies alles im Gedanken an die Zukunft der Menschheit und die Er-

richtung des absoluten Friedens in der Welt.
So trat das Japanische Kaiserreich ins Dasein,
und darum ist es eine natürliche Pflicht aller
Nationen der Welt, seinen nationalen Aufbau
von innen und außen zu erforschen; insbesondere ist dies für uns Japaner die höchste
Mission ... Das besondere Kennzeichen
Nippons als Staat liegt darin, daß in der lebendigen Wirklichkeit – jenseits aller Theorie
– dem Volk dieser Gedanke des „heiligen
Landes" zur Natur geworden ist ... Die
Menschen können den Frieden, nach dem sie
sich überall sehnen, nicht verwirklichen,
wenn nicht ihre Länder dem unseren gleichen
oder nach dem Muster des unseren gegründet
sind. Über kurz oder lang wird der Tag kommen, da alle Länder der Welt sich dieser Tatsache bewußt werden...

Tanaka, Chigaku: What is Nippon Kokutai? Tokio, ca. 1930,
Hefte 1 und 2, in: Vogt, Hannah (Hrsg.und Übers.): Nationalismus
gestern und heute, Opladen 1967, S. 173–176.

2.5 Gegnerschaft zum Nationalismus: Rationalismus und Humanität

2.5.1 Heinrich Heine: Die romantische Schule, 1836

Heinrich Heine (1797–1856), Studium der Rechtswissenschaft in Bonn, Göttingen und Berlin, Übertritt vom jüdischen Glauben zum Protestantismus, einer der bedeutendsten deutschen Lyriker des 19. Jahrhunderts, 1831 als Berichterstatter für die „Augsburger All-gemeine Zeitung" in Paris, bemühte sich, zwischen Deutschland und Frankreich zu vermitteln. Seine Schriften wurden im Zeitalter der Restauration verboten. Heine beeinflußte den deutschen Journalismus bis ins 20. Jahrhundert.

Wir hätten auch den Napoleon ganz ruhig ertragen, aber unsere Fürsten, während sie
hofften, durch Gott von ihm befreit zu werden, gaben sie auch zugleich dem Gedanken
Raum, daß die zusammengefaßten Kräfte ihrer Völker dabei sehr wirksam sein möchten,
man suchte in dieser Absicht den Gemeinsinn
unter den Deutschen zu wecken, und sogar
die allerhöchsten Personen sprachen jetzt von

deutscher Volkstümlichkeit, vom gemeinsamen deutschen Vaterlande, von der Vereinigung der christlich-germanischen Stämme, von der Einheit Deutschlands. Man be-
fahl uns den Patriotismus, und wir wurden
Patrioten; denn wir tun alles, was unsere Fürsten befehlen.

Man muß sich aber unter diesem Patriotismus
nicht dasselbe Gefühl denken, das hier in
Frankreich diesen Namen führt. Der Patriotismus des Franzosen besteht darin, daß
sein Herz erwärmt wird, durch diese Wärme
sich ausdehnt, sich erweitert, daß es nicht
mehr bloß die nächsten Angehörigen, sondern ganz Frankreich, das ganze Land der
Zivilisation, mit seiner Liebe umfaßt. Der
Patriotismus der Deutschen hingegen besteht
darin, daß sein Herz enger wird, daß es sich
zusammenzieht wie Leder in der Kälte, daß er
das Fremdländische haßt, daß er nicht mehr
Weltbürger, nicht mehr Europäer, sondern
nur ein enger Deutscher sein will ... Es begann die schäbige, plumpe, ungewaschene
Opposition gegen eine Gesinnung, die eben
das Herrlichste und Heiligste ist, was
Deutschland hervorgebracht hat, nämlich gegen jene Humanität, gegen jene allgemeine
Menschenverbrüderung, gegen jenen Kos-
mopolismus, dem unsere großen Geister,
Lessing, Herder, Schiller, Goethe, Jean Paul,
dem alle Gebildeten in Deutschland immer
gehuldigt haben ...

Heine, Heinrich: Die romantische Schule, in: Vogt, Hannah (Hrsg.):
Nationalismus gestern und heute, Opladen 1967, S. 111.

2.5.2 Albert Schweitzer: Verfall und Wiederaufbau der Kultur, 1923

Albert Schweitzer (1875–1965), Arzt und Theologe; gründete 1913 das Tropenhospital Lambarene und wirkte dort als Missionsarzt. Vertreter der humanistischen Philosophie; hielt 1923 in Uppsala eine Vorlesung, in der er seine Kulturphilosophie skizzierte: „Verfall und Wiederaufbau der Kultur"; erhielt 1951 den Friedenspreis des Deutschen Buchhandels.

Was ist Nationalismus ? Der unedle und ins
sinnlose gesteigerte Patriotismus, der sich
zum edlen und gesunden wie die Wahnidee
zur normalen Überzeugung verhält. Wie entwickelt er sich unter uns? Zu Anfang des
neunzehnten Jahrhunderts setzte das Denken

den nationalen Staat in seine Rechte ein. Er tat es mit der Begründung, daß er, als natürlicher und homogener Organismus, am meisten befähigt sei, das Ideal des Kulturstaates zu verwirklichen ... Das nationale Gefühl wird also unter die Vormundschaft der Vernunft, der Sittlichkeit und der Kultur gestellt. Der Kult des Patriotismus als solcher soll als Barbarei gelten, als welche er sich durch die sinnlosen Kriege bekundet, die er notwendig im Gefolge hat. So war die nationale Idee zu einem hochwertigen Kulturideal erhoben worden ... Mit der Niederlage der Kultur änderte sich aber das Wesen der nationalen Idee. Die Vormundschaft der anderen, sittlichen Vernunftideale, der sie bisher unterworfen gewesen war, hörte auf, da diese selber in Frage gestellt waren ... Daß Vernunft und Sittlichkeit nicht in die nationalen Anschauungen hereinreden dürfen, wird von der modernen Masse als Schonung heiligster Gefühle gefordert ... Daß es sich bei dem Nationalismus nicht so sehr um die Dinge selbst als um ihre krankhafte Verarbeitung in der Einbildungskraft der Massen handelt, wird in seinem ganzen Gebahren offenbar. Er behauptet, Realpolitik zu treiben ... Seine Realpolitik ist dogmatisierte, idealisierte und von der Volksleidenschaft getragene Überschätzung einzelner territorialer und wirtschaftlicher Interessenfragen ... Zuletzt genügte es dem Nationalismus nicht, in seiner Politik jede Absicht auf das Zustandekommen einer Kulturmenschheit beiseite zu setzen. Er zerstörte noch die Vorstellung der Kultur selber, indem er die nationale Kultur proklamierte ... Der Anspruch auf nationale Kultur, wie er heute erhoben wird, ist eine krankhafte Erscheinung. Er hat zur Voraussetzung, daß die Kulturvölker ihre gesunde Natur verloren haben und nicht mehr Instinkten, sondern Theorien folgen. Sie beklopfen und behorchen ihre Seele so, daß sie keiner natürlichen Regung mehr fähig ist. Sie analysieren und beschreiben sie so viel, daß sie über dem, was sie sein soll, vergißt, was sie ist. Über geistige Rassenunterschiede wird mit solcher Hartnäckigkeit dogmatisiert und spintisiert, daß das Gerede als Obsession [Besessenheit] wirkt und die behauptete Eigenart wie eine eingebildete Krankheit auftritt ...

Schweitzer, Albert: Verfall und Wiederaufbau der Kultur, München 1923, S. 89–91.

2.6 Nationenbildung, Nationalbewußtsein und Nationalismus in den Ländern der Dritten Welt im Kampf gegen die Kolonialherren und in der nachkolonialen Zeit

2.6.1 Jawaharlal Nehru: Indiens Weg zur Freiheit, 1946

Jawaharlal Nehru (1889–1964), indischer Politiker, Studium der Rechtswissenschaft in Harrow und Cambridge, 1912 Rechtsanwalt in London. Schloß sich nach der Rückkehr nach Indien 1916 der Bewegung Gandhis an und kämpfte mit diesem für die Unabhängigkeit Indiens. Mehrfach von der britischen Kolonialmacht inhaftiert, wurde er 1946 mit der Bildung einer Interimsregierung beauftragt, vertrat einen demokratischen Sozialismus auf der Grundlage des Parlamentarismus, trat für die Blockfreiheit Indiens ein, vertrat das Prinzip der friedlichen Koexistenz und wurde zu einem der Wortführer der Dritten Welt.

... Es war natürlich und unvermeidlich, daß sich der indische Nationalismus mit der Zeit gegen die fremde Macht auflehnen würde. Trotzdem war es merkwürdig, welch bedeutende Anzahl unserer Intellektuellen bis zum Ende des neunzehnten Jahrhunderts sich bewußt oder unbewußt die britische Ideologie des Empire zu eigen machte ... Geschichte, Wirtschaft und andere Gegenstände, die in den Schulen und Hochschulen gelehrt wurden, wurden vollständig vom britischen imperialen Gesichtspunkt aus beschrieben und unterstrichen unsere zahlreichen Mißerfolge in der Vergangenheit und Gegenwart, aber auch die Vorzüge und die hohe Bestimmung der Briten ... Nach und nach begannen wir, die britischen Behauptungen über unsere früheren und jetzigen Zustände in Zweifel zu ziehen und sie kritisch zu prüfen ... Forschungen in der alten indischen Geschichte enthüllten glänzende und hochkultivierte Zeiten in ferner Vergangenheit, wir lasen mit großer Befriedigung darüber ... Durch lange Zeitalter war ... <Indien> gewandert, hatte viel Weisheit auf seinem Wege gesammelt und sich mit Fremden eingelassen, sie in seine eigene große Familie mit aufgenommen, es war Zeuge von Tagen des Ruhmes und des Verfalls gewesen, hatte Demütigungen und schreckliche Sorgen gekannt und manch ein sonderbares Schauspiel gesehen; aber während der ganzen langen Reise hatte sich Indien an seine uralte Kultur geklammert, hatte Energie und Lebenskraft daraus gezogen und sie mit anderen Ländern geteilt ... Obgleich Indien oftmals politisch aufgespalten war, hat sein Geist stets ein gemeinsames Erbe bewahrt, und in seiner Vielfalt lag seit je eine erstaunliche Einheit. Gleich allen Ländern mit langer Vergangenheit, war auch Indien eine sonderbare Mischung von Gutem und Schlechtem; allein das Gute war verborgen und mußte erst gesucht werden; doch der Modergeruch des Verfalls stieg auf ... Es besteht eine gewisse Ähnlichkeit zwischen Italien und Indien. Beide Länder gehen bis ins Altertum zurück und besitzen eine lange kulturelle Überlieferung ... Beide sind politisch aufgesplittert gewesen, und doch ist der Begriff Italien so wenig wie der Indiens je untergegangen; trotz aller Verschiedenheit bestand eine ausgesprochene Einheit ...

Nehru, Jawaharlal: Indiens Weg zur Freiheit, Zürich 1946, S. 417–421.

2.6.2 Kwame Nkrumah: Rede am 18. 5. 1956

Kwame Nkrumah (1909–1972), Jurist, Studium in Frankreich und den USA, Professor in den USA, entwickelte eine „Mathematik der Entkolonialisierung"; übertrug den europäischen Nationsbegriff auf afrikanische Regionen und leitete maßgeblich den Freiheitskampf gegen die Kolonialmacht. Erster Präsident Ghanas nach Gewinnung der Unabhängigkeit, führte eine Einparteienregierung mit autoritären Zügen.

Die Regierung schlägt vor, wenn die Goldküste unabhängig wird, den Namen des Landes von „Goldküste" in den neuen Namen „Ghana" zu ändern. Der Name Ghana ist tief in der alten afrikanischen Geschichte verwurzelt, besonders in der Geschichte des als westlicher Sudan bekannten Westteils von Afrika. Er läßt in der Phantasie der modernen afrikanischen Jugend den Glanz und die Errungenschaften einer großen mittelalterlichen Kultur erwachen, die unsere Vorväter viele Jahrhunderte, bevor die europäische Durchdringung und die nachfolgende Be-

herrschung Afrikas begann, geschaffen haben. Der Überlieferung zufolge waren die verschiedenen Völker oder Stammesgruppen der Goldküste ursprünglich Angehörige des großen Ghana-Reiches, das sich im Mittelalter im westlichen Sudan entwickelte.

In den tausend Jahren seines Bestehens breitete sich das Ghana-Reich über ein weites Gebiet im westlichen Sudan aus. Sein Einfluß erstreckte sich quer durch den Sudan vom Tschadsee im Osten bis zu den Futa-Dschalon-Bergen im Westen und vom Südrand der Wüste Sahara im Norden bis zu den Buchten von Benin und Biafra im Süden. Das Ghana-Reich umfaßte also den größeren Teil des heutigen Westafrika, nämlich von Nigeria im Osten bis Senegambien im Westen. Während seines Bestehens unterhielt das Ghana-Reich ausgedehnte Handelsbeziehungen mit der Außenwelt bis nach Spanien und Portugal. Gold, Häute, Elfenbein, Kolanüsse, Kautschuk, Honig, Mais und Baumwolle gehörten zu den von den Schriftstellern am häufigsten genannten Handelsgütern.

Es wird berichtet, daß ägyptische, europäische und asiatische Studenten an den großen und berühmten Universitäten und anderen Bildungsanstalten studierten, die im Mittelalter in Ghana blühten, um Philosophie, Mathematik, Medizin und Rechtswissenschaft zu lernen.

Auf Grund dieser reichen historischen Vergangenheit hat man den Namen Ghana als neuen Namen für die Goldküste vorgeschlagen, sobald diese für unabhängig erklärt worden sein wird. Wir sind stolz auf diesen Namen, nicht aus Gründen der Romantik, sondern weil er eine Verpflichtung für die Zukunft bedeutet ...

Nkrumah, Kwame: Sprung über zwei Jahrtausende, in: Vogt, Hannah (Hrsg. und Übers.): Nationalismus gestern und heute, Opladen 1967, S. 201.

2.6.3 Mamadou Dia: Nations Africaines et Solidarité mondiale, 1960

Mamadou Dia (geb. 1910), senegalesischer Politiker und Publizist, Studium in Frankreich und den USA, maßgeblich am Aufbau des heutigen Nationalstaats Senegal beteiligt.

... Das Konzept „afrikanische Nationen" findet eine Rechtfertigung in Theorie und Praxis, selbst wenn es keine ruhmreiche Vergangenheit hätte (und wir wissen, daß das nicht zutrifft), selbst wenn es noch keine perfekt ausgebauten Institutionen gibt: worauf es vor allem ankommt, ist das Bewußtsein zu sein, ist der Wille, geboren zu werden, am Wachstum der Welt teilzunehmen und Gerechtigkeit unter den Nationen zu fordern. Das ist der Sinn der Revolution, die sich unter unseren Augen abspielt und die dem Westen die Initiative entwindet. So verstandener Nationalismus ist etwas völlig anderes als eine Theorie, die auf einer rassischen oder religiösen Idee beruht. Nationalismus auf rassischer oder religiöser Basis baut nicht auf ein Nationalbewußtsein, sondern auf den Massenwahn, auf die zerstörende Kraft der Instinkte. Das ist blinder und verbohrter Nationalismus, unzugänglich für den Begriff der Nation als Solidarität, ohne Öffnung für einen universalen Humanismus. Deshalb wollen die afrikanischen Nationen von morgen keine Neger-, Berber- oder Arabernationen sein, keine christlichen, islamistischen oder animistischen Nationen. Gewiß, sie sind von verschiedenen biologischen Faktoren und den verschiedenen Philosophien, die sie umgeben, geprägt, aber sie wollen vor allem Synthese sein – oder sie werden gar nicht sein; sagen wir: une civilisation. Dann werden sie ein aktives Element der nach-marxistischen Revolution des 20. Jahrhunderts bilden ...

Dia, Mamadou: Nations Africaines et Solidarité mondiale, Paris 1960, S. 9 f.; deutsche Übersetzung in: Ansprenger, Franz: Nationsbildung im schwarzen Afrika französischer Prägung, Vierteljahreshefte für Zeitgeschichte, Bd. 11, 1963, S. 194.

2.6.4 Kofi Antubam: Ghanas Heritage of Culture, 1961

Kofi Antubam (geb.1925) ist Senior Art Master, Mitglied des Kunstrates in Ghana und war Leiter der Behörde, die Ghanas Museen und Dokumente verwaltet. Er schrieb ein Buch „Ghanas Heritage of culture" anläßlich einer Ausstellung zu diesem Thema 1961 in Ostberlin.

Es ist klar, daß die Afrikaner und die Völker afrikanischer Abstammung in der Welt von heute zwei Dinge für sich wünschen. Niemand kann leugnen, daß sie Afrika, ihre Heimat und ihren Kontinent vereinigt sehen möchten und mit einer Stimme sprechend. Und weiter wünschen sie brennend, eine achtungswürdige festumrissene Identität für sich aufzubauen ...

Die Beweislast, den Inhalt dieses seltsamen Etwas zu entdecken und auszudrücken, das heutzutage von den Englisch sprechenden Afrikanern als „unwiderstehliche afrikanische Personalität" oder „Afrikanertum" und von den Französisch sprechenden afrikanischen Intellektuellen als „Négritude" beschrieben wird, die Beweislast liegt unzweideutig auf den Schultern der Afrikaner ...

< Wir > müssen begreifen, daß das wirkliche Leiden der Welt nicht ein Konflikt von Personalitäten, Identitäten oder Unterschieden der Lebensweise ist, sondern eine perverse Über-Intellektualisierung. Die Kur dagegen kann nur in einem Verfahren der Rehumanisierung bestehen, bewirkt durch die Kenntnis der demütigen, aber tiefen Weisheit des einfachen, gemeinen Menschen, der noch in enger Verbindung mit der Natur lebt. Dies und nur dies kann das verrottende Gewissen der Menschheit vor dem barbarischen Atomzeitalter retten. Und wo sonst als in den glücklichen Grenzen der Personalität des Afrikaners oder seiner natürlichen Lebensweise kann man dieses Mittel finden, das allein fähig ist, eine frustrierte Menschheit wieder fruchtbar zu machen und neu zu beleben? ...

Antubam, Kofi: Ghanas Heritage of Culture, Berlin (Ost) 1961, S. 29 ff.; deutsche Übersetzung in: Vogt, Hannah (Hrsg. und Übers.): Nationalismus gestern und heute, Opladen 1967, S. 211–213.

2.7 Die Gegenposition

2.7.1 Rabindranath Tagore: Nationalismus, 1918

Rabindranath Tagore (Ravindranat Thakur), (1861–1941), indischer Dichter und Philosoph, Vertreter sozialer Reformen (gegen das Kastenwesen), als gemäßigter Nationalist Kämpfer gegen die englische Kolonialpolitik in Indien, verfaßte Lyrik und Dramen, erhielt 1913 den Nobelpreis für Literatur.

... Mit der zunehmenden Macht der Nation wächst ihre Selbstanbetung und erhält das Übergewicht. Der einzelne läßt die Nation bereitwillig auf seinem Rücken reiten, und so geschieht das Naturwidrige, das so großes Unglück im Gefolge hat, daß der Mensch mit allen Opfern einen Gott verehrt, der sittlich viel tiefer steht als er selbst ... Die Idee der Nation ist eines der wirksamsten Betäubungsmittel, die der Mensch erfunden hat. Unter dem Einfluß seiner Dünste kann ein ganzes Volk sein systematisches Programm krassester Selbstsucht ausführen, ohne sich im geringsten seiner sittlichen Verderbtheit bewußt zu werden – ja, es wird gefährlich gereizt, wenn man es darauf hinweist ... Die Nation ist lange auf Kosten der verstümmelten Menschheit gediehen. Die Menschen, die vollkommensten Geschöpfe Gottes, gingen aus dieser nationalen Fabrik zu großen Scharen als Krieg und Geld machende Drahtpuppen hervor, lächerlich eitel auf die erbärmliche Vollkommenheit ihres Mechanismus ... Aber die ganze Brut der Selbstsucht: Haß und Gier, Furcht und Heuchelei, Argwohn und Tyrannei, ist auf Dauer nicht lebensfähig. Diese Ungeheuer wuchsen zu einer Riesengröße an, aber das Ebenmaß fehlt ihnen. Und der Leib dieser Nation, der nicht aus Fleisch und Blut, sondern aus Stahl und Dampf und Amtsgebäuden besteht, kann zu einer immer phantastischeren Ungeheuerlichkeit anschwellen, bis endlich die Mißgestalt ihren ganzen Umfang nicht zusammenhalten kann – sie wird anfangen zu krachen und zu bersten, keuchend giftige Dämpfe und Feuer ausspeien und wir hören im Donner der Kanonen ihr Todesröcheln ... Meine Brüder, wenn die roten Flammen dieses gewaltigen Brandes prasselnd ihr Gelächter zu den Sternen schicken, setzt ihr euer Vertrauen auf die Sterne und nicht auf das vernichtende Feuer. Denn wenn dieser Brand sich verzehrt hat und erlischt und einen Aschenhaufen als Denkzeichen zurückläßt, wird das ewige Licht wieder im Osten leuchten – im Osten, wo das Morgenlicht der Menschheitsgeschichte geboren ist. Und wer weiß, ob nicht dieser Tag schon dämmert, ob nicht am östlichen Horizont Asiens die Sonne schon aufgegangen ist? Dann begrüße ich wie die Sänger meiner Vorfahren das Morgenrot dieser östlichen Sonne, die bestimmt ist, noch einmal die Welt zu erleuchten ... Indien hat nie den wirklichen Sinn für Nationalismus gehabt. Obgleich man mich von klein auf gelehrt hat, daß der Götzendienst der Nation fast noch besser ist als die Ehrfurcht vor Gott

und der Menschheit, so bin ich, glaube ich, doch dieser Lehre entwachsen und ich bin überzeugt, daß meine Landsleute ihr Indien in Wahrheit dadurch gewinnen werden, daß sie gegen eine Lehre kämpfen, die ihnen sagt, ein Land stände höher als die Ideale der Menschheit ...

Tagore, Rabindranath: Nationalismus, München 1921, S. 141–145.

2.7.2 Georg Elwert: Hinter der Nebelwand des Nationalismus, 1994

Georg Elwert (geb. 1947), Studium der Ethnologie und Soziologie; Promotion 1973; Professor für Soziologie an der Universität Bielefeld, seit 1985 Professor für Ethnologie an der Freien Universität Berlin, Schriften aus Ethnologie, Sozialgeographie und Soziologie, vor allem zum Traditionalismus in Afrika und zur gesellschaftlichen Konstruktion von Lebensaltern.

Für uns Europäer, die wir nur das System des Nationalstaats mit einheitlicher Sprache und ererbter Staatsbürgerschaft kennen, sind ... andere, nicht-ethnische, nicht-nationale Systeme schwer vorstellbar. In Afrika ist – um damit zu beginnen – die Drei- und Viersprachigkeit das Normale. In den Gebieten der westafrikanischen Reiche finden wir hinter dem Etikett der Ethnien in Wirklichkeit etwas anderes, nämlich sozio-professionelle Gruppen von Viehzüchtern, von Ackerbauern, von Fischern, von Händlern. Es waren Gruppen, die anstrebten, nur untereinander zu heiraten (Endogamie) und die sich ihre Gerichtsbarkeit in der Form von religiöser Organisation selbst organisierten. Das Zusammenwirken der verschiedenen Gruppen von Bauern, Fischern, Viehzüchtern, Händlern und so weiter ergab ein hocheffizientes Wirtschaftssystem mit einer Arbeitsteilung zwischen den Gesellschaften. ...

Die Konversion war einfach: Man wechselte den Beruf und dazu die Tracht, die Sprache und die Religion. Diese ethnische Mischung ... erklärt uns, warum wir heute in großen Teilen Afrikas eine solche Gemengelage haben, ein solches „Durcheinander" von verschiedenen ethnischen Gruppen. Was die europäischen Beobachter als Stammestrümmer bezeichnet haben, ... war tatsächlich ein sehr effizientes System mit hoher Arbeitsteilung und, vor allen Dingen, Flexibilität.

Flexibilität zeichnet auch andere ethnische Systeme aus, zum Beispiel die Alters- und Generationsklassensysteme in Ostafrika. Da war die Frage nach den Ahnen oder nach der Sprache weitaus weniger wichtig als die Frage, zu welcher Generationsklasse man gehörte, denn diese organisierte Verteidigung, Raub, Heirat. Wir finden bei anderen Gruppen ... ein Prinzip „Nachbarschaft", das vor allem unter politischer Bedrohung sich entwickelte. Man baute das Asylrecht systematisch aus, um die eigene Gruppe durch zuströmende Flüchtlinge zu stärken. Wer ... die Intelligenz und Arbeitsfähigkeit der Zuwanderer nutzt, kann natürlich nicht Ethnizität über Abstammung in den Vordergrund stellen. Nachdem die europäischen Verwaltungen das Recht zum Zugang an Boden aber an die Zugehörigkeit zu einer Ethnie geknüpft und nachdem sie Gerichtsinstanzen eingesetzt hatten, die ihrem Verständnis von traditioneller afrikanischer Gerichtsbarkeit entsprachen und „stammesspezifische" Normen schriftlich fixierten, begann ein Rennen um die Abgrenzung von Ethnien. Wo es vorher mehrfache Zugehörigkeit gab – man gehörte zur Sprachgruppe A, aber zum Heiratsklassensystem B und zur Nachbarschaft C –, da wurde die mehrfache Zugehörigkeit, sozusagen die doppelte, dreifache, vierfache Staatsangehörigkeit, unmöglich ... Die meisten Menschen mußten sich nun entscheiden und sortieren ...

In dem Maße, in dem Zugang zu Land als Privateigentum wichtiger wurde, ... in demselben Maße wurden auch die Konflikte mit Vertreibung, Selbstzuordnung oder Annexion ganzer Gruppen heftiger ... Man beruft sich auf uralte völkische Traditionen, die jüngst ausgearbeitet wurden. Die Systeme der Arbeitsteilung, der Nachbarschaften, der Generationsklassen wurden umgedeutet in Territorialorganisationen mit der Erbzugehörigkeit und vor allen Dingen mit einer Stammesgeschichte, ganz wie es der europäischen Vorstellung einer Nation mit Geschichte entsprach. Die Afrika-Historiker schreiben mit britischem Humor von invention of tradition, Erfindung von Tradition. Die bekannte nigerianische Ethnie der Jo-

ruba war zuerst nichts anderes als eine sprachwissenschaftlich nachweisbare Verwandtschaft von Sprachen Südostnigerias. Von dieser ... ging man aus und arbeitete kulturelle Gemeinsamkeiten heraus, kam da ins Schleudern und konzentrierte sich dann auf die Kultur der politischen Machtzentren, behauptete von diesen, das sei die reine Joruba-Kultur. Auf diese koloniale Ethnologie gestützt, schufen dann in der spätkolonialen Phase der Demokratisierung nigerianische Intellektuelle eine politische Organisation, die „Söhne Jorubas", eine Organisation, die eine gemeinsame Sprache, eine gemeinsame Ethik und gemeinsame Interessen konstruierte. Die Sprache wurde über das Radio durchgesetzt, auch über das Schulsystem, und all das bewirkte eine radikale Innovation, nämlich die Integration breiter Massen in das politische Geschehen Nigerias ...

Elwert, Georg: Hinter der Nebelwand des Nationalismus – gewaltoffene Märkte in Bürgerkriegen, in: Schlegel, Dietrich (Hrsg.): Der neue Nationalismus, Bad Schwalbach 1994, S. 174 – 177.

2.7.3 Eric Hobsbawm: Die Erfindung der Vergangenheit, 1994

Eric Hobsbawm (geb. 1917), englischer Historiker, Professor in Stanford und Yale, ist mit Werken über den Nationalismus, das imperiale Zeitalter und die sozialrevolutionären Bewegungen hervorgetreten. Ursprünglich dem Neomarxismus verbunden, gilt er heute als einer der fundiertesten Kritiker des Sozialismus und des ihm folgenden Nationalismus in den Staaten des ehemaligen Ostblocks und der Dritten Welt.

Die Geschichte ist das Rohmaterial für nationalistische, ethnische oder fundamentalistische Ideologien – wie Mohn das Rohstoff für Heroinabhängigkeit ist. Die Vergangenheit ist ein wesentliches, vielleicht sogar das entscheidende Element dieser Ideologien. Wenn die Vergangenheit sich nicht fügt, kann sie auch neu erfunden werden. Eigentlich gibt es gar keine Vergangenheit, die vollkommen paßt, weil das Phänomen, das diese Ideologien zu verteidigen behaupten, weder alt noch ewig, sondern nur historisch neu ist. Das gilt sowohl für den religiösen Fundamentalismus in seinen jetzigen Ausprägungen – der islamische Staat in der Version des Ajatollah Chomeini stammt aus den frühen Siebzigern – wie für den aktuellen Nationalismus.

Die Vergangenheit verleiht den Heiligenschein der Legitimität. Die Vergangenheit bietet den ruhmreichen Hintergrund für eine Gegenwart, die selber viel hermacht. Ich erinnere mich, daß mir irgendwo eine Arbeit über die Hochzivilisation der Städte im Indus-Tal mit dem Titel „Fünftausend Jahre Pakistan" auffiel. Vor 1932/33, als der Name von militanten Studenten erfunden wurde, existierte Pakistan nicht einmal als Gedanke. Bis 1940 gab es Pakistan noch nicht mal als politisches Ziel. Zum Staat wurde es erst 1947. Zwischen der Kultur von Mohenjo Daro und den gegenwärtigen Herrschern in Islamabad gibt es keine engere Beziehung als zwischen dem Trojanischen Krieg und der Regierung in Ankara.

In dieser Situation finden sich Historiker unerwartet als politische Schauspieler wieder. Bisher war ich der Meinung, daß der Beruf des Historikers, anders als beispielsweise jener des Kernphysikers, zumindest niemandem etwas zuleide täte. Inzwischen weiß ich es besser. Genauso wie die Werkstätten, in denen die IRA inzwischen in der Lage ist, Kunstdünger in Sprengstoff zu verwandeln, können unsere Arbeitszimmer zu Bombenfabriken konvertiert werden. Dieser Zustand betrifft uns doppel: Wir haben eine Verantwortung gegenüber historischen Tatsachen im allgemeinen und für die Kritik des politisch-ideologischen Mißbrauchs der Geschichte im besonderen . . . Wir können unsere Tatsachen nicht erfinden. Entweder ist Elvis Presley tot, oder er lebt. Die Frage läßt sich unzweideutig auf der Grundlage von Beweisen entscheiden, jedenfalls soweit sich zuverlässige Beweise beibringen lassen, wie es manchmal der Fall ist. Die gegenwärtige türkische Regierung, die den versuchten Völkermord an den Armeniern von 1915 leugnet, hat entweder Recht oder nicht. Die Mehrheit würde eine Leugnung dieses Massakers aus dem ernsthaften historischen Diskurs ausschließen . . .

Vor einiger Zeit haben hinduistische Eiferer eine Moschee in Ayodhya zerstört, angeblich weil diese Moschee den Hindus von dem islamischen Mogul Babur an einer heiligen Stätte aufgenötigt wurde, an dem Ort, an dem der Gott Rama geboren wurde. Meine Kollegen und Freunde in Indien veröffentlichten eine Studie, daß a) bis zum 19. Jahrhundert kein Mensch auf die Idee kam, Ayodhya sei der Geburtsort von Rama, und daß b) die Moschee mit an Sicherheit grenzender Wahrscheinlichkeit nicht zu Lebzeiten von Babur errichtet wurde. Ich wollte, ich könnte behaupten, daß das einen großen Einfluß auf den Aufstieg der Hindu-Partei hatte, die den Vorfall provozierte, aber jedenfalls haben sie ihre Pflicht als Historiker und für jene getan, die des Lesens kundig und der jetzigen und kommenden intoleranten Propaganda ausgesetzt sind. Tun also auch wir unsere Pflicht.

Nur die wenigsten intoleranten Ideologien beruhen auf schlichter Lüge oder einer Erfindung, die jeglicher Beweise entbehrte. Schließlich fand 1389 im Kosovo eine Schlacht statt; die serbischen Krieger und ihre Verbündeten wurden von den Türken besiegt, was tiefe Wunden im Volksgedächtnis der Serben hinterließ, aber deswegen noch lange nicht die Unterdrückung der Albaner rechtfertigt, die mittlerweile neunzig Prozent der dortigen Bevölkerung bilden, oder den Anspruch der Serben, daß dieses Land ihnen gehört. Dänemark beansprucht auch nicht den größten Teil von Ostengland, das vor dem 11. Jahrhundert von den Dänen besiedelt und beherrscht wurde, das immer noch Danelaw heißt und wo die Ortsnamen etymologisch dänischen Ursprungs sind. Der ideologische Mißbrauch von Geschichte wird häufiger mit Anachronismen [falsche zeitliche Einordnungen von Vorstellungen oder Fakten] als mit Lügen getrieben. Der griechische Nationalismus verweigert der ehemaligen jugoslawischen Teilrepublik Mazedonien sogar das Recht, diesen Namen zu führen, weil angeblich ganz Mazedonien griechisch und Teil eines griechischen Nationalstaats ist, angeblich schon seit der Zeit, als der Vater von Alexander dem Großen, der König von Mazedonien, Herrscher über das gesamte griechische Gebiet auf der Balkanhalbinsel wurde.

Wie alles, was mit Mazedonien zusammenhängt, ist auch das keine rein akademische Frage, aber ein griechischer Intellektueller muß schon sehr viel Mut aufbringen, wenn er sagen will, daß das in historischer Hinsicht der schiere Blödsinn ist. Im vierten vorchristlichen Jahrhundert gab es weder einen griechischen Nationalstaat noch sonst eine politische Einheit für die Griechen; das mazedonische Reich hatte nichts mit dem griechischen oder einem anderen modernen Nationalstaat zu tun, und außerdem ist es ziemlich sicher, daß die alten Griechen die mazedonischen Herrscher ebenso wie später die römischen als Barbaren und nicht als Griechen ansahen, obwohl sie bestimmt zu höflich und vorsichtig waren, um das offen auszusprechen. Mazedonien ist darüber hinaus eine derart unentwirrbare Mischung aus Ethnien – nicht zufällig haben die Franzosen ihren Fruchtsalat danach benannt (macédoine) –, daß jeder Versuch, es mit einer einzigen Nationalität gleichzusetzen, unzulässig wäre. Der Gerechtigkeit halber muß man die extremistischen Äußerungen des mazedonischen Nationalismus unter Emigranten aus den gleichen Gründen ablehnen, ebenso wie die ganzen Veröffentlichungen in Kroatien, in denen versucht wird, Zvonimir den Großen zum Vorfahren von Präsident Tudjman zu machen. Doch wird es schwierig, den Erfindern einer nationalen Schulbuchgeschichte entgegenzutreten, obwohl einige Historiker an der Universität von Zagreb, die ich stolz als meine Freunde bezeichne, diesen Mut aufbringen.

Diese und andere Versuche, Geschichte durch Mythen und Erfindungen zu ersetzen, sind mehr als nur ein schlechter historischer Witz. Schließlich entscheiden sie darüber, was Aufnahme in die Schulbücher findet. Die Japaner wußten sehr wohl, was sie taten, als sie darauf bestanden, daß in ihren Schulen eine keimfreie Version des japanischen Krieges in China gelehrt wird.

Mythen und Erfindungen sind für eine Politik der Identität entscheidend, mit der heute Völkergruppen, indem sie sich nach Ethnien, Religion oder nach neuen oder alten Staatsgrenzen definieren, in einer unsicheren und wankenden Welt Sicherheit mit der Aussage zu gewinnen hoffen: „Wir sind anders und besser als die anderen."

Täuschen wir uns nicht: Geschichte ist nicht die Erinnerung der Ahnen oder die Tradition eines Volkes. Geschichte ist, was man von Priestern, Lehrern, den Autoren der Geschichtsbücher und den Leuten gelernt hat, die Zeitschriftenartikel schreiben und Fernsehsendungen produzieren. Für Historiker ist es außerordentlich wichtig, sich ihrer Verantwortung bewußt zu sein, die vor allem darin besteht, sich von den Leidenschaften der Identitätspolitik eben nicht beeindrucken zu lassen – auch wenn sie sie selber erleben. Schließlich sind wir auch nur Menschen . . .

Und doch . . .: Etwa ein halbes Jahrhundert nachdem der größte Teil Irlands seine Unabhängigkeit erlangt hatte, hörten die irischen Historiker auf, die Geschichte ihrer Insel nur mehr als Mythos der nationalen Befreiungsbewegung zu schreiben . . . Doch können wir nicht darauf warten, daß Generationen vergehen. Wir müssen uns dem Entstehen nationaler, ethnischer und anderer Mythen entgegenstellen, und zwar schon am Anfang. Beliebt machen wir uns damit nicht . . . Und doch muß genau das getan werden . . .

Hobsbawm, Eric: Die Erfindung der Vergangenheit, in: Die Zeit, 37/1994, S. 49.

2.8 Der „verspätete" Nationalismus im Gebiet der ehemaligen UdSSR nach 1990

2.8.1 Ernest Gellner: Aus den Ruinen des großen Wettstreits, 1992

Ernest Gellner (1925–1995), in Prag als Kind einer jüdischen Familie aufgewachsen, Studium in England, Werke zur Sprachphilosophie, zur Sozialanthropologie und zum islamischen Fundamentalismus. Ernest Gellners Werk „Nations and Nationalism" (1983) beschreibt die Funktion des Nationalismus in Europa: die Schaffung kultureller Homogenität innerhalb der Grenzen eines Gebiets, dessen Bewohner dann von denselben Bildungsvoraussetzungen und Wertvorstellungen aus an der Entwicklung der Industriegesellschaft teilnehmen können.

. . . Im Laufe der siebzig (oder in manchen Regionen vierzig) Jahre ihres Bestehens hatte die bolschewistische Ideokratie [ideologisch begründete Alleinherrschaft] nicht allzuviel

Mühe, den Nationalismus in seine Schranken zu weisen, ebensowenig wie das relativ milde ancien régime in Ost- und Mittelosteuropa zwischen 1815 und 1918. Aber der Zusammenbruch des kommunistischen Imperiums im Jahre 1989 und danach legte dem freien Ausdruck nationalistischer Bestrebungen kaum Hindernisse in den Weg – außer dem von rivalisierenden Nationalismen. Das Phänomen des Nationalismus ist gleichsam eine periodische Dezimalzahl, es findet kein Ende, jeder nationale Floh hat kleinere Flöhe, die ihn seinerseits plagen, ganz zu schweigen davon, daß Flöhe derselben Größe einander ebenfalls belästigen. Die deutlichen Parallelen zwischen dem Zusammenbruch des bolschewistischen Imperiums und dem der Habsburger sind erschreckend. Allgemein ausgedrückt: Die Nachfolgestaaten sind kleiner, weniger erfahren und gewöhnlich schwächer, aber mit allen Nachteilen des vorausgegangenen Imperiums behaftet – sie werden von zusätzlichen Minderheiten heimgesucht, die sich zum Teil aus Mitgliedern der zuvor herrschenden Kultur rekrutieren, die ihrerseits an ihren neuen untergeordneten Status nicht gewöhnt sind, dafür aber kulturelle Verwandte haben, die, wenn die Zeit reif ist, beim Widerstandleisten helfen können... Der Bolschewismus hatte die bürgerliche Gesellschaft zerstört oder doch beinahe völlig vernichtet... Der Nationalismus aber läßt sich sehr schnell wieder aktivieren. Er beruht auf dem bereitwilligen Eifer, mit dem wir uns mit Angehörigen unserer Kultur identifizieren, wobei Kultur hier eher in ihrer neuen Schlüsselrolle verstanden wird, nämlich als die Kennzeichnung kollektiver Grenzen und nicht, wie früher, als individuelles Vermögen... Der moderne Nationalismus, der leidenschaftliche Identifikation mit großen anonymen Gemeinschaften gleicher Kultur und gleicher kultureller Bildwelten bedeutet, schafft sich seine Einheiten aus Unterschieden mannigfachster Art. Darunter sind auch religiöse von Bedeutung (unabhängig davon, ob der Glaube, der die in Rede stehenden Religionen definierte, noch getragen und gebilligt wird), wie das der jugoslawische Konflikt zwischen Gruppen von ähnlicher Sprache und Herkunft, aber verschiedener Religion veranschaulicht...

Gellner, Ernest: Aus den Ruinen des großen Wettstreits, in: Merkur, August 1992, S. 521.

2.8.2 Wladimir Schirinowski: Interview mit dem „Spiegel", 2. 10. 1994

Wladimir Schirinowski (geb. 1946 in Alma Ata, Kasachstan), 1972–1976 Studium der Rechtswissenschaft in Moskau, beteiligte sich im Juli 1990 an der Gründung der Liberal-Demokratischen Partei Rußlands, die nationalistisch-rechtskonservativ einzuordnen ist. War nie Mitglied der kommunistischen Partei Rußlands; russischer Präsidentschaftskandidat gegen Jelzin 1991 und 1996, ideologischer Führer der äußersten Rechten im Rußland der 90er Jahre; Vertreter eines radikalen Nationalismus im Sinne eines vereinten „Großrußland".

. . . Internationalismus ist die Idee der Vermischung. Nationalismus ist die Idee der Qualität. Nationalismus sind die eigenen vier Wände statt der Gemeinschaftswohnung oder des gemeinsamen Schlafsaals. Wenn Sie in ihrer eigenen Wohnung wohnen, so werden Sie mit Vergnügen die Nachbarn besuchen und diese zu sich einladen – einen gemeinsamen Tisch und eine gemeinsame Toilette jedoch gibt es nicht mehr, und damit weniger Streit . . .

Was folgt praktisch daraus? Wenn wir anerkennen, daß wir einen eigenen Nationalstaat aufbauen, mit einer nationalen Ideologie, ohne jeglichen „Eurasismus" und „Atlantismus", dann müssen wir zuerst und vor allem die Grenzen dieses Staates festlegen. Und diese Grenzen sollten wir mit einem Schloß verriegeln. . . Wir ziehen uns überall zurück, wir werden diesen Sturm im Wasserglas mit der Ukraine beenden, wir verlassen Mittelasien und den Kaukasus, wir überlassen diese Völker ihren Kriegsherren und Mullahs. Nach einiger Zeit kommen sie von selbst wieder zu uns, korrekter – sie kriechen, geschlagen, hungrig, krank, auf Krücken und Bahren. Sie werden uns anbetteln, ihnen wenigstens heißes Wasser zu geben, damit sie sich waschen können. Einige nehmen wir auf, so die slawischen Brüder. Eine eigenständige Ukrainische Republik jedoch wird es nicht geben, nur zwei Dutzend Gouvernements, die dem Zentrum unmittelbar unterstellt werden.

Und noch einmal – man soll sich nicht in Konflikte hineinziehen lassen. Sollen die Türkei, der Iran und Pakistan sich doch damit herumschlagen. Diese Länder werden dann die Eigenstaatlichkeit verlieren. Der Sumpf im Süden wird sie aufsaugen. Und dann kommen wir. Unsere Soldaten werden ihre Stiefel im Wasser des Indischen Ozeans reinigen, und Eingeborene werden sie mit Blumen empfangen. Sie werden als Retter kommen, als Bewahrer vor Hunger und gegenseitiger Vernichtung ...

Schirinowski, Wladimir: Nationalsozialismus mit menschlichem Gesicht, in: Der Spiegel, 2.10.1994, S. 110f.

Kommunistischen Partei konzipiert wurde, ist nicht der Staat, in dem das serbische Volk sein nationales und demokratisches Ziel verwirklicht hat. Dem provisorischen ... Jugoslawien, dem Kriegszustand und dem gegenwärtigen Chaos kann das serbische Volk nicht mehr im Namen irgendwelcher „höheren Ziele" seine Zustimmung geben ...

Cosic, Dobrica: Die große Täuschung des serbischen Volkes, in: Politika, 20.1.1991; deutsche Übersetzung zitiert nach: Osteuropa-Archiv 41, 1991, S. A 595 f.

2.8.3 Dobrica Cosic: Die große Täuschung des serbischen Volkes, 1991

Dobrica Cosic (geb. 1921 in Serbien), Studium an der Universität Belgrad, Journalist und Schriftsteller, kämpfte während des Zweiten Weltkriegs auf seiten Titos; nach 1945 im Zentralkomitee der serbischen KP, aus dem er 1968 ausschied. Gilt als Vater des 1985 erschienenen spektakulären Memorandums der serbischen Akademie der Wissenschaften, das der groß-serbischen Expansionspolitik Milosevics später als ideologische Grundlage diente. Seit Juni 1992 Staatspräsident Restjugoslawiens, am 31. Mai 1993 wegen angeblichen Verfassungsbruchs und Verrats jugoslawischer bzw. serbischer Interessen vom Parlament abgesetzt.

... Worin besteht also heute das Wesen der serbischen Frage im jugoslawischen Kontext? Was will dieses erniedrigte, betrogene und verleumdete serbische Volk, dem mit Unverständnis und Haß begegnet wird und das selbst am allermeisten für seine jetzige Lage verantwortlich ist? In allen seinen politischen Motiven ist der gesellschaftliche Kern, das nationale Ziel der serbischen Frage ein ausschließlich demokratisches. Es ist eine Frage der Freiheit und des Existenzrechtes des serbischen Ethnos in der Gesamtheit seiner geistigen, kulturellen und geschichtlichen Identität ohne Rücksicht auf die heutigen Republikgrenzen und die Verfassung Jugoslawiens. Wenn diese Freiheit und dieses Recht nicht garantiert werden, dann ist das historische Ziel des serbischen Volkes – die Vereinigung aller Serben in einem Staat, wofür es mehrere Kriege geführt und grauenhafte Opfer gebracht hat – nicht verwirklicht ... Das Jugoslawien aber, und das ist heute für jeden denkenden Serben offensichtlich, das verfassungsmäßig und staatsrechtlich von der

Fragen zu Kapitel 2:

1 Definieren Sie den Begriff „Patriotismus", wie er in den Texten 2.2.1 (Moser) und 2.2.2 (Rousseau) aufscheint! Gibt es Unterschiede zwischen Patriotismus und Nationalgefühl? Welche Aufgabe(n) wurde(n) dem Patriotismus im 18. Jahrhundert zugewiesen (siehe Text 2.2.3)?

2 Die Texte 2.3.1 und 2.3.2 reflektieren das Erwachen nationaler Bewegungen in Griechenland und Polen. Welche Umstände begünstigten diese Entwicklung?

3 Erklären Sie den Aufruf von Saint-Victor gegen die Deutschen aus der Situation des Jahres 1871!

4 Irland und Israel, beide sind „späte Nationen", die erst 1922 bzw. 1948 zur Eigenstaatlichkeit fanden. Welche Argumente für die Bildung einer Nation bringen die Quellen 2.3.4 und 2.3.5? Warum hebt der für die Nationalstaatlichkeit Irlands plädierende Autor auf geschichtliche und kulturelle Aspekte ab, Martin Buber im Falle Israels aber auf religiöse?

5 Die in 2.4 zusammengestellten Texte zeigen Nationalismus, gepaart mit Überlegenheitsanspruch und Sendungsbewußtsein gegenüber anderen Nationen. Wie ist die Entstehung dieses Sendungsbewußtseins geschichtlich zu erklären? Was sollte es rechtfertigen? Kennen Sie ähnliche Rechtfertigungstheorien aus der Zeit der frühen Kolonialisierung? Worauf heben sie ab?

6 Autoren des 19. und 20. Jahrhunderts (2.5; 2.7) haben immer wieder Stellung gegen Nationalismus, nationale Überheblichkeit und nationales Sendungsbewußtsein genommen. Ihre Wirksamkeit blieb jedoch beschränkt. Welche Gründe lassen sich dafür finden?

7 Welchem Zweck diente die Übernahme europäischer Nationalstaatsargumente durch Eliten in den Kolonialländern nach 1945? (2.6) Welche Aufgaben kamen hier nationaler Rhetorik in der Innenpolitik und welche in der Außenpolitik zu?

8 Georg Elwert (2.7.2) beschreibt die Probleme, die westlichem Nationsdenken in bezug auf Afrika begegnen. Stellen Sie die wichtigsten Aspekte dar! Beantworten Sie die Frage, aus welchen Gründen „nationale Konstruktionen" beispielsweise in Nigeria angewandt wurden!

9 Nach dem Ende der UdSSR erlebten wir eine Renaissance des Nationalgefühls, aber auch des Nationalismus bei den Völkern Osteuropas (Texte 2.8). Zeigen Sie, wie unterschiedlich dieser neue bzw. „verspätete" Nationalismus sich auswirkte!

3 Nationenbildung, Nationalgefühl und Nationalismus im deutschen Sprachraum, 1806–1945

Was die Entstehung des ersten deutschen Nationalstaates 1871 und seine Ausgestaltung angeht, so gilt heute als gesichert, daß er schwerwiegende Defizite an Demokratie hatte und daß diese Defizite die Gesellschaft Deutschlands noch bis in die Weimarer Republik hinein prägten.

Bei näherem Hinsehen läßt sich feststellen, daß der Mangel an Demokratie und an demokratischem Empfinden ein Trend ist, der sich in der gesamten Diskussion um eine deutsche Einigung schon seit der Napoleonischen Besetzung Deutschlands erkennen läßt.

Dies steht im Gegensatz zur nationalen Entwicklung in Westeuropa: Frankreich war als weitgehend zentralisierter Einheitsstaat etabliert, bevor in der Französischen Revolution sich der „Dritte Stand" zur Nation erklärte. Diese Nation verstand sich hinfort als Souverän, der persönliche Freiheitsrechte forderte und erlangte, also Freiheit von staatlichem Eingriff für den einzelnen, garantiert durch Grundrechte.

Darüberhinaus aber forderte der „Dritte Stand", die neue Nation, die politische Mitbestimmung, garantiert in Bürgerrechten, und demokratische Institutionen. Die Nationwerdung ist so in Westeuropa mit der Ausweitung persönlicher und politischer Freiheits- und Mitwirkungsrechte verbunden – auch wenn

beispielsweise das allgemeine gleiche Wahlrecht (für Männer) erst 1848 erreicht wurde. Nationwerdung und Demokratisierung sind in diesen Entwicklungen der Französischen Revolution und in etlichen Perioden des 19. Jahrhunderts in Frankreich eng verbunden.

Anders die Entwicklung in Deutschland:

In der ersten nationalen Publizistik (1806) findet sich der Freiheitsbegriff in ganz anderer Form – als Freiheit des Territorialstaates von der (französischen) Fremdherrschaft. Dieser Gedanke verbindet sich dann mit dem der nationalen Einigung. Das Ziel dieser Einigung ist im überwiegenden Teil der programmatischen Schriften ein unter einem Monarchen geeintes Deutschland, dem eine ständische Vertretung zur Seite steht.

Auch in Deutschland gab es eine liberale, das heißt auf Ausdehnung der Volksrechte bedachte Bewegung – mit Schwerpunkten in Süddeutschland und im Rheinland. Dieser Liberalismus vor 1848 war aber keineswegs radikal. Er trat für Verfassung, rechtsstaatliche Garantien, Pressefreiheit, Geschworenengerichte, Volksmiliz und für einen engeren nationalen Zusammenschluß der deutschen Einzelstaaten ein. Ohne innere Vorbehalte hielt er an der Monarchie fest und wollte die politischen Mitwirkungsrechte an den Nachweis von Besitz und Bildung knüpfen.

Im Zeitalter der Restauration wurden im Gebiet des Deutschen Bundes die Vertreter des Liberalismus und des Nationalsstaats beargwöhnt, kontrolliert und verfolgt. Politische Versammlungen und Vereinigungen wurden ebenso verboten wie die Schriften des „Jungen Deutschland" (Heine, Börne), die sich mit den Mitteln der Satire gegen Absolutismus, Kleinstaaterei und soziale Ungerechtigkeit wandten.

Aber es gelang nicht, die „Bewegung" auszuschalten. Auf einem Treffen von Anhängern der liberalen und demokratischen Bewegung in Hambach (Hambacher Fest, 1832) erhoben die Redner Forderungen nach nationaler Einheit Deutschlands, nach internationaler Solidarität aller Freiheitsbewegungen, ja sogar nach einer deutschen Republik.

Als 1837 König Ernst August von Hannover die wenige Jahre zuvor erlassene Verfassung selbstherrlich aufhob, legten sieben Göttinger Professoren dagegen öffentlichen Protest ein. Der entrüstete Monarch jagte sie aus dem Amt, aber eine Welle der Zustimmung zu den „Göttinger Sieben" ging durch ganz Deutschland.

Die Nationalversammlung 1848/49, die zunächst Freiheits- und Selbstbestimmungsrechte für nichtdeutsche Nationalitäten im deutschen Sprachraum (Polen, Dänen) verfocht und garantieren wollte, verweigerte in der Frage der preußischen Ostprovinzen der dortigen polnischen Bevölkerung nicht nur den Anschluß an den polnischen Staat, sondern auch kulturelle Autonomie in einem national geeinten Deutschland.

Als Rückgriff auf die Forderung von Sieyès 1789, der „Dritte Stand" sei die Nation, ist die Passage im Manifest der Kommunistischen Partei 1848 zu sehen, die das Proletariat (den „Vierten Stand") zur eigentlichen Nation erhebt und die Demokratisierung des Staates damit verbindet. Diese gedankliche Richtung bleibt von da ab einer der Gegenpole zum Nationalismus der Konservativen.

Nach 1849 verschwindet die Forderung nach Demokratisierung fast völlig aus den Schriften der deutschen politischen Elite, um der Forderung nach nationaler Einheit Platz zu machen.

Auch nach der Reichsgründung 1871 steht die Forderung nach tatsächlicher Demokratisierung des politischen Prozesses im ganz überwiegenden Teil der politischen Schriften nicht auf der Tagesordnung. Erst die deutsche Revolution von 1918/19 holt die Ergebnisse der französischen Revolutionen von 1789 und 1848 nach.

Im ersten deutschen Nationalstaat 1871–1918 setzt sich die – nationalistisch motivierte – Mißachtung der Rechte anderer Nationalitäten (Polen, Elsaß-Lothringer) fort und wird von der Mehrheit der geistigen Eliten gebilligt. Gerade aber gegen diese Verstöße gegen den „Geist der Nation" erheben sich Stimmen der Opposition.

Am Ende des 19. Jahrhunderts entsteht im Nationalstaat eine neue, rassistisch bestimmte Judenfeindschaft, die in die Vernichtung der Juden im Nationalsozialismus mündet.

Auch in der Weimarer Republik ist – im Zeichen eines „integralen Nationalismus" weiter Bevölkerungsgruppen und vor allem der Eliten – die Bewahrung demokratischer Rechte und Freiheitsrechte kein vorrangiges politisches Thema. „Völkische" Ideen von Gemeinschaft und Führertum machen bereits den Nationalismus der Zeit vor 1933 zu einer zutiefst unfreiheitlichen, undemokratischen und autoritären Ideologie.

3.1 Patriotismus oder Nationalismus? – Die Reaktion auf die Besetzung durch die Truppen Napoleons

3.1.1 Johann Gottlieb Fichte: Reden an die deutsche Nation, 1806

Johann Gottlieb Fichte (1762–1814), 1794–1799 Professor in Jena; 1799 wegen „Gottlosigkeit" entlassen, 1805–1810 Professor in Erlangen, 1810 erster gewählter Rektor der Universität Berlin, Philosoph, Verfechter des Kantschen Kritizismus, vertrat eine radikal aufklärerische Richtung und Gedanken der Französischen Revolution; stellte sich 1806 in den Dienst der Erhebung gegen Napoleon und hielt in diesem Zusammenhang die „Reden an die deutsche Nation".

4. Rede:

... Die Verschiedenheit ist sogleich bei der ersten Trennung des gemeinschaftlichen Stammes entstanden und besteht darin, daß der Deutsche eine bis zu ihrem ersten Ausströmen aus der Naturkraft lebendige Sprache redet, die übrigen germanischen Stämme eine nur auf der Oberfläche sich regende, in der Wurzel aber tote Sprache ... Zwischen Leben und Tod findet gar keine Vergleichung statt, und das erste hat vor dem letzten unendlichen Wert; darum sind alle unmittelbaren Vergleichungen der deutschen und der neulateinischen Sprachen nichtig ...

7. Rede:

... Es sind ... in der Geschichte nachgewiesen die Grundzüge der Deutschen als eines Urvolkes und als eines solchen, das das Recht hat, sich das Volk schlechtweg im Gegensatz mit anderen von ihm abgerissenen Stämmen zu nennen ... Alle, die entweder selbst schöpferisch und hervorbringend das Neue leben oder die, falls ihnen dies nicht zuteil geworden wäre, das Nichtige wenigstens entschieden fallenlassen und aufmerksam dastehen, ob irgendwo der Fluß ursprünglichen Lebens sie ergreifen werde, oder die, falls sie auch nicht soweit wären, die Freiheit wenigstens ahnen und sie nicht hassen oder vor ihr erschrecken, sondern sie lieben: alle diese sind ursprüngliche Menschen, sie sind, wenn sie als ein Volk betrachtet werden, ein Urvolk, das Volk schlechtweg, Deutsche ...

8. Rede:

Sind wir bisher im Gange unserer Untersuchung richtig verfahren, so muß hierbei zugleich erhellen, daß nur der Deutsche – der ursprüngliche und nicht in einer willkürlichen Satzung erstorbene Mensch – wahrhaft ein Volk hat und auf eins zu rechnen befugt ist, und daß nur er der eigentlichen und vernunftgemäßen Liebe zu seiner Nation fähig ist ...

Wer nicht zuvörderst sich als ewig erblickt, der hat überhaupt keine Liebe und kann auch nicht lieben ein Vaterland, dergleichen es für ihn nicht gibt. Wer zwar vielleicht sein unsichtbares Leben, nicht aber ebenso sein sichtbares Leben als ewig erblickt, der mag wohl einen Himmel haben und in diesem sein Vaterland, aber hienieden hat er kein Vater-

land ... Volk und Vaterland in dieser Bedeutung als Träger und Unterpfand der irdischen Ewigkeit und als dasjenige, was hienieden ewig sein kann, liegt weit hinaus über den Staat im gewöhnlichen Sinne des Wortes – über die gesellschaftliche Ordnung ...

Dieser will gewisses Recht, innerlichen Frieden, und daß jeder durch Fleiß seinen Unterhalt ... finde ... Dieses alles ist nur Mittel, Bedingung und Gerüst dessen, was die Vaterlandsliebe eigentlich will, das Aufblühen des Ewigen und Göttlichen in der Welt, immer reiner, vollkommener ...

12. Rede:

Fragt man mich, wie dies zu erreichen sei, so ist darauf die einzige, alles in sich fassende Antwort diese: Wir müssen eben zur Stelle werden, was wir ohnedies sein sollten, Deutsche. Wir sollen unseren Geist nicht unterwerfen; so müssen wir eben vor allen Dingen einen Geist uns anschaffen und einen festen und gewissen Geist; wir müssen ernst werden in allen Dingen und nicht fortfahren, bloß leichtsinnigerweise und nur zum Scherze dazusein; wir müssen uns haltbare und unerschütterliche Grundsätze bilden, die allem unserm übrigen Denken und unserm Handeln zur festen Richtschnur dienen; Leben und Denken muß bei uns aus einem Stücke sein und ein in sich durchdringendes und gediegenes Ganzes; wir müssen in beiden der Natur und der Wahrheit gemäß werden und die fremden Kunststücke von uns werfen; wir müssen, um es mit einem Wort zu sagen, uns Charakter anschaffen, denn Charakter haben und deutsch sein, ist ohne Zweifel gleichbedeutend ...

14. Rede:

Ist in dem, was in diesen Reden dargelegt worden, Wahrheit, so seid unter allen neueren Völkern ihr es, in denen der Keim der menschlichen Vervollkommnung am entschiedensten liegt, und denen der Vorschritt in der Entwicklung derselben aufgetragen ist. Gehet ihr in dieser eurer Wesenheit zugrunde, so gehet mit euch zugleich alle Hoffnung des gesamten Menschengeschlechts auf Rettung aus der Tiefe seiner Übel zugrunde ...

Fichte, Johann Gottlieb: Reden an die deutsche Nation, Hamburg 1955, S. 58 f., 106 ff.; 124 f.; 191 f.; 228 f.

3.1.2 Ernst Moritz Arndt: Über den Volkshaß und über den Gebrauch einer fremden Sprache, 1813

Ernst Moritz Arndt (1769–1860), Professor in Greifswald, 1812–1815 Privatsekretär des Freiherrn vom Stein, wirkte in leidenschaftlichen, teilweise auch nationalistischen Flugschriften und Liedern für die „nationale" Erhebung gegen Napoleon, 1818–1820 Professor in Bonn, 1820–1840 des Amtes enthoben wegen „aufrührerischer Umtriebe", 1848 in die Frankfurter Nationalversammlung gewählt, trat dort für ein preußisches Erbkaisertum ein.

... Gott hat die Verschiedenheit gefallen, denn Gott gefällt das lebendige Leben und ein freier und lustiger Wettkampf der Kräfte. Gott hat diese Verschiedenheit auch unter den Menschen gewollt und deswegen hat er sie gestiftet: darum die verschiedenen Völker, Länder, Sprachen und was sich daraus wieder für eine Unendlichkeit von Verschiedenheiten erzeugt.

Wer also von Einer Religion, von Einem Staate, von Einer Sprache, von Einem gebietenden Volke spricht, der spricht gegen Gott und seinen ewigen Willen. Wer alle Völker vereinigen, wer allen Völkern gebieten, wer die Verschiedenheiten, die Gott geschaffen hat, vertilgen will, der tut wider Gottes Willen: ein Eroberer, ein Völkervereiniger, ein Tyrann, ist nicht von Gott, sondern, wann ein solcher erscheint, so ist das ein Zeichen, daß die Zeit schlecht, matt und gleichgültig ist oder daß sie einen großen Übergang zu einem neuen Weltalter macht ...

Die großen Gegensätze des Klimas geben die ungeheuerste Verschiedenheit, z. B. ob du in Petersburg oder Sevilla, in Smyrna oder Stockholm, am Nordkap oder im Senegal geboren bist. Diese Menschen tragen die verschiedensten Weltbilder und gewöhnlich auch die verschiedensten Neigungen in sich – doch dies wollen wir hier gar nicht ausführen, noch auch die Gegensätze, welche lange gebrauchte und tief gewurzelte Gesetze, Religionen und Sitten hervorbringen.

Das Größte und Bedeutendste aber liegt in der Verschiedenheit der Sprachen, weil jede Sprache das äußere Abbild des innersten Gemütes eines Volkes ist, weil sie die Form ist, welche sich von Kind auf des ganzen Menschen, der sie spricht, am gewaltigsten bemeistert und seinem Geiste und seiner Seele das Gepräge gibt, womit er empfinden, denken, lieben und leben soll: sie ist der erstarrte Geist der vergangenen Geschlechter, den die Lippe auftaut, wie sie die Worte erfaßt. Darum ist nichts traurigeres und gefährlicher, als wenn ein Volk seine Sprache für eine fremde vergißt; dann begehrt es, Sklav der Fremden zu werden.

Aus dieser Verschiedenheit der Sprachen und aus der eigentümlichen Bildung, die mit einer jeden Sprache verknüpft ist, und aus manchen teils sichtbaren, teils unsichtbaren früheren oder späteren Ursachen erwächst der Widerwille und die Abneigung, welche die Völker in einzelnen Punkten gegeneinander haben und welche ihre Unabhängigkeit und Freiheit besser sichern als noch so viele befestigte Städte und gezückte Schwerter ...

Ich nenne noch einiges, was unseren Vätern an ihren Nachbarn nicht gefiel und wodurch sie in Freiheit bestanden sind, weil es als entschiedene Abneigung oder Haß ihnen gegen das Eindringen des Fremden oder Ungleichen eine Schutzwehr war. – Die Italiener waren ihnen zu ernst, zu tief, zu gewaltig, zu versteckt, zuwenig äußerlich fröhlich; sie ehrten viele italienische Tugenden, aber fürchteten das dunkle südliche Gemüt, das ihnen zu mächtig und zu verborgen war. Daher Abneigung gegen sie. – Die Franzosen waren ihnen zu leichtsinnig, zu flatterhaft, zu eitel, zu unstet – auch ihre Hinterlist hatten sie zu oft erfahren – zu geschwind im Gefälligen und zu träg im Ernsten; sie deuchten ihnen kein freies und zuverlässiges, kein festes und züchtiges Volk. Darum war ihr Gemüt von ihnen gewendet. – Die Welschen aber ihrerseits schalten den Teutschen als zu schwer, zu unbehülflich, zu plump, zu feierlich, zu kalt und zu unempfindlich; sie nannten seine Sitten steif und ungefällig, seinen Witz stumpf, sein ganzes Leben matt und langweilig; sie hielten ihn für dumm und kaum einem halben Menschen vergleichlich, und die meisten ihrer Nachkommen tun dies so bis diesen Tag.

Dies, worauf ich hier hinweise, könnte man an vielen andern Völkern der vergangenen und gegenwärtigen Zeiten noch weiter zeigen, wenn es dessen bedürfte. Genug, es ist eine unumstößliche Wahrheit, daß alles, was Leben und Bestand haben soll, eine bestimmte Abneigung, einen Gegensatz, einen Haß haben muß, daß, wie jedes Volk sein eigenes innigstes Lebenselement hat, es ebenso eine feste Liebe und einen festen Haß haben muß, wenn es nicht in gleichgültiger Nichtigkeit und Erbärmlichkeit vergehen und zuletzt mit Unterjochung endigen will. Ich könnte traurig hinweisen, wodurch die letzten Jahre über Teutschland gekommen sind. Wir liebten und erkannten das Eigene nicht mehr, sondern buhlten mit dem Fremden.

Jenen Haß, den ich eben berührt habe, der aus angeborenen Verschiedenheiten der Völker entspringt, möchte ich einen äußerlichen Haß nennen; innerlich wird er, wenn ein Volk sich einmal des Frevels unterstanden hat, seine Nachbarn unterjochen zu wollen: dann brennt er bei edlen Völkern unauslöschlich.

So muß bei den Teutschen jetzt der Haß brennen gegen die Franzosen, denn sie haben sich der Kühnheit erfrecht, ein Volk unter-

jochen zu wollen, das stärker und mächtiger wäre als sie, wenn ihre Hinterlist nicht lange schon verstanden hätte, es zu entzweien und zu zerreissen.

Wir sollen die Franzosen nicht allein wegen dessen hassen, was sie uns in den letzten zwanzig Jahren Übels getan haben, nicht wegen der Greuel und Schanden allein, wodurch sie die letzten acht Jahre unsere heilige Erde entheiligt haben und noch jede Stunde entheiligen, nein, wir sollen sie hassen, weil sie schon über drei Jahrhunderte unsere Freiheit hinterlistig belauert haben, weil sie von Geschlecht zu Geschlecht rastlos und planmäßig gearbeitet haben, diese Freiheit zu untergraben, bis sie unter ihren letzten Banditenstreichen hingefallen ist. Die Franzosen sind unsere mächtigsten und gefährlichsten Nachbarn und sie werden es bleiben, auch wenn die Hand des Verhängnisses den Giganten Napoleon und alle seine stolzen Entwürfe hingestreckt hat: sie können nie aufhören,

Anonym
„Papachen, verdirb Dir nur den Magen nicht!" 1813/14
Napoleon ist dabei, den Erdball zu verspeisen.

unruhig, eitel, herrschsüchtig und treulos zu sein. Gottlob, die Zeit ist erschienen, wo der Widerwille, den das brave teutsche Volk immer noch gegen die Welschen und ihre Sitten empfunden hat, zu einem brennenden Haß werden kann, wo er in die Seelen der Kinder so eingepflanzt werden kann, daß er aus teutschen Brüsten künftig nicht mehr auszurotten ist; die Zeit ist erschienen, wo die allmächtige Meinung der Menschen der französischen Äfferei und Ziererei und all der eitlen Nichtigkeit, wodurch die sogenannten gebildeten Teutschen entteutscht waren, das Todesurteil spricht, wo der ehrliche Teutsche oben schwimmen wird und nicht der lügnerische Welsche.

Bis in den innersten Kern vergiftet war das Teutsche von dem Fremden, die ernste Männlichkeit zu Zirererei, die hohe Wahrheit zu Schmeichelei, der gerade Verstand zu schiefer Albernheit verdreht. Das ist das unvermeidliche Schicksal eines Volkes, das dem Fremden bis zur Vergessenheit des Eigenen nachgebuhlt hat . . .

Ich will den Haß gegen die Franzosen, nicht bloß für diesen Krieg, ich will ihn für lange Zeit, ich will ihn für immer. Dann werden Teutschlands Grenzen auch ohne künstliche Wehren sicher sein, denn das Volk wird immer einen Vereinigungspunkt haben, sobald die unruhigen und räuberischen Nachbarn darüber laufen wollen.

Dieser Haß glühe als die Religion des teutschen Volkes, als ein heiliger Wahn in allen Herzen und erhalte uns immer in unserer Treue, Redlichkeit und Tapferkeit; er mache Teutschland den Franzosen zukünftig zu einem unangenehmen Lande, wie England ihnen ein unangenehmes Land ist . . .

Arndt, Ernst Moritz: Über den Volkshaß und über den Gebrauch einer fremden Sprache, in: Jeismann, Michael/Ritter, Henning (Hrsg.): Grenzfälle. Über neuen und alten Nationalismus, Leipzig 1993, S. 325–333.

3.2 Die Forderung nach Einheit und Freiheit, nach Grundrechten, Demokratisierung und nationaler Einigung im Vormärz

3.2.1 Grundsätze der deutschen Burschenschaft, 1817

Wichtigster Motor der nationalen Einheitsbewegung nach 1815 waren die Studenten. Sie gaben nach ihrer zahlreichen Beteiligung an den Freiheitskämpfen gegen Napoleon den Gedanken des republikanischen Nationalstaats nicht auf und schufen in Halle und Jena erste gesamtdeutsche Studentenverbindungen anstelle der alten Landsmannschaften. In der „Deutschen Burschenschaft" sahen sie sich als Vorreiter der nationalen Einheit. Ihr Wahlspruch war „Ehre, Freiheit, Vaterland", sie übernahmen die Farben Schwarz-Rot-Gold vom Freikorps des preußischen Majors Adolf von Lützow, in dem viele Studenten aus allen Gegenden Deutschlands während der Befreiungskriege gedient hatten. Im gemeinsamen Bekenntnis zum Nationalstaat gab es konservative, gemäßigt liberale und radikal demokratische Tendenzen.

1.

Ein Deutschland ist, und ein Deutschland soll sein und bleiben. Je mehr die Deutschen durch verschiedene Staaten getrennt sind, desto heiliger ist die Pflicht für jeden frommen und edlen deutschen Mann und Jüngling, dahin zu streben, daß die Einheit nicht verloren gehe und das Vaterland nicht verschwinde.

2.

Für diese Einheit Deutschlands, für dieses Vaterland sind alle diejenigen gefallen, welche, aus welchen Gauen sie auch gewesen sein mögen, in dem Rettungskampf von 1813 ihren Tod gefunden haben. Für diese Einheit Deutschlands, für dieses Vaterland, haben die Edelsten aller deutschen Länder und Staaten gekämpft, durch welche Gott uns gerettet hat. Für diese Einheit Deutschlands, für dieses Vaterland sind diejenigen von uns, denen Alter und Kraft es möglich machten, die Waffen zu tragen, ins Feld gezogen, welche Farbe auch die Fahne zeigen mochte, der wir folgten. Für diese Einheit Deutschlands, für dieses Vaterland haben alle von uns, welche die

Waffen noch nicht tragen konnten, mit allen frommen und ehrlichen Frauen und Jungfrauen, Greisen und Männern zu Gott um Rettung und Segen gefleht . . .

9.

Wenn ein deutscher Staat von einer fremden Macht angegriffen wird, so wird Deutschland angegriffen, denn jeder Staat ist ein Teil Deutschlands. Alle deutschen Staaten sind verpflichtet, dem angegriffenen deutschen Staate zu Hilfe zu eilen, und die Frage nach der Ursache des Streits kann sie eher nichts angehen, als bis Deutschland gerettet und gesichert ist . . .

31.

Das Recht, in freier Rede und Schrift seine Meinung über öffentliche Angelegenheiten zu äußern, ist ein unveräußerliches Recht jedes Staatsbürgers, das ihm unter allen Umständen zustehen muß. Dieses Recht muß das Wahlrecht des Bürgers ergänzen, wenn er die reelle Freiheit behalten soll. Wo Rede und Schrift nicht frei sind, da ist überhaupt keine Freiheit, da herrscht nicht das Gesetz, sondern die Willkür. Wer das Recht des freien Gedankenverkehrs durch Rede und Schrift dem Bürger zu entziehen, zu verkümmern und wegzukünsteln sucht, der begeht einen Frevel an seinem Volk . . .

Grundsätze der deutschen Burschenschaft, 1817, in: Haupt, Hermann (Hrsg.): Quellen und Darstellungen der deutschen Burschenschaft und der deutschen Einheitsbewegung, Bd. 4, Heidelberg 1913, S. 117–119, 124.

3.2.2 Philipp Jacob Siebenpfeiffer: Zwei gerichtliche Verteidigungsreden, 1834

Philipp Jacob Siebenpfeiffer (1785–1849), wurde als einer der Organisatoren und Redner des Hambacher Festes (1832) vor Gericht gestellt, zunächst freigesprochen, dann aber

Zukunftshoffnungen in Deutschland nach Napoleons Sturz 1815.

Napeleons Creaturen

Wir können nur den Großen lieben
Was Er schuf – ach wir wars so gut! —
Wir folgen Ihm. Wir haben Muth. –

Alte Liebe rostet nicht
oder
die treuen Anhänger
bis in den Tod

Germania

Gesindel flieh! Und bleib vertrieben,
Aus meinem Land, du welsche Brut! –
Ja folg ihm nur zur – Höllengluth.

wegen Beamtenbeleidigung zu zwei Jahren Gefängnis verurteilt (1833), konnte in die Schweiz entkommen.

Was mich betrifft, so bin ich Republikaner von ganzer Seele; nicht bloß der Theorie nach, sondern ich halte die Repräsentativ-Republik für die einzige Staatsform, die einem größern Volk, das seine Würde fühlt, geziemt, für die alleinige, die heute möglich. Sie allein kann freies Denken, freies Handeln geben, somit den Zweck der Völkerbewegung erfüllen. Ein mündiges Volk unter einer Monarchie dünkt mir ein Herkules am Spinnrocken, woran der eigene Wahn es bindet. Außerdem kenn' ich nur zwei Staatsformen; absolute Monarchie nämlich, für jugendliche Völker etwa, welche, das Schwert in der Hand, einen Wohnsitz, ein Dasein erkämpfen wollen, oder für versunkene Völker, die der Peitsche bedürfen, um nicht in Fäulnis überzugehen; sodann eine Aristokratie, wo eine Klasse herrscht, das übrige Volk aber Heloten, Sklaven sind. Die konstitutionelle Monarchie, welche Republik und Fürstlichkeit vereinen soll, ist mir praktisch ein Unding. Nur ein Wille kann Staaten regieren; jene stellt aber einen zweifachen auf: den Willen des Monarchen und den Willen des Volkes ...

Die Repräsentativ-Republik aber stellt nur einen Willen auf, den der Gesamtheit. Parteien können entstehen, Bewegungen, Kämpfe mögen kommen, sollen kommen, denn sie bewahren den Staat vor Fäulnis; aber sie zeigen sich nur, wo wesentliche Gebrechen, wo ernste Interessen verletzt, nicht alle Kräfte zu freiem Spiel gelassen sind; und es besteht ein gesetzliches Organ für jedes solche Interesse, die Gesamtheit kann das Gebrechen heilen ... Eine Staatsordnung will ich, die jene Freiheit und Gesetzlichkeit verschafft, deren die heutigen Völker bedürfen und wonach sie ringen werden, bis sie erlangt ist. Auf sie hab' ich meinen Glauben gesetzt, weil sie die kühnsten Träume der edelsten Menschen aller Zeiten verwirklicht, weil sie von der Vernunft geboten, von den reinsten Patrioten ersehnt, von allen aufgeklärten Bürgern erwartet wird, weil sie die Geburt ist, welche die Gegenwart im Schoße trägt. Ich habe den weitern Glauben, daß die Republik, einmal wieder erweckt, nicht abermals untergehen wird! An ihrer Wiege steht nicht eine bluttriefende Stiefmutter, die Monarchie, sondern eine hellsehende Wächterin, welche die alten und neuen Republiken nicht kannten, die freie Presse, die mit tausend Argusaugen sie überwacht, damit die Schlangen des Ehrgeizes und der Selbstsucht sich in scheuer Ferne halten ...

Wir wollen nicht geistige Knechtschaft, wir wollen Freiheit des Denkens, Freiheit des Handelns für alle. Welche Staatsform, welches Gesetz jeweils einem Volke fromme, das bestimme dies Volk selbst. Wollte das spanische von Mönchen regiert sein, wer hat ein Recht, es zu hindern? Will der Türke nichts von europäischer Zivilisation wissen, warum quält ihn der Sultan damit? Will Italien freie Institutionen, warum fesselt Österreich die dortigen Regierungen? ... Die monarchischen Gewalthaber behaupten ihre Systeme mit Kanonen; Marat und Robespierre wollten Republikaner mit der Guillotine machen; sind die einen im Unrecht, warum nicht die andern? So weit ist man jetzt einig in der denkenden Welt, daß der Mensch religiöse Gewissensfreiheit als ein Recht anspricht; warum wollt ihr nicht die politische Gewissensfreiheit anerkennen? ... Ich will, daß keine Partei die andere, nicht die Minderzahl die Mehrzahl, nicht einmal die Mehrheit die Minderzahl unterdrücke; ich will, daß die Gesamtheit herrsche, d. h. Geist und Gang der Regierung regle. Wo eine herrschende Klasse, da ist auch eine dienende. Der herrschende Gesamtwillen, der freie Ausdruck aller Volksinteressen – dies ist meine Republik ...

Siebenpfeiffer, Philipp Jacob: Zwei gerichtliche Verteidigungsreden, in: Federici, Federico: Der Deutsche Liberalismus, Zürich 1946, S. 142 ff.

3.2.3 Paul Achatius Pfizer: Gedanken über das Ziel und die Aufgabe des deutschen Liberalismus, 1832

Paul Achatius Pfizer (1801 – 1867), Jurist, wegen seiner Schrift „Briefwechsel zweier Deutschen", in der er für die kleindeutsche Lösung (Zusammenschluß der deutschen Staaten ohne Österreich) eintrat, aus dem württembergischen Staatsdienst entlassen, 1848/49 Mitglied der Frankfurter Nationalversammlung; Veröffentlichungen zu einer (zukünftigen) deutschen Verfassung.

... Freiheit im Innern und Unabhängigkeit nach außen oder persönliche Freiheit und Nationalität sind die beiden Pole, nach denen alles Leben des Jahrhunderts strömt, und die französische Nation ist die erste Nation der Welt geworden, weil sie diese beiden Grundrichtungen der Gegenwart am reinsten in sich aufgenommen hat, in ihrer Unzertrennlichkeit am kräftigsten und entschiedensten der Welt vor Augen stellt. Nachdem Jahrhunderte lang alle Rechte der Völker in dem Recht und der Persönlichkeit der Fürsten aufgegangen, hat man sich endlich überzeugt, daß nicht die Völker um der Fürsten, sondern die Fürsten um der Völker willen vorhanden sind, und daß die Völker selbst auch Rechte besitzen, welche von der Person des sie regierenden Monarchen unabhängig bleiben ... Seitdem man aber zwischen Rechten der Fürsten und der Völker einen Unterschied macht und einsieht, daß vernünftigerweise das Wohl eines ganzen Landes oder Volkes dem Interesse *eines* Fürsten oder *einer* Familie vorgehen muß, ist das Prinzip der Nationalität in der europäischen Staatengeschichte zur Herrschaft gekommen. Die Nationen sind jetzt das geworden, was früher die Monarchien oder die Dynastien waren ...

Die Nationalunterschiede werden nicht aufhören; aber Nationalität und persönliche Freiheit müssen forthin Hand in Hand gehen, und man sollte endlich anerkennen, daß die ganze Größe Frankreichs darin besteht, das Prinzip der inneren Freiheit in ihrer wesentlichen Einheit mit der äußeren darzustellen. Es wäre Zeit, daß man sich endlich einmal gestände und klar darüber würde, daß die Franzosen, die Führer und Leiter der Zivilisation, das tonangebende Volk in Europa nicht dadurch geworden sind, daß sie die Grundsätze der Freiheit bekennen und predigen, sondern dadurch, daß sie dieselben als *Nation* bekennen und mit dem ganzen Gewicht ihrer Nationalität unterstützen.

Will daher Deutschland in die Schule der Franzosen gehen, so darf die Nachahmung nicht auf halbem Wege stehen bleiben. Mit den bloßen Grundsätzen bürgerlicher Freiheit, so verdienstlich und notwendig ihre Verbreitung auch sein mag, ist Deutschland noch lange nicht geholfen. Mit allem Freiheitsdrang der einzelnen werden die Deutschen ewig eine armselige Rolle spielen, und

ein mitleidiges Belächeln ihrer schwachen Gutmütigkeit wird im Ausland der ganze Lohn für ihren Enthusiasmus sein, solange sie nicht als *Nation* die Freiheit wollen oder gar zu glauben scheinen, daß Abhängigkeit vom Ausland zum Begriff der *deutschen* Freiheit gehöre. Es ist freilich eine Torheit zu verlangen, daß die Deutschen die innere Freiheit ganz vergessen sollen, bis sie die äußere Unabhängigkeit gesichert haben; aber es ist ebenso verkehrt oder noch verkehrter, die letztere der ersteren aufopfern zu wollen.

Beinahe wider Willen und gezwungen haben sich die Deutschen unter dem Drucke der Fremdherrschaft zu dem Gefühl der Nationalität und mit ihr zu dem Ruf nach bürgerlicher Freiheit aufgerafft. Aber auch sie haben, der Ungunst ihrer Verhältnisse zum Trotz, dem Zuge des Jahrhunderts in seiner Doppelrichtung folgen müssen. Auch Deutschland hat, vermöge der ihm eigenen hohen Empfänglichkeit für alles, was die Brust der Menschheit bewegt, jenes Doppelstreben nach innerer und nach äußerer Freiheit nicht abwehren können. Nur ist es dem geteilten, zersplitterten und in sich zerfallenen Volke nicht geglückt, einen Führer zu finden, der diese beiden Tendenzen gleichmäßig befriedigt hätte.

...

Pfizer, Paul Achatius: Gedanken über das Ziel und die Aufgabe des deutschen Liberalismus, in: Brandt, Hartwig (Hrsg.): Restauration und Frühliberalismus 1814–1840, Darmstadt 1979, S. 319–321.

3.3 Die Deutsche Nationalversammlung 1848/49 und ihr wechselhaftes Verhältnis zu Nationalismus und nichtdeutschen Minderheiten im zukünftigen deutschen Staat

3.3.1 „Nationalitätenschutzerklärung" der deutschen Nationalversammlung, 31. 5. 1848

Die deutsche Nationalversammlung 1848/49, in der Abgeordnete aus allen Staaten des deutschen Bundes vertreten waren, war ein Honoratiorenparlament mit liberalen und konservativen Flügeln und ohne Gliederung in Parteien. Sie stand zuerst unter dem Eindruck der europäischen Freiheitsbewegungen und erklärte sich mit diesen solidarisch. In den folgenden Reden bzw. Erklärungen geht es um die Teile Polens, die bei den drei polnischen Teilungen (1772, 1793 und 1795) an Preußen gekommen waren, während Rußland und Österreich-Ungarn sich die übrigen Gebiete Polens teilten.

Die Verfassungsgebende deutsche Nationalversammlung erklärt feierlich: daß sie im vollen Maße das Recht anerkenne, welches die nichtdeutschen Volksstämme auf deutschem Bundesboden haben, den Weg ihrer volkstümlichen Entwicklung ungehindert zu gehen und in Hinsicht auf das Kirchenwesen, den Unterricht, die Literatur und die innere Verwaltung und Rechtspflege sich der Gleichberechtigung ihrer Sprache, so weit deren Gebiete reichen, zu erfreuen, wie es sich denn auch von selbst verstehe, daß jedes der Rechte, welche die im Bau begriffene Gesamtverfassung dem deutschen Volk gewährleisten wird, ihnen gleichmäßig zusteht. Das fortan einige und freie Deutschland ist groß und mächtig genug, um den in seinem Schoße erwachsenen andersredenden Stämmen eifersuchtslos in vollem Maße gewähren zu können, was Natur und Geschichte ihnen zuspricht; und niemals soll auf seinem Boden

weder der Slave, noch der dänisch redende Nordschleswiger, noch der italienisch redende Bewohner Süddeutschlands, noch wer sonst, uns angehörig, in fremder Zunge spricht, zu klagen haben, daß ihm seine Stammesart verkümmert werde, oder die deutsche Bruderhand sich ihm entziehe, wo es gilt.

„Nationalitätenschutzerklärung" der deutschen Nationalversammlung, 31.5.1848, in: Wigard, Franz (Hrsg.): Stenographische Berichte über die Verhandlungen der deutschen constituierenden Nationalversammlung zu Frankfurt am Main, Bd. 1, Frankfurt/Main 1848, S. 183.

3.3.2 Wilhelm Jordan: Rede in der Nationalversammlung, 25. 7. 1848

Wilhelm Jordan (1819–1904), deutscher Schriftsteller, Mitglied der Frankfurter Nationalversammlung, Vertreter des äußersten rechten Flügels; reiste durch Europa und die USA und trug eigene Dichtungen vor; wollte mit seinem Werk „Nibelunge" das deutsche Nationalepos erneuern.

. . . Ich sage, die Politik, die uns zuruft: gebt Polen frei, es koste, was es wolle, ist eine kurzsichtige, eine selbstvergessene Politik, eine Politik der Schwäche, eine Politik der Furcht, eine Politik der Freiheit. Es ist hohe Zeit für uns, endlich einmal zu erwachen, aus jener träumerischen Selbstvergessenheit, in

„Der Bau unsrer Grundrechte", in: Fliegende Blätter Nr. 167, September 1848.
Die Karikatur kritisiert die mangelnden Fortschritte der Verfassungsgebenden Versammlung und verspottet die Abgeordneten als Schnecken.

der wir schwärmten für alle möglichen Nationalitäten, während wir selbst in schmachvoller Unfreiheit darniederlagen und von aller Welt mit Füßen getreten wurden, zu erwachen zu einem gesunden Volksegoismus, um das Wort einmal gerade heraus zu sagen, welcher die Wohlfahrt und Ehre des Vaterlandes in allen Fragen oben anstellt. Aber eben dieser Egoismus, ohne den ein Volk niemals eine Nation werden kann, wird von den Polenfreunden als höchst verdammlich bezeichnet. Wir müssen vor allen Dingen gerecht sein, sagen sie, und sollte es uns auch manches schwere Opfer kosten ... Nein, ich gebe es ohne Winkelzüge zu: Unser Recht ist kein anderes, als das Recht des Stärkeren, das Recht der Eroberung. Ja, wir haben erobert. Die Deutschen haben polnische Länder erobert, aber diese Eroberungen sind auf einem Wege, auf eine Weise geschehen, daß sie nicht mehr zurückgegeben werden können. Es sind, wie man es schon so oft gesagt hat, nicht sowohl Eroberungen des Schwertes, als Eroberungen der Pflugschar ... Ich behaupte also, die deutschen Eroberungen in Polen waren eine Naturnotwendigkeit ... Der letzte Akt dieser Eroberung, die viel verschriene Teilung Polens war nicht, wie man sie genannt hat, ein Völkermord, sondern weiter nichts als die Proclamation eines bereits erfolgten Todes, nichts als die Bestattung einer längst in der Auflösung begriffenen Leiche, die nicht mehr geduldet werden durfte unter den Lebendigen ... Es war lediglich der Polen eigene Schuld, wenn sie ihr Land in deutsche Hände kommen ließen, und es wäre eine eigentümliche Gerechtigkeit, wenn wir das auf diese Weise und auf dem rechtlichsten Wege erworbene Land nun auf einmal aus kosmopolitischer Großmut samt den Deutschen, die darauf sitzen, in fremde Untertänigkeit hinausgeben wollten. Ja, ich gebe denjenigen, welche behaupten, das nationale Territorium sei ein veralteter Begriff, vollkommen Recht, um sie hier mit ihrer eigenen Waffe zu schlagen. Wie es lächerlich ist, zu sagen, daß am Boden die Nationalität hafte, gerade so lächerlich ist es auch, zu sagen, die Herausgabe ehemals polnischer Landesteile sei von der Gerechtigkeit geboten.

Jordan, Wilhelm: Rede in der Nationalversammlung, 25. 7. 1848, in: Wigard, Franz (Hrsg.): Stenographische Berichte über die Verhandlungen der deutschen constituierenden Nationalversammlung zu Frankfurt am Main, Bd. 2, Frankfurt/Main 1848, S. 1143, 1145–1148.

3.3.3 Arnold Ruge: Rede in der Nationalversammlung, 26. 7. 1848

Arnold Ruge (1802–1880), deutscher Politiker und Publizist, als engagierter Burschenschaftler Kämpfer für Demokratie und deutsche Einheit, 1832–1841 Privatdozent in Halle, gab ab 1844 in Paris gemeinsam mit Karl Marx die „Deutsch-Französischen Jahrbücher" heraus, Vertreter der äußersten Linken in der Frankfurter Nationalversammlung, lebte ab 1850 in Großbritannien, vollzog mit seinem Manifest „An die Nation" den Anschluß an Bismarcks Politik der Reichseinigung.

... Das Erste, was wir in dieser Sache im Ganzen und Großen anzuerkennen haben, das ist der Ausdruck unserer eigenen Nation, wie er im Vorparlament erfolgt ist, daß die Teilung Polens ein schmachvolles Unrecht sei ... Diese erste Aufwallung, die im Vorparlament erfolgt ist, <ist> die richtige, sie ist das richtige Gefühl und auch der richtige Gedanke. Die Aufhebung Polens ist darum ein schmachvolles Unrecht, weil eine wertvolle Entwicklung der Nation unterdrückt wurde, die um die europäische Völkerfamilie sich große Verdienste erworben hat und die eine Phase der mittelalterlichen Existenz, das ritterliche Wesen, zu einer glanzvollen Gestalt entwickelt hat ...

Es ist ein schmachvolles Unrecht, weil ein Volk, welches auf einer humanen, wenn auch mangelhaften Entwicklungsstufe stand, unterworfen, unterdrückt, erobert worden ist von drei Despotien. Das Gefühl Europas, der Fluch der Geschichte haben dies gleichmäßig ausgesprochen, und sie haben Recht gegen jede Sophisterei. Der Despotismus Rußlands hat die Polen nicht befreit, die Zerstörung des polnischen Adels und seines Besitzes, die Verbannung so vieler edler Familien aus Polen, das Alles hat in Rußland keine Demokratie, keine humane Existenz gegründet. Von Österreich aus ist es nicht viel besser gegangen ... Anders ist es allerdings in dem preußischen Polen hergegangen und es ist eine Ehre für Preußen, daß eine höhere Zivilisation, wenn auch nicht in ihrem vollen Umfange, dahin getragen worden ist, es ist eine Ehre für die deutsche Nation, daß der deutsche Fleiß und die deutsche Bildung dahin gebracht worden ist; aber eine Schande wäre es für die deutsche Nation, wenn nicht auch die Formen der vollen, der ganzen Frei-

55

heit nach Polen gebracht würden; deswegen wäre es ein schmachvolles Unrecht, weil dort unser Despotismus die Formen, wenn auch einer mangelhaften Freiheit, zerbrochen hat . . . Die Polen sind deshalb, ich wiederhole es, nicht aus der Geschichte zu streichen. Im Gegenteil, im Namen der Humanität und der Gerechtigkeit verlange ich, daß Polen wieder hergestellt werde, und daß wir das Vorparlament nicht Lügen strafen, welches erklärt hat, die Teilung Polens sei ein schmachvolles Unrecht. Die Wiederherstellung Polens müssen wir anbahnen . . .

An der Ehre Deutschlands ist es, daß es die lang fortgesetzte Unterdrückung der slawischen Völker aufhebe; an der Ehre Deutschlands ist es, daß Deutschland die Freiheit nach Osten propagiere und nicht an der Grenze von Rußland und Polen damit stehen bleibe. An unserer Ehre ist es, daß wir aufhören, Unterdrücker zu sein, daß wir Freunde der befreiten Völker werden, daß wir die Italiener befreien und ihre Freunde werden, und daß wir die Polen befreien und ihre Freunde werden.

Ruge, Arnold: Rede vor der Nationalversammlung, 26. 7. 1848, in: Wigard, Franz (Hrsg.): Stenographische Berichte über die Verhandlungen der deutschen constituierenden Nationalversammlung zu Frankfurt am Main, Bd. 2, Frankfurt/Main 1848, Bd. 2, S. 1184 f.

3.4 Patriotismus und Nationalismus: Die Aussage der Lyrik vor 1870

3.4.1 Hoffmann von Fallersleben: Das Lied der Deutschen, 1841

August Heinrich Hoffmann von Fallersleben (1798–1874), deutscher Germanist und Lyriker, Studium in Göttingen und Bonn, ab 1830 Professor für deutsche Sprache und Literatur in Breslau, 1842 wegen seiner nationalliberalen Haltung des Amtes enthoben und des Landes verwiesen. 1848 wurde er rehabilitiert; er schrieb 1841 auf Helgoland das „Deutschlandlied".

Deutschland, Deutschland über alles,
Über alles in der Welt,
Wenn es stets zu Schutz und Trutze
Brüderlich zusammenhält;

Von der Maas bis an die Memel,
Von der Etsch bis an den Belt:
Deutschland, Deutschland über alles,
Über alles in der Welt!

Deutsche Frauen, deutsche Treue,
Deutscher Wein und deutscher Sang
Sollen in der Welt behalten
Ihren alten schönen Klang,
Uns zu edler Tat begeistern
Unser ganzes Leben lang:
Deutsche Frauen, deutsche Treue,
Deutscher Wein und deutscher Sang!

Einigkeit und Recht und Freiheit
Für das deutsche Vaterland!
Danach laßt uns alle streben
Brüderlich mit Herz und Hand!
Einigkeit und Recht und Freiheit
Sind des Glückes Unterpfand.
Blüh im Glanze dieses Glückes,
Blühe, deutsches Vaterland!

Hoffmann von Fallersleben, August Heinrich: Das Lied der Deutschen, in: Wiese, Benno von (Hrsg.): Deutsche Gedichte, Düsseldorf 1990, S. 423.

3.4.2 Felix Dahn: Deutschland, 1859

Felix Dahn (1834–1912), deutscher Dichter und Historiker, trug maßgeblich dazu bei, ein nationales, deutsch-germanisches Geschichtsbild für breite Lesermassen zu schaffen. Das untenstehende Gedicht schrieb Dahn 1859 aus Anlaß eines Gerüchts, Rußland, Frankreich und Italien hätten Deutschland den Krieg erklärt; es ist ein Vorbote des in der Folgezeit entstehenden destruktiven deutschen Nationalismus.

Und wenn's beschlossen ist da droben, daß unser Reich versink' in Nacht –
Noch einmal soll die Welt erproben des deutschen Schwertes alte Macht:
Soll nicht mehr deutsches Wort erschallen, nicht deutsche Sitte mehr bestehn,
So laßt uns stolz und herrlich fallen, nicht tatenlos in Schmach vergehn.
Zieht einst ein Tag die Schuld der Ahnen, die eigne Schuld vor's Weltgericht:
Ihr seid die Schergen, ihr Romanen und Slaven, doch die Richter nicht!
Wir beugen uns den Schicksalsmächten: sie strafen furchtbar und gerecht:

Ihr aber seid, mit uns zu rechten, kein eben-
bürtiges Geschlecht!
Den Schlag der deutschen Bärenpfote, ihr
kennt ihn, ihr Romanen, wohl,
Seit Alarich, der junge Gote, das Tor zer-
schlug am Kapitol,
Und euch, ihr Slaven und Polacken, ist deut-
sche Kraft bekannt seit lang,
Seit dröhnend trat auf eure Nacken der Hei-
nerliche Siegergang.
Nein, eh' ihr herrscht in diesen Landen, draus
oft euch wilde Flucht entrollt,
Sei noch einmal ein Kampf bestanden, deß
ewig ihr gedenken sollt:
Und wimmeln zahllos eure Horden, erfüllt
von tausendjähr'gem Neid –
Erst gilt es noch ein furchtbar Morden, eh' ihr
die Herrn der Erde seid.
Schon einmal ward so stolz gerungen von
deutschen Helden kühn im Tod:
Ein zweiter Kampf der Nibelungen sei unsern
Feinden angedroht:
Prophetisch war die alte Sage und grauenhaft
wird sie erfüllt,
Wenn an dem letzten deutschen Tage der
Schlachtruf dreier Völker brüllt.
Von Blute schäumend ziehn mit Stöhnen em-
pört die Donau und der Rhein:
Es wollen brausend ihren Söhnen die deut-
schen Ströme Helfer sein;
Auf! schleudert Feuer in die Felder, von je-
dem Berg werft Glut ins Land,
Entflammt die alten Eichenwälder zum un-
geheuren Leichenbrand.
Dann siegt der Feind – doch mit Entsetzen,
und triumphieren soll er nicht!
Kämpft bis die letzte Fahn' in Fetzen, kämpft
bis die letzte Klinge bricht,
Kämpft bis der letzte Streich geschlagen ins
letzte deutsche Herzblut rot,
Und lachend, wie der grimme Hagen, springt
in die Schwerter und den Tod.
Wir stiegen auf in Kampfgewittern, der Hel-
dentod ist unser Recht:
Die Erde soll im Kern erzittern, wann fällt ihr
tapferstes Geschlecht:
Brach Etzels Haus in Glut zusammen, als er
die Nibelungen zwang,
So soll Europa stehn in Flammen bei der
Germanen Untergang!

Dahn, Felix: Deutschland, in: Vogt, Hannah (Hrsg. und Übers.):
Nationalismus gestern und heute, Opladen 1967, S. 122 f.

3.5 Der erste deutsche Nationalstaat 1871–1918 und sein Verhältnis zu Minderheiten – Rationalismus contra Nationalismus und Rassismus

3.5.1 August Bebel: Rede im Deutschen Reichstag, 30. 10. 1889

August Bebel (1840–1913), von Beruf Drechsler, seit 1865 Vorsitzender des Arbeiter-bildungsvereins in Leipzig, seit 1867 Reichstagsabgeordneter, gründete 1869 mit Wilhelm Liebknecht die Sozialdemokratische Arbeiterpartei, deren Führer er wurde.

. . . Wir haben in Elsaß-Lothringen nicht ganz 2 Millionen Einwohner für das deutsche Reich gewonnen, deren Vorfahren vor Jahrhunderten Deutsche waren. Dies ist unser so-genannter Rechtstitel für die Annexion. Sie werden aber zugeben, daß, wenn wir die Theorie verfolgen wollten, daß, was einstmals zu Deutschland gehörte, wieder zu Deutschland kommen müsse, wir noch heute fortwährend zu neuen Kriegen Veranlassung hätten. Vor allen Dingen und in erster Linie hätten wir volle Ursache, die deutschen Ostseeprovinzen Rußlands zu annektieren. Wir hätten weiter Ursache, noch weit größere Annexionen von Frankreich zu machen. Wir könnten noch weiter zurückgreifen und könnten die Schweiz nehmen, die einst auch zu Deutschland gehörte; ferner Holland, einen Teil von Belgien usw., wo zum Teil heute noch ausgeprägt deutsche Bevölkerung ihren Sitz hat. Ja, meine Herren, wenn Sie als Nationalitätentheorie ansehen und als die eigentliche Grundlage der Nationalstaaten hinstellen wollten, daß jedes Land das Recht habe, was einstmals im Laufe von Jahrhunderten und vor noch längerer Zeit zu ihm gehört hat, unter irgend welcher Bedingung zurückzuerobern, so würde Deutschland aus dem permanenten Kriegszustande nicht herauskommen. Nun vertreten wir Sozialisten aber die Anschauung, daß die Völker keine Schafherden sind, welche willenlos den Herren wechseln müssen. Wir verlangen, daß die Völker über ihr Schicksal gefragt werden und selbst entscheiden. Die gleichen Anstrengungen haben einst auch die deutschen

Liberalen in bezug auf Schleswig-Holstein und Italien, insbesondere in bezug auf die Lombardei und Venedig in den 60er Jahren gegenüber Österreich vertreten. Es sind das keine Anschauungen, welche neu sind; die Völker haben das unbestrittene Recht der Selbstbestimmung; sie sollten es wenigstens haben. Nun haben die letzten Wahlen 1886/87 gezeigt, daß die sehr große Mehrheit der Bevölkerung in Elsaß-Lothringen dem deutschen Reiche feindselig gegenübersteht ...

Bebel, August: Rede im Deutschen Reichstag, 30.10.1889, in: Stenographische Berichte über die Verhandlungen des Deutschen Reichstages, 7. Leg.Per., 5. Sess., Berlin, Bd. 1, S. 44 f.

3.5.2 Paul de Lagarde: Deutsche Schriften, 1878

Paul Anton de Lagarde (1827–1891), deutscher Orientalist und Philosoph, ab 1869 Professor in Göttingen, sprachwissenschaftliche Arbeiten, trat für die strikte Trennung von Staat und Kirche ein und plädierte für eine „nationale Kirche". Lagardes Aussagen nehmen zum Teil die Propaganda des Nationalsozialismus vorweg.

Es ist zweifellos nicht statthaft, daß in irgendeiner Nation eine andere Nation bestehe ..., <daraus> folgt, daß die Juden als Juden in jedem europäischen Volke ein schweres Unglück sind. Es folgt für Deutschland, daß die Juden entweder auswandern oder Deutsche werden müssen. Es gibt für den Menschen nur eine Schuld, die, nicht er selbst zu sein: denn dadurch, daß er dieses nicht ist, lehnt er sich gegen den auf, der seine Existenz gewollt, und als eine so und so bestimmte gewollt hat, nicht die aus Fleisch und Blut geborene, sondern die wiedergeborene, die ethisch gewordene Existenz, das Sakrament, als welches jeder Mensch durch die Welt wandern soll, Geist und Leib unzertrennbar vereint, und, weil nur in dieser Unzertrennbarkeit Mensch, der Auferstehung des Leibes nach dem Tode harrend.

Was vom Menschen gilt, das gilt auch von den Nationen. Mit der Humanität müssen wir brechen; denn nicht das allen Menschen Gemeinsame ist unsere eigenste Pflicht, sondern das nur uns Eignende ist es. Die Humanität ist unsere Schuld, die Individualität unsere Aufgabe.

Lediglich durch Individualität werden wir uns auch der Juden erwehren. Je schärfer wir unsern Charakter als Nation und die Charaktere aller in unserer Mitte duldbaren Einzelwesen ausbilden, desto weniger Platz bleibt in Deutschland für die Juden ... Wir lehnen den Gallert der Humanität als uns ungenießbar ab und den Geist des Jahrhunderts desgleichen.

Lagarde, Paul de: Deutsche Schriften, in: Vogt, Hannah (Hrsg.): Nationalismus gestern und heute, Opladen 1967, S. 135 – 137.

3.5.3 Beschlüsse des „Reichstags" der Deutsch-Sozialen Reformpartei in Hamburg vom 10./11. September 1899

Die Deutsch-Soziale Reformpartei ging 1894 in Eisenach aus der Vereinigung der 1890 gegründeten Antisemitischen Volkspartei mit der Deutsch-Sozialen Partei hervor. Sie vertrat unter ihrem Vorsitzenden, M. Liebermann von Sonnenberg, rechtsradikale Positionen, die deutlichen Einfluß auf das Gedankengut des Nationalsozialismus hatten.

1. Es ist die Aufgabe der antisemitischen Partei, die Kenntnis vom wahren Wesen des Judenvolkes zu vertiefen und immer weiter zu verbreiten. Wir stehen erst am Anfang dieser Tätigkeit ...

3. Dank der Entwicklung unsrer modernen Verkehrsmittel dürfte die Judenfrage im Laufe des 20. Jahrhunderts zur Weltfrage werden und als solche von den anderen Völkern gemeinsam und endgültig durch völlige Absonderung und (wenn die Notwehr es gebietet), schließliche Vernichtung des Judenvolkes gelöst werden ...

4. Einer der ersten Schritte beim legislativen Einschreiten gegen das Judenvolk muß es sein, festzustellen, wer vor dem Gesetz als Jude gelten soll ... und daß es die Abstammung und diese ganz allein ist, die die Zugehörigkeit zum Judentum bestimmt ...

Beschlüsse des „Reichstags" der Deutsch-Sozialen Reformpartei in Hamburg vom 10./11. September 1899, in: Schultheß, Heinrich (Hrsg.): Europäischer Geschichtskalender, Nördlingen 1899, S. 142.

3.5.4 Kriegsziele des Alldeutschen Verbandes, 1917

Der Alldeutsche Verband wurde 1891 als überparteiliche politische Vereinigung ge-

gründet; sie wollte die Nationalbewegung beleben, das Deutschtum im Ausland unterstützen und die deutsche Kolonial-, Flotten- und Außenpolitik fördern. Unter der Führung von H. Claß wurde der Alldeutsche Verband besonders im Ersten Weltkrieg zum Wortführer chauvinistischer Forderungen. Nach 1918 verlor er an Bedeutung und wurde 1939 aufgelöst.

... Es wird zu prüfen sein, ob und inwieweit für die Fremdblütigen, die noch kein Vollbürgerrecht im Deutschen Reiche besitzen, eine Beschränkung der Freizügigkeit eingeführt werden soll – dabei sei ... auf die Wallonen im Westen und die im Osten etwa verbleibenden Litauer, Letten und Esten verwiesen. In bezug auf Litauer, Letten und Esten sollte übrigens, auch wenn wir sie jetzt behalten und unter eine Art Fremdenrecht stellen, dem sie abtretenden russischen Staat gegenüber ausbedungen werden, daß wir uns im Falle der Unbrauchbarkeit oder Unverdaulichkeit der Stämme das Recht der Ausweisung etwa für eine Frist von 25 Jahren vorbehalten ... Der Boden des Reiches soll saubergehalten werden; deshalb dulden wir keine Farbigen mehr in ihm, auch wenn sie aus unseren eigenen Kolonien stammen ... Die deutschen Hochschulen sind grundsätzlich nur für Deutsche und für Ausländer germanischer Abstammung da ... Im deutschen Heere werden zum Zwecke der Ausbildung nur Offiziere aufgenommen, die einem mit uns im Bundesverhältnis lebenden Staate angehören. Junge Deutsche beiderlei Geschlechts dürfen ausländische Erziehungsanstalten erst besuchen, wenn sie ein den ausländischen Einflüssen gegenüber hinreichend widerstandsfähiges Lebensalter erreicht haben. Unser gesamtes Leben soll deutschen Anstrich tragen. ...

Kriegsziele des Alldeutschen Verbandes, 1917, in: Alter, Peter (Hrsg.): Nationalismus, München, Zürich 1994, S. 171 f.

3.6 Der deutsche Nationalismus zwischen 1918 und 1945

3.6.1 „Bamberger Erklärung" des Alldeutschen Verbandes, 1919

... Die Ereignisse nach dem 9. November 1918 haben unzweideutig erwiesen, daß ein Volk, das so sehr sicheren politischen Sinnes entbehrt wie das unsrige, für die sogenannte freistaatliche Staatsform nicht geschaffen ist, sondern der festen Führung anvertraut werden muß, wie sie die Monarchie besser verbürgt als die Republik. Um deswillen halten wir insbesondere fest an dem Kaisergedanken und vertrauen darauf, daß er auch nach diesem Unglück die alte Kraft bewähren wird, die er in unserer Geschichte wiederholt bewiesen hat.

Am Anfang aller Arbeit für die deutsche Wiedergeburt hat das Bestreben zu stehen, unserem Volke endlich Nationalgefühl, völkischen Willen, völkischen Stolz beizubringen, und wir sprechen es als unsere Überzeugung aus, daß der schmachvolle Zusammenbruch letzten Endes eine Folge des fehlenden Nationalgefühls war; alle Einzelerscheinungen, die bei dem Zusammenbruch mitgewirkt haben, lassen sich darauf zurückführen.

Hand in Hand mit der Erweckung sicheren Nationalgefühls ist es geboten, unserem Volke den Glauben an sich selbst zu geben, ihm wieder den Sinn für Ehre, Treue, Pflicht und Gottesfurcht herzustellen. Nach dieser Richtung muß ihm der Wille eingeimpft werden, die Schmach dieses Zusammenbruchs zu tilgen, damit es wieder seines Namens würdig werde. Dieser Wille wird sich zur treibenden Kraft völkischer Wiedergeburt erheben ...

Wenn der Alldeutsche Verband, von solchen Erkenntnissen und Grundsätzen geleitet, an die Arbeit geht, um bei der Wiederaufrichtung unseres Volkes zu helfen, so läßt er keinen Zweifel darüber, daß dabei vom Grunde aus begonnen werden muß. Deutsche Staatskunst kann nur von deutschen Menschen, die deutsch erzogen sind und sich als Deutsche fühlen, geleitet, verstanden und getragen werden. Deshalb verlangt der Alldeutsche Verband eine Umbildung des deutschen Schul- und Erziehungswesens im deutschen Sinne und wird alle dahingehenden Bestrebungen fördern; dabei weist er auf die Notwendigkeit hin, daß die Schule die ihr anvertraute Jugend planmäßig zu stolzem Nationalgefühl erzieht.

„Bamberger Erklärung" des Alldeutschen Verbandes, 1919, in: Alldeutsche Blätter, 1. 3. 1919.

3.6.2 Adolf Bartels: Der völkische Gedanke, 1923

Adolf Bartels (1862–1945), Studium der Geschichte, Literaturgeschichte und Kunstgeschichte, ab 1895 Literaturhistoriker und Schriftsteller in Weimar; leidenschaftlicher Antisemit; wertete Literatur vor allem unter dem deutsch-völkischen Gesichtspunkt; brachte den Rassegedanken in die deutsche Literatur ein und war Wegbereiter der nationalsozialistischen Kunst- und Literaturauffassung.

Ein großer Teil des deutschen Volkes erhofft die Rettung aus der gegenwärtigen Not vom völkischen Gedanken, ein noch größerer aber hat für diesen nicht das geringste Verständnis. Man wirft ihn mit Chauvinismus, der durchaus ein Erzeugnis französischen Fanatismus ist, und mit Imperialismus . . . zusammen, während er doch reindeutsch, deutsche Weltanschauung ist. Das begreifen auch viele nationalgesinnte Deutsche nicht: sie meinen, daß er bloß politisch, daß es mit der Zurückwerfung unserer äußeren Feinde und der Wiederaufrichtung der Monarchie getan sei, und kommen in ihrer Betätigung für das Völkische im Grunde über den alten Hurrapatriotismus nicht hinaus. Aber der muß vollkommen überwunden, wir müssen im Bann des völkischen Gedankens eben ganz andere Menschen werden – es ist eine deutsche Wiedergeburt nötig . . .

Bei uns Deutschen liegt die Gefahr vielleicht . . . darin, daß wir zu wenig, nicht etwa zu viel germanisches Blut haben. Jedenfalls macht aber doch unsere ganze Geschichtsentwicklung und auch unsere Kultur einen ausgeprägt germanischen Eindruck, und wir müssen versuchen, das Germanische bei uns nicht bloß zu erhalten, sondern es womöglich noch ausgeprägter und entschiedener zu machen. Nicht, daß man gerade am Äußeren kleben soll – es gibt auch eine Blondheitsfexerei, die nicht sehr sympathisch ist –, aber natürlich kann es nicht schaden, wenn sich überall in Deutschland die echten Germanentypen wieder etwas vermehren, wenn sich die Elemente zusammenfinden, die die Hebung der Rasse nach dem germanischen Ideal verbürgen. Unzweifelhaft, es gibt schlechtrassiges Volk in Deutschland, das sogenannte homo alpinus [Bewohner Bayerns bzw. des Voralpen- und Alpenlandes], und was sonst noch etwa in dem weniger guten Deutschen steckt, sind nicht sehr sympathisch; andererseits ist aber, wie jeder gründliche Beobachter unserer Volkstypen zugeben wird, die Mischung mit Germanischem überall in die Wege geleitet, ja sie hat schon wieder zu festen Formen geführt, die unverächtlich sind. Wenn die gebildeten Klassen sich angewöhnen wollten, etwas auf das Rassische zu achten, wenn vor allem bei Ansiedelungen rassische Gesichtspunkte ausschlaggebend würden, so wäre schon ein bedeutsamer Fortschritt möglich, der die Sünden unserer Väter und Großväter wieder gut machte. Ich will durchaus keinen Rassenhochmut, die Verhältnisse in Deutschland – ich erinnere daran, daß unsere größten Geister, Goethe und Luther z. B., zum Teil dunkelhaarig sind – liegen so kompliziert, daß man niemals alles über einen Kamm scheren darf; aber die Tendenz unseres Volkstums zum Germanentum brauchen wir unbedingt, wir dürfen kein reiner Mischbrei werden . . .

Man hat dem deutschen Staate in den Friedensverträgen böse mitgespielt, und auch jetzt besteht noch die Gefahr, daß man wertvolle Teile von ihm ablösen, ja den ganzen Volksbestand, wenn nicht vernichten, doch erschüttern, verkleinern, um sein nationales Wesen bringen werde. Da muß sich der Deutsche denn eben dem völkischen Gedanken zuwenden . . .

Noch gefährlicher als die fremden Einflüsse von außen sind die im Innern – wie die meisten Völker haben wir bekanntlich einen starken Bestandteil eines unarischen, orientalischen Volkes unter uns, und wohl kaum irgendwo ist er so gefährlich wie bei uns geworden. Man glaubt immer noch, obgleich die Zustände jetzt ganz deutlich sprechen, die Judenfrage „cachieren" <verbergen> zu können, tut, als ob das eine Prozent der Juden in Deutschland dem Sechzigmillionenvolke gegenüber nichts bedeute, und behauptet wohl auch, daß die Assimilation der Juden soweit fortgeschritten sei, daß man sie ruhig dem deutschen Volke zurechnen könne. Das sind böse Irreführungen und Lügen. Sechsmalhunderttausend, jetzt nach der starken Einwanderung von Osten vielleicht achtmalhunderttausend . . . Juden, d. h. ausgesprochene Händlernaturen, deren Begabteste den Handelsgeist auf alle Kulturgebiete übertragen, sind in einem Volkskörper, auch dem gesündesten, nicht so leicht zu ertragen, und was die jüdische Assimilation anlangt, so hat sie, wie die bedeutendsten deutschjüdischen Dichter, Heine und Auerbach, zeigen, das jüdische Wesen in keiner Beziehung zu ändern vermocht, ja vielleicht die Gefährlichkeit desselben noch erhöht. Der deutschvölkische Gedanke ist, das läßt sich einwandfrei nachweisen, ohne Lösung der Judenfrage überhaupt nicht durchführbar . . .

Bartels, Adolf: Der völkische Gedanke, Weimar 1923, S. 5, 34 f., 36–38.

3.6.3 Gottfried Feder: Das Programm der NSDAP und seine weltanschaulichen Grundgedanken, 1927

Gottfried Feder (1883–1941), deutscher Politiker (NSDAP), Diplom-Ingenieur, noch vor Hitler Mitglied der NSDAP. Seine finanzpolitischen Gedanken wurden in deren Parteiprogramm aufgenommen, 1933/34 Staatssekretär in Reichswirtschaftsministerium, ab 1934 Reichskommissar für das Siedlungswesen.

. . . Das deutsche Reich sei Heimat der Deutschen. Nicht von Juden, Russen (Kommunisten), Sozialdemokraten, die kein Vaterland kennen, das Deutschland heißt, nicht von allen möglichen sonstigen Ausländern, die für länger oder kürzer auf deutschem Boden sich aufhalten. Hier stehen wir in einem grundsätzlichen und zutiefst einschneidenden Gegensatz zur Weimarer Verfassung, die nur „deutsche Staatsangehörige", aber nicht den Begriff „Deutsche" in völkischer, oder noch schärfer, in rassischer Hinsicht, kennt . . .

1. Aufrichtung eines geschlossenen Nationalstaates, der alle deutschen Stämme umfaßt.

Alle, die deutschen Blutes sind, ob sie heute unter dänischer, polnischer, tschechischer, italienischer oder französischer Oberhoheit leben, sollen in einem Deutschen Reich vereinigt sein. – Wir fordern nicht mehr und nicht weniger, als was zugunsten unserer Feinde verlangt wurde – das Selbstbestimmungsrecht der Deutschen auf ihre Angehörigkeit zum Mutterland – zur deutschen Heimat.

2. Wir verzichten auf keinen Deutschen in Sudetendeutschland, in Elsaß-Lothringen, in Polen, in der Völkerbundskolonie Österreich

und in den Nachfolgestaaten des alten Österreich. Aber diese Forderung enthält sich und entbehrt trotzdem jeder imperialistischen Tendenz, es ist die schlichte und natürliche Forderung, die jedes kraftvolle Volkstum als Selbstverständlichkeit aufstellt und anerkennt . . .

3. Die Ausscheidung der Juden und aller Nichtdeutschen aus allen verantwortlichen Stellen des öffentlichen Lebens. Diese Forderung ist für uns Nationalsozialisten so selbstverständlich, daß es gar keiner weiteren Erläuterung bedarf; für denjenigen dagegen, der nicht zum mindesten die Grundlagen der Rassenlehre begriffen hat, ist es unmöglich, eine kurze, überzeugende Begründung zu geben. Wer im Juden nur einen „deutschen Staatsbürger jüdischen Glaubens" sieht – und nicht ein artfremdes, streng abgeschlossenes Volk . . ., kann die Unerläßlichkeit dieser Forderung nicht verstehen . . .

4. Die Unterbindung der Zuwanderung von Ostjuden und von anderen schmarotzenden Ausländern. Lästige Ausländer und Juden können abgeschoben werden . . .

5. Nur der Deutsche, der sich zur deutschen Kultur und Schicksalgenossenschaft bekennt, kann staatsbürgerliche Rechte ausüben . . .

7. Die Rechte und Interessen der Deutschen gehen vor denen der Angehörigen fremder Völker . . .

Feder, Gottfried: Das Programm der N.S.D.A.P. und seine weltanschaulichen Grundgedanken, München 1930, S. 29–32.

3.6.4 Adolf Hitler, Mein Kampf, 1923/24

Adolf Hitler (1889–1945), seit 1932 deutscher Staatsbürger, Gelegenheitsarbeiter, Maler, seit 1919 Mitglied der Deutschen Arbeiterpartei, aus der die NSDAP hervorging. 1923 fehlgeschlagener Versuch, zusammen mit Ludendorff die bayerische und die Reichsregierung zu stürzen; schrieb in der anschließenden Festungshaft sein programmatisches Buch „Mein Kampf", wurde 1933 als Führer der stärksten Partei zum Reichskanzler ernannt, schaltete unmittelbar nach Regierungsantritt seine politischen Gegner aus und machte sich nach dem Tode Hindenburgs zum „Führer und Reichskanzler", als der er Deutschland in die nationalsozialistische Diktatur und in den Zweiten Weltkrieg führte.

2. ... Wir waren uns bereits im Jahre 1919 darüber klar, daß die neue Bewegung als oberstes Ziel zunächst die Nationalisierung der Massen durchführen muß. Daraus ergab sich in taktischer Hinsicht eine Reihe von Forderungen ...

3. Die Nationalisierung der breiten Masse kann niemals erfolgen durch Halbheiten, durch schwaches Betonen eines sogenannten Objektivitätsstandpunktes, sondern durch rücksichtslose und fanatisch einseitige Einstellung auf das nun einmal zu erstrebende Ziel. Das heißt also, man kann ein Volk nicht „national" machen im Sinne unseres heutigen Bürgertums, also mit soundso viel Einschränkungen, sondern nur nationalistisch mit der ganzen Vehemenz, die dem Extrem innewohnt. Gift wird nur durch Gegengift gebrochen ...

4. Die Gewinnung der Seele des Volkes kann nur gelingen, wenn man neben der Führung des positiven Kampfes für die eigenen Ziele den Gegner dieser Ziele vernichtet. Das Volk sieht zu allen Zeiten im rücksichtslosen Angriff auf einen Widersacher den Beweis des eigenen Rechts, und es empfindet den Verzicht auf die Vernichtung des anderen als Unsicherheit in bezug auf das eigene Recht, wenn nicht als Zeichen des eigenen Unrechtes. Die breite Masse ist nur ein Stück Natur, und ihr Empfinden versteht nicht den gegenseitigen Händedruck von Menschen, die behaupten, Gegensätzliches zu wollen. Was sie wünscht, ist der Sieg des Stärkeren und die Vernichtung des Schwachen oder seine bedingungslose Unterwerfung.

Die Nationalisierung unserer Masse wird nur gelingen, wenn bei allem positiven Kampf um die Seele unseres Volkes ihre internationalen Vergifter ausgerottet werden ...

Der völkische Staat hat, angefangen bei der Gemeinde, bis hinauf zur Leitung des Reiches, keinen Vertretungskörper, der etwas durch Majorität beschließt, sondern nur Beratungskörper, die dem jeweilig gewählten Führer zur Seite stehen und von ihm in die Arbeit eingeteilt werden, um nach Bedarf selber auf gewissen Gebieten wieder unbedingte Verantwortung zu übernehmen, genau so, wie sie im größern der Führer oder Vorsitzende der jeweiligen Korporation selber besitzt.

Der völkische Staat duldet grundsätzlich nicht, daß über Belange besonderer, zum Beispiel wirtschaftlicher Art, Menschen um Rat oder Urteil gefragt werden, die auf Grund ihrer Erziehung und Tätigkeit nichts von der Sache verstehen können. Er gliedert deshalb seine Vertretungskörper von vornherein in politische und berufliche ständische Kammern ...

In keiner Kammer und in keinem Senate findet jemals eine Abstimmung statt. Sie sind Arbeitseinrichtungen und keine Abstimmungsmaschinen. Das einzelne Mitglied hat beratende Stimme, aber niemals beschließende. Diese kommt auschließlich nur dem jeweils dafür verantwortlichen Vorsitzenden zu.

Dieser Grundsatz unbedingter Verbindung von absoluter Verantwortlichkeit mit absoluter Autorität wird allmählich eine Führerauslese heranzüchten, wie dies heute im Zeitalter des verantwortungslosen Parlamentarismus gar nicht denkbar ist ...

Hitler, Adolf: Mein Kampf, München 1936, S. 469 f.

3.6.5. Rasse- und Siedlungshauptamt: Generalplan Ost, 1942

Heinrich Himmler (1900–1945), der Initiator des „Generalplan Ost", nahm 1923 am Hitler-Putsch in München teil; war stellvertretender Gauleiter der NSDAP für Ober- und Niederbayern; 1929 „Reichsführer SS"; 1930 Mitglied des Reichstags; 1933 Polizeipräsident in München; wurde 1936 Staatssekretär im Reichsministerium des Inneren sowie „Reichsführer SS und Chef der deutschen Polizei" und baute in diesen Funktionen das System der Konzentrations- und Vernichtungslager auf.

„Generalplan Ost" war der Titel einer von Himmler initiierten Denkschrift, die vorsah, eine große Zahl von Polen, Angehörigen der baltischen Völker und Bewohnern aus dem westlichen Teil der Sowjetunion nach Sibirien zu vertreiben und in ihren bisherigen Lebensgebieten sowie in den Wohngebieten der ermordeten osteuropäischen Juden Deutsche anzusiedeln. Himmler wollte damit die Grenze des „deutschen Volkstums" um 1 000 Kilometer nach Osten verschieben.

Zur Lösung der Polenfrage

... Rassisch gesehen kommen in den Polen im wesentlichen fast die gleichen Rassenelemente wie im deutschen Volke vor, nur daß das Verhältnis der einzelnen Rassen ein anderes als im deutschen Volke ist. ... Es ist sicher der nordisch-fälische Rasseneinschlag insbesondere in den nordwestlichen Gebieten des ehemaligen Polens ziemlich stark vorhanden und dort kaum schwächer als bei der umwohnenden deutschen Bevölkerung. Das beruht auf dem starken deutschen Bluteinschlag, den die polnische Bevölkerung durch die Verpolung der Deutschen erhalten hat.

... Der Plan sieht nun die Aussiedlung von 80 bis 85 % Polen <vor>, d. h. es kommen ... 16–20,4 Millionen Polen zur Aussiedlung, während 3 bis 4,8 Millionen Polen im deutschen Siedlungsraum verbleiben sollen ... Werden die rassisch unerwünschten Polen in Gegenden angesiedelt, die nicht weit von den Einzudeutschen entfernt liegen, können tatsächlich Bedenken gegen eine zu große Zahl von einzudeutschenden Polen bestehen. Soweit es sich bei den einzudeutschenden Polen nicht um Bauern handelt, können hier sicherlich Abschiebungen in anderem Umfang als bei den Baltenvölkern vorgenommen werden. Bauern können, wenn genügend Deutsche oder andere germanische Nachbarn vorhanden sind, auf ihren Höfen verbleiben. Der Gedanke, den Hof evtl. zu verlieren, wird sie eindeutschungsbereit machen. Zum mindesten kann die nächste Generation, vorausgesetzt, daß die Umgebung zum größten Teil deutsch ist, eingedeutscht werden. Jedenfalls müssen die Polen, die als eindeutschungsfähig in den ehemals polnischen Gebieten oder im Altreich verbleiben, zwangsweise eingedeutscht werden ...

Daß man die Polenfrage nicht in dem Sinne lösen kann, daß man die Polen, wie die Juden, liquidiert, dürfte auf der Hand liegen. Eine derartige Lösung der Polenfrage würde das deutsche Volk bis in ferne Zukunft belasten und uns überall Sympathien nehmen, zumal auch die anderen Nachbarvölker damit rechnen müßten, bei gegebener Zeit ähnlich behandelt zu werden ...

Rasse- und Siedlungshauptamt: Generalplan Ost, 1941, in: Heiber, Helmut.: Der Generalplan Ost, in: VfZG 6 (1958), S. 311–318.

Fragen zu Kapitel 3:

1 Selten hatten Vorlesungen an einer Universität solch große politische Wirkungen wie die Reden Fichtes. Stellen Sie dar, an welche(n) Adressatenkreis(e) er sich wendet! Welche Intentionen hat er? Geben Sie die Grundgedanken seiner Reden wieder, wie sie in Text 3.1.1 aufgeführt sind, und untersuchen Sie seine drei wichtigsten Argumente darauf, inwieweit sie aus der historisch-psychologischen Situation zu erklären sind! Könnten Sie einem seiner Argumente zustimmen?

2 Der Text von Ernst Moritz Arndt ist für uns heute in seiner Unerbittlichkeit, mit dem er den Haß gegen Frankreich predigt, befremdlich. Aus welchen Ereignissen und Umständen ist er – wenigstens teilweise – zu erklären?
Welche Unterschiede nach Inhalt und Intention können Sie feststellen, wenn Sie den Text etwa mit dem von Langbehn (Rembrandt als Erzieher), 2.4.1, vergleichen?

3 Die in 3.2 zusammengestellten Texte verbinden die Forderung nach nationaler Einheit Deutschlands mit der nach Freiheitsrechten und Demokratisierung. Stellen Sie die Forderungen zusammen!

4 Charakterisieren Sie die beiden kontroversen Positionen in bezug auf das Selbstbestimmungsrecht der Nationen, wie sie in den drei Redetexten der deutschen Nationalversammlung 1848 (3.3) deutlich werden! Wie ist das Nebeneinander so unterschiedlicher Positionen zu erklären?

5 Das „Lied der Deutschen" (3.4.1) steht hier stellvertretend für eine ganze Reihe von Dichtungen patriotischen bzw. nationalistischen Inhalts aus der ersten Hälfte des 19. Jahrhunderts. Welche weitere Dichtungen dieser Art kennen Sie? Können konkrete historische Ereignisse jeweils als Anlässe ausgemacht werden? Ein Teil dieses Liedguts ist auch heute noch im Gebrauch. Wie läßt sich dies erkären?

6 Welche Gemeinsamkeiten nach Grundaussage und Intention lassen sich im Text von Ernest Renan (1.4) und der Rede August Bebels (3.5.1) finden? Sind die jeweiligen Begründungen ebenfalls gleich?

7 Würden Sie der Aussage zustimmen, daß sich am Verhältnis eines Nationalstaates zu seinen Minderheiten auch der Grad des herrschenden (und ggf. staatlich getragenen) Nationalismus ablesen läßt? Belegen Sie Ihre Aussage mit Beispielen aus den Texten 3.5.2 – 3.5.4!

8 Welche inhaltlichen und intentionalen Gemeinsamkeiten finden Sie in den Texten 3.6.1 – 3.6.3? Formulieren Sie die grundlegende Aussage in einem Satz!

9 In den Ausführungen Hitlers zur „Nationalisierung der Massen" (Text 3.6.4), wird deutlich, wie sehr er den nationalen Gedanken – und den herrschenden Nationalismus – zu instrumentalisieren gedachte. Sein Ziel ist der „völkische Staat". Welche Herrschaftsform sollte dieser Staat haben? Wie läßt sich – nach Hitler – durch Mobilisierung der Massen mit Hilfe von Nationalismus die Akzeptanz dieser Herrschaftsform erreichen?

4 Das Bild der Nationen in der Geschichte. Nationale Stereotypen – Entstehung und Wandel

Schon sehr früh entstehen aus überregionaler Mobilität – etwa in Kreuzzügen, Pilgerfahrten oder an den Universitäten – „nationale" Vorurteile, die, in Abgrenzung von den jeweils der eigenen Gruppe zugeschriebenen Eigenschaften, die (meist negativ getönte) Andersartigkeit der „anderen" hervorheben. Mit dem Erwachen des Nationalismus werden aus Eigen- und Fremdbildern der Völker Dichotomien, d. h. einander ausschließende Gegensatzpaare, die jeweiligen „guten" eigenen Eigenschaften werden den jeweils angeblich „schlechten" Eigenschaften des anderen (vor allem des Nachbarvolkes) gegenübergestellt:

„Der Typus der gegenseitigen Abgrenzung ist an keine historische Epoche gebunden, er taucht ebenso im Mittelalter auf wie im 19. und 20. Jahrhundert. Insofern bezeichnet die Völkercharakteristik aus dem 18. Jh. unbeschadet der historischen Konstellation, die sie widerspiegelt, eine prinzipielle Form gegenseitiger Unterscheidung . . . Auch und gerade im 19. Jahrhundert galten die französischen Sitten aus der Sicht der Deutschen als ‚leichtfertig' und hielten sich die Deutschen für ‚unüberwindlich'. " (Jeismann, 1991)

Nachdem so die Unterschiedlichkeit der Völker in nationale Gegensätze umdefiniert worden ist, werden diese nun als Beweise für grundsätzliche sittlich-moralische Unterschiede gewertet. Daraus entwickelt sich vielfach ein nationales Rollenverständnis, das politikbestimmend wirken kann. Im Übergang vom 18. Jahrhundert mit seinen eher naiven Gegenüberstellungen und Eigenschaftszuschreibungen zum 19. Jahrhundert werden die traditionellen Völkerstereotypen in nationale politische Selbstdefinitionen übertragen, die religiös oder biologistisch getönt sind. In Deutschland während der Besetzung durch Napoleon werden sie ebenso zur Abgrenzung „deutscher" Wesenseigenschaften verwendet wie im Frankreich unter der deutschen Besetzung 1870/71 zur Abgrenzung alles dessen, was man „französisch" nennen möchte.

Die Völkerstereotypen werden zum – mehr oder minder festgefügten – nationalen Vorurteil, das in der Literatur und in den Zeitungen transportiert wird und ein wichtiges Medium des Nationalismus darstellt. Wirksam wird aber das nationale Vorurteil nicht nur gegenüber dem äußeren Gegner, etwa gegenüber dem Nachbarvolk, sondern vor allem gegenüber den Minderheiten im eigenen Land.

Die Geschichte der eigenen Sicht eines Volkes ist damit auch fast immer die Geschichte der Beziehungen des Volkes zu den innerhalb seines Territoriums wohnenden Minderheiten.

Welch lange Geschichte solche Vorurteile haben, wie unbeschadet sie grundlegende gesellschaftliche Veränderungen überdauern können und wie sehr schließlich das eigene Bild eines Volkes von fremder Zuschreibung geprägt sein kann – und umgekehrt –, wird am Beispiel historischer und aktueller Eigen- und Fremdaussagen zum deutschen Nationalcharakter deutlich gemacht. In jeder Epoche gibt es aber auch Stimmen, die sich gegen Überheblichkeit und Abgrenzung, gegen Nationalstolz und nationale Stereotype wenden und Offenheit und Unvoreingenommenheit zum Prinzip der Begegnung zwischen den Nationen machen wollen, ja fordern, daß die eigene Nation von anderen lernen möge.

4.1 Das Bild der Nationen im Mittelalter und in der frühen Neuzeit

4.1.1 Ludwig Schmugge: Über „nationale" Vorurteile im Mittelalter, 1982

Ludwig Schmugge, (geb. 1939), Professor für Geschichte in Zürich, Vergleichende Studien zur Geschichte und Ethnographie des Mittelalters.

Durch die Kreuzzüge, so kann man vielfach lesen, wurde die Zusammengehörigkeit der abendländischen Christenheit geschmiedet. Sie hätten den europäischen Völkern ein gemeinsames Ziel in der Rückeroberung der Heiligen Stätten gegeben und die Christenheit damit aneinander gerückt ... Als Folge der großen Expeditionen ins Heilige Land kam es zu einem kulturellen Austausch zwischen Orient und dem Westen, Europa rückte näher zusammen. Aber ein harmonisches Zusammenleben der im Glauben geeinten europäischen Völker stellte sich nicht von selbst ein. Vielmehr haben die Europäer schon vor der Eroberung Jerusalems auch ihre gegenseitige Abneigung entdeckt, was – wie man längst erkannt hat – für viele spätere Kreuzzüge geradezu das Scheitern bedeutet hat.

Die Kreuzzüge haben sich unter päpstlicher Führung aus den Pilgerfahrten entwickelt.

Mein erstes Beispiel ist deshalb eine Jerusalem-Pilgerfahrt ... 1065 ... Bischof Gunter von Bamberg schreibt ... aus Konstantinopel ...: „Wir haben die unterwürfig-treulosen Ungarn kennengelernt, die Bulgaren, welche uns heimlich bestohlen haben. Wir sind vor den Uzern (einem im byzantinischen Grenzgebiet ansässigen Turkvolk) geflohen, die offenbar tollkühn sind. Wir haben die Bewohner von Konstantinopel gesehen, ihre griechische Überheblichkeit und Arroganz, wir haben die Romäer ertragen in ihrer jedes menschliche, ja sogar tierische Maß übersteigenden Wut." Hier werden ... auf eigener Erfahrung beruhende Eindrücke vermittelt, Eindrücke, die (bis auf die Uzer) christliche Nachbarvölker betreffen, denen Gunter und seine Pilger tatsächlich begegnet sind. Insbesondere der westliche Haß auf die Byzantiner wird fortan zu einer Konstanten im Verhältnis von Ost- und Westchristen ...

Mehr als das nur für die Theologen und für die römische Kurie entscheidende Schisma von 1054 haben die Kreuzzüge zum endgültigen Auseinanderleben von Ost und West beigetragen, welches schließlich 1204 in der Eroberung von Konstantinopel gipfelte. Bei den Chronisten des Westens wird das Scheitern des zweiten Kreuzzuges mit Vorliebe den Griechen in die Schuhe geschoben ... Der wahre Grund für den Mißerfolg der großen konzertierten Aktion von 1147/48 ... liegt vielmehr in der Uneinigkeit und in den Gegensätzen, die innerhalb der christlichen Heere aufgebrochen waren. Diese Gegensätze, insbesondere zwischen den deutschen und französischen Rittern, waren schon auf dem ersten Kreuzzug deutlich geworden. Ekkehard von Aura spricht sogar von einem natürlichen Gegensatz, den es zwischen den Kriegern beider Nationen gegeben habe, und man muß unwillkürlich an das verhängnisvolle Wort von der deutsch-französischen Erbfeindschaft denken...

Die Intensität derartiger Beobachtungen nimmt im Laufe des 12. Jahrhunderts noch zu. Hatte Bischof Gunter von Bamberg 1065 die Ungarn nur als treulos und arrogant charakterisiert, so behauptet Otto von Freising, Zisterzienserbischof und Angehöriger des staufischen Hauses, der mit dem Land und seinen Bewohnern fast 100 Jahre später anläßlich des zweiten Kreuzzuges in Kontakt gekommen war, die Ungarn seien mehr Tiere denn Menschen: „Sie haben ein düsteres Gesicht, tiefliegende Augen, sind von Statur niedrig, ihre Sprache und ihre Sitten sind barbarisch und wild. Und mehr durch Zufall bzw. dank der göttlichen Geduld sitzen diese Leute oder vielmehr diese menschlichen Monster auf solch einem herrlichen Flecken Erde." ...

Das Miteinander auf dem Kreuzzug hat nicht nur zu der vielfach postulierten Einheit der Christen geführt. Man entdeckte damals auch die gegenseitigen Abneigungen, es bildeten sich negative Charakteristiken heraus, die den einzelnen Völkern angehängt wurden, wenn die Deutschen als tumbe Haudegen, die Engländer als perfide und trunksüchtig, die Franzosen als stolz und hochmütig bezeichnet wurden ...

Schmugge, Ludwig: Über „nationale" Vorurteile im Mittelalter, in: Deutsches Archiv für die Erforschung des Mittelalters, 38, 1982, S. 444–448.

4.1.2 Jean Bodin: Eine moderate Klima-Theorie des Nord-Süd-Gegensatzes, 1576

Jean Bodin (1530–1596), bedeutendster Staatsrechtslehrer des 16. Jahrhunderts, verfocht während der Hugenottenkriege die Forderung nach Glaubensfreiheit gegenüber dem französischen Königtum und der Katholischen Kirche; trat in seinem Hauptwerk „De la république" für die Souveränität des Staates (und damit des Monarchen) ein, die er aber religiösen und naturrechtlichen Bindungen unterworfen sehen wollte.

... Ähnlich wie wir in der gesamten Tierwelt große Vielfalt und bei jeder Gattung manche bemerkenswerte durch den Unterschied der Regionen bedingte Unterschiede beobachten, können wir auch sagen, daß es im Wesen der Menschen fast ebensoviele Verschiedenheiten wie Länder gibt, ja selbst innerhalb derselben Klimazonen zeigt sich, daß die Völker in ihrem Osten sich stark von denjenigen in ihrem Westen unterscheiden und daß auch dann, wenn sie auf gleicher geographischer Länge und im gleichen Abstand zum Äquator siedeln, sich Nordländer von Südländern unterscheiden ... Ganz wie nun eben

die Menschen im Norden an Kraft, die Menschen im Süden an geistiger Beweglichkeit herausragen, haben auch die Bewohner der mittleren Regionen zur Hälfte von beidem etwas an sich und eignen sich ... besser für den Krieg ...

Die Bewohner der mittleren Regionen sind also kräftiger, aber weniger feinsinnig als die des Südens, hingegen besitzen sie einen schärferen Verstand, aber geringere Körperkräfte als die Bewohner des Nordens, eignen sich besser zum Befehlen und zur Regierung von Staaten und sind in ihrer Handlungsweise gerechter.

Betrachtet man sich die Geschichte aller Völker genau, so wird man feststellen, daß ganz so wie die großen Heere und Mächte von Norden gekommen sind, die geheimen Wissenschaften, die Philosophie, die Mathematik und andere auf Kontemplation beruhende Künste dem südländischen Menschenschlag entstammen. Politische Wissenschaft, Gesetzgebungskunst, Rechtswissenschaft und Rhetorik hingegen haben ihren Anfang und Ursprung in den mittleren Regionen genommen. Alle großen Reiche sind auch dort entstanden ... Dies erlaubt den Schluß, daß die Völker der mittleren Region größeres Geschick zeigen bei der Regierung eines Staates, weil sie von Natur aus mit größerer Klugheit ausgestattet sind ...

Der zur Regierung eines Staates weniger befähigte Südländer hingegen verlegt sich auf die Beschäftigung mit der Theologie und den Naturwissenschaften, um Wahrheit und Unwahrheit zu unterscheiden. Während also das Wissen um Gut und Böse den Menschenschlag der mittleren Region, das Wissen um Wahrheit und Unwahrheit hingegen den Südländer kennzeichnet, ist die handwerkliche Geschicklichkeit bei den nordischen Völkern höher entwickelt als bei anderen ...

Gott < hat es > mit bewunderungswürdiger Weisheit so eingerichtet ..., daß die Völker des Südens dazu bestimmt sind, die verborgensten Wissenschaften zu betreiben, um die anderen Völker zu unterweisen, während die nordischen Völker zur Arbeit und für das Handwerk, die Völker der mittleren Region dagegen für Handel, Verkehr, Rechtsprechung, Rednerkunst, Befehlsführung, zur Gründung von Staaten und zur Schaffung von

Gesetzen und Verordnungen für die übrigen Völker berufen sind . . .

Bodin, Jean: Eine moderate Klima-Theorie des Nord-Süd-Gegensatzes, in: ders.: Sechs Bücher über den Staat, Bd.V, 1; deutsche Übersetzung zitiert nach: Schulze, Hagen/Paul, Ina (Hrsg.): Europäische Geschichte, München 1994, S. 52 f.

4.1.3 Carl von Linné: Systema naturae, 1766

Carl von Linné (urspr. V. Linnaeus; 1707–1778), Studium der Medizin und Biologie, Arzt in Stockholm, erster Präsident der Schwedischen Akademie der Wissenschaften, Professor in Uppsala. Linnés 1735 erstmals erschienene Abhandlung „Systema naturae" ist die Grundlage der modernen biologischen Systematik; von der 12. Auflage seines Werkes an führte Linné erstmals den Menschen (homo sapiens) unter der Bezeichnung „Herrentiere" in sein System ein und untergliederte diese Spezies nach Menschenrassen.

. . . Die Amerikaner haben eine rote Haut, ein galliges oder cholerisches Temperament und eine gerade Statur. Die Haare sind schwarz, gerade und dick. Die Nasenlöcher weit, das Gesicht voller Sommersprossen, ein fast glattes Kinn. Sie sind hartnäckig, fröhlich, lieben die Freiheit; sie gehen meistens nackend, bemalen sich mit roten Strichen und lassen sich durch alte Gewohnheiten beherrschen. Die Europäer haben eine weiße Haut, ein blutreiches und sanguinisches Temperament und einen fleischigen Körper. Die Haare sind gelblich mit Locken, die Augen blau, die Gemütsart wankelmütig; vernünftig und zu Erfindungen geschickt. Sie tragen Kleider, welche dicht an den Leib schließen, und lassen sich durch Gesetze regieren. Die Asier haben eine braune Haut, ein schwarzgalliges oder melancholisches Temperament und eine zähe Struktur. Ihre Haare sind schwarz, die Augen sind grau, die Gemütsart ist streng; sie lieben Pracht, Hoffahrt und Geld, ihre Kleider hängen weit um den Leib, und sie lassen sich durch Meinungen regieren. Die Afrikaner endlich haben eine schwarze Haut, dabei aber ein wässeriges oder melancholisches Temperament; die Haare sind wollig, schwarz und kraus. Die Haut ist sanft wie Samt, die Nase platt, die Lippen dick und aufgeworfen. Ihre Weiber haben lange niederhängende Brüste. Die Gemütsart ist boshaft, faul, nachlässig.

Sie beschmieren sich mit Fett und werden durch Willkür regiert.

Linné, Carl von: Systema naturae, in: Bitterli, Urs: Die Entdeckung und Eroberung der Welt, München 1980, S. 250.

4.1.4 Nouvelle Grammaire Royale française et allemande, 1753

Eine der vielen im 18. Jahrhundert volkstümlichen vergleichenden Ethnographien der europäischen Völker, die alte Urteile und literarisch abgeleitete Merkmalszuschreibungen zum Teil gefällig, zum Teil eher unbeholfen vermischen.

Art und Kennzeichen der Franzosen, Deutschen, Italiener, Spanier und Engländer.

1. In Gebräuchen: Der Franzose ist höflich. Der Deutsche aufrichtig. Der Italiener manierlich. Der Spanier höhnisch. Der Engländer hochmütig.

2. Vom Leibe: Der Franzose ist hurtig. Der Deutsche groß und wohlgestalt. Der Italiener mittelmäßig. Der Spanier klein. Der Engländer ansehnlich.

3. In der Kleidung: Der Franzose bringt was Neues auf. Der Deutsche äfft nach. Der Italiener ist knauserig. Der Spanier räthlich. Der Engländer prächtig.

4. In der Kost: Der Franzose ißt leckerhaftig. Der Deutsche köstlich. Der Italiener mäßig. Der Spanier sparsam. Der Engländer vertunlich.

5. Am Gemüte: Der Franzose scherzet gern. Der Deutsche ist gesprächig. Der Italiener willfährig. Der Spanier ernsthaft. Der Engländer veränderlich.

6. In der Schönheit: Der Franzose ist schön. Der Deutsche gibt ihm nichts nach. Der Italiener ist weder schön noch häßlich. Der Spanier ist etwas ungestalt. Der Engländer kommt den Engeln gleich.

7. In Ratschlägen: Der Franzose ist geschwind. Der Deutsche standhaftig und scharfsinnig. Der Italiener tiefsinnig. Der Spanier behutsam. Der Engländer verwegen.

8. Im Schreiben: Der Franzose redet wohl und schreibet besser. Der Deutsche gibt ihm nichts nach. Der Italiener gründlich. Der Spanier wenig, aber gut. Der Engländer gelehrt.

9. In Wissenschaften: Der Franzose weiß von jedem etwas. Der Deutsche ist Meister. Der Italiener gelehrt. Der Spanier gründlich. Der Engländer ein guter Philosoph.

10. In der Religion: Der Franzose ist eifrig. Der Deutsche ist gottesfürchtig. Der Italiener liebt Zeremonien. Der Spanier ist abergläubisch. Der Engländer ist andächtig.

11. In Unternehmungen: Der Franzose ist mutig. Der Deutsche wie ein Adler. Der Italiener wie ein Fuchs. Der Spanier tapfer. Der Engländer wie ein Löwe.

12. Im Dienstleisten: Der Franzose macht Komplimente. Der Deutsche ist getreu. Der Italiener ist ehrerbietig. Der Spanier ist untertänig. Der Engländer ist knechtisch.

13. Im Ehestande: Der Franzose ist frei. Der Deutsche ist Herr. Der Italiener ein Kerkermeister. Der Spanier ein Tyrann. Der Engländer ein Knecht.

14. Die Weiber: In Frankreich sind sie prächtig. In Deutschland häuslich. In Italien gefangen und böse. In Spanien Sklaven und verliebt. In England Königinnen und unbändig.

15. Im Reden: Der Franzose singt. Der Deutsche röchelt. Der Italiener zischt. Der Spanier redet im Gewicht. Der Engländer heult.

. . .

Nouvelle Grammaire Royale française et allemande (Neue und vollkommene Königliche Französische Grammatica . . . bishero unter dem Namen des Herrn Pepliers . . . herausgegeben, Anjetzo aber . . . durch ein Mitglied der König. Preuß. Academie der Wissenschaften in Berlin . . . verbessert und vermehrt, Berlin 1753, S. 377–380; in: Schulze, Hagen/Paul, Ina (Hrsg.): Europäische Geschichte, München 1994, S. 1123 ff. (hier der neueren deutschen Rechtschreibung angepaßte Fassung).

4.1.5 Immanuel Kant: Der Charakter der europäischen Nationen, 1786

Immanuel Kant (1724–1804), deutscher Philosoph; Professor in Königsberg; sein kritischer Realismus stellte den Anschluß an die europäische Aufklärungsphilosophie her und leitete in der Erkenntnistheorie eine Wende ein; kritischer Beobachter seiner Zeitgenossen.

. . . Unter dem Wort Volk (populus) versteht man die in einem Landstrich vereinigte Menge Menschen, insofern sie ein Ganzes ausmacht. Diejenige Menge oder auch der Teil derselben, welcher sich durch gemeinschaftliche Abstammung für vereinigt zu einem bürgerlichen Ganzen erkennt, heißt Nation (gens). . .

1. Die französische Nation charakterisiert sich unter anderem durch den Konversationsgeschmack, in Ansehung dessen sie das Muster aller übrigen ist. Sie ist höflich, vornehmlich gegenüber den Fremden. . . Der Franzose ist es nicht aus Interesse, sondern aus unmittelbarem Geschmacksbedürfnisse, sich mitzuteilen. Da dieser Geschmack vorzüglich den Umgang mit der weiblichen großen Welt angeht, so ist die Damensprache zur allgemeinen Sprache der letzteren geworden, und es ist überhaupt nicht zu bestreiten: daß eine Neigung solcher Art auch auf Willfährigkeit in Dienstleistungen, hilfreiches Wohlwollen und auch auf allgemeine Menschenliebe nach Grundsätzen Einfluß haben und ein solches Volk im ganzen liebenswürdig machen müsse. Die Kehrseite der Münze ist die nicht genugsam durch überlegte Grundsätze gezügelte Lebhaftigkeit, und, bei hellsehender Vernunft, ein Leichtsinn, gewisse Formen, bloß weil sie alt oder auch nur übermäßig gepriesen worden, wenn man sich gleich dabei wohl befunden hat, nicht lange bestehen zu lassen, und ein ansteckender Freiheitsgeist, der auch wohl die Vernunft selbst in sein Spiel zieht. . .

4. Der Italiener vereinigt die französische Lebhaftigkeit (Frohsinn) mit spanischem Ernst (Festigkeit), und sein ästhetischer Charakter ist ein mit Affekt verbundener Geschmack . . . In seinen Mienen äußert sich ein starkes Spiel seiner Empfindungen, und sein Gesicht ist ausdrucksvoll. Das Plädieren ihrer Advokaten vor den Schranken ist so affektvoll, daß es einer Deklamation auf der Schaubühne ähnlich sieht. So wie der Franzose im Konversationsgeschmack vorzüglich ist, so ist es der Italiener im Kunstgeschmack. Der erstere liebt mehr die Privatbelustigungen, der andere öffentliche, pompöse Aufzüge, Prozessionen, große Schaupiele, Karnevals, Maskeraden, Pracht öffentlicher Gebäude. . . Dabei aber (um doch den Eigennutz nicht zu vergessen): Erfindung der Wechsel, der Banken und der Lotterie. – Das ist seine gute Seite: so wie die Freiheit, welche die

Gondolieri und die Lazzaroni sich gegen Vornehme nehmen dürfen. Die schlechtere ist: sie konversieren, wie Rousseau sagt, in Prachtsälen und schlafen in Ratzennestern . . . – Die schlimme aber: das Messerziehen, die Banditen, die Zuflucht der Massenmörder in geheiligten Freistätten . . .

5. Die Deutschen stehen im Ruf eines guten Charakters, nämlich dem der Ehrlichkeit und Häuslichkeit; Eigenschaften, die eben nicht zum Glänzen geeignet sind. – Der Deutsche fügt sich, unter allen zivilisierten Völkern am leichtesten und dauerhaftesten, der Regierung, unter der er ist, und ist am meisten von Neuerungssucht und Widersetzlichkeit gegen die eingeführte Ordnung entfernt. Sein Charakter ist mit Verstand verbundenes Phlegma . . . Er ist dabei doch der Mann von allen Ländern und Klimaten, wandert leicht aus und ist an sein Vaterland nicht leidenschaftlich gefesselt; wo er aber in fremde Länder als Kolonist hinkommt, da schließt er bald mit seinen Landesgenossen eine Art von bürgerlichem Verein, der durch Einheit der Sprache, zum Teil auch der Religion, ihn zu einem Völkchen ansiedelt, was unter der höheren Obrigkeit in einer ruhigen sittlichen Verfassung durch Fleiß, Reinlichkeit und Sparsamkeit vor den Ansitzungen anderer Völker sich vorzüglich auszeichnet . . .

Er lernt mehr als jedes andere Volk fremde Sprachen, ist . . . Großhändler in der Gelehrsamkeit und kommt im Felde der Wissenschaften zuerst auf manche Spuren, die nachher von anderen mit Geräusch benutzt werden; er hat keinen Nationalstolz; hängt gleich als Kosmopolit auch nicht an seiner Heimat. In dieser aber ist er gastfreier gegen Fremde als irgend eine andere Nation . . ., diszipliniert seine Kinder zur Sittsamkeit mit Strenge, wie er dann auch, seinem Hange zur Ordnung und Regel gemäß, sich eher despotisieren, als sich auf Neuerungen (zumal eigenmächtige Reformen in der Regierung) einlassen wird. – Das ist seine gute Seite. Seine unvorteilhafte Seite ist sein Hang zum Nachahmen und die geringe Meinung von sich, original sein zu können . . ., vornehmlich aber eine gewisse . . . Sucht, sich mit den übrigen Staatsbürgern nicht etwa nach dem Prinzip der Annäherung zur Gleichheit, sondern nach Stufen des Vorzugs und einer Rangordnung peinlich klassifizieren zu lassen und in diesem Schema des

Ranges, in Erfindung der Titel (vom Edlen- und Hochedlen-, Wohl- und Hochwohl-, auch Hochgeboren) unerschöpflich und so aus bloßer Pedanterei knechtisch zu sein . . .

Kant, Immanuel: Der Charakter der europäischen Nationen, in: ders.: Werke, 1956, Bd. 6, S. 658–670.

4.2 Das idealisierte Bild vom eigenen Volk und Land: Deutschland im 19. und 20. Jahrhundert aus der Sicht deutscher Autoren

4.2.1 Richard Wagner: Deutsche Kunst und deutsche Politik, 1868

Richard Wagner (1813–1883), deutscher Komponist, Studium in Leipzig, Schöpfer von Opern mit Texten aus der italienischen Geschichte, aus Epen, Götter- und Heldensagen des skandinavischen und deutschen Mittelalters (Der Ring des Nibelungen), schuf das „Musikdrama" als Gesamtkunstwerk, ab 1864 Förderung durch Ludwig II. von Bayern, Begründer der Bayreuther Festspiele.

. . . Es war eine hoffnungsvolle, schöne Zeit, in welcher Goethe, aus jener pedantischen Klassizitätsschule entwachsen, dem verspotteten und vergessenen Hans Sachs sein kräftiges Loblied sang, Erwins Straßburger Münster jubelnd der Welt erklärte – als der Geist der alten Klassizität an der deutschen Dichterwärme unserer großen Meister neu sich belebte . . .

Hier kam es zum Bewußtsein und erhielt seinen bestimmten Ausdruck, was *deutsch* sei, nämlich: die Sache, die man treibt, um ihrer selbst willen und der Freude an ihr willen treiben; wogegen das Nützlichkeitswesen, d. h. das Prinzip, nach welchem eine Sache des außerhalb liegenden persönlichen Zweckes willen betrieben wird, sich als undeutsch herausstellte. Die hierin ausgesprochene Tugend der Deutschen fiel daher mit dem durch sie erkannten höchsten Prinzip der Ästhetik zusammen, nach welchem nur das Zwecklose schön ist, weil es, indem es sich selbst Zweck ist, seine über alles Gemeine erhöhte Natur, somit das, für dessen Anblick und Erkenntnis es sich überhaupt der Mühe verlohnt Zwecke des Lebens zu verfolgen, enthüllt; wogegen alles Zweckdienliche häßlich ist, weil der

Verfertiger wie der Beobachter stets nur ein fragmentarisches, beunruhigend aneinandergereihtes Material vor sich haben kann, welches erst aus seiner Verwendung für das gemeine Bedürfnis seine Bedeutung und Erklärung gewinnen soll. – Nur ein großes, auf seine unerschütterliche Macht mit vornehmer Gelassenheit vertrauendes Volk konnte ein solches Prinzip in sich ausbreiten und zur Beglückung der ganzen Welt in Anwendung bringen ...

Wagner, Richard: Deutsche Kultur und Deutsche Politik, Leipzig 1868, zitiert nach: Vogt, Hannah (Hrsg.): Nationalismus gestern und heute, Opladen 1967, S. 128 f.

4.2.2 Friedrich Naumann, Mitteleuropa, 1915

Friedrich Naumann (1860–1919), deutscher Publizist und Politiker, Gründer der Deutschen Demokratischen Partei, verfaßte im Ersten Weltkrieg „Mitteleuropa", eines der damals meistgelesenen politischen Bücher, in dem er die Neuordnung Europas durch eine Verbindung von Imperialismus und Föderalismus propagierte.

Wir sind, wenn ich mich so ausdrücken darf, geschichtliches Halbfabrikat und warten noch des Tages der Vollendung. Das gibt uns etwas Ursprüngliches und Aufnahmefähiges ... Um das Deutschtum herum wächst die Kultur von Mitteleuropa, es wächst der Typ des Menschen, der zwischen Franzosen, Italienern, Türken, Russen, Skandinaviern und Engländern die Mitte ist. Diesen Mitteleuropäer laßt uns suchen ... Wir sind Denker, Verstandesmenschen, Techniker, Organisatoren, erfolgreiche Nüchternheitsmenschen, vollkommene Apparate, wertvolle wollende Maschinenteile, aber gerade darum den Naturvölkern und Mittelvölkern fremd ... Das, was die Besonderheit des Deutschen ausmacht, ist nicht eine an sich neue Eigenschaft, die sonst in der Welt nicht vorhanden wäre, sondern es ist die methodische, anerzogene Steigerung eines Könnens, das bei den heutigen führenden Völkern auch vorhanden war und ist, aber nicht schulmäßig und absichtlich entwickelt wurde. Nach unserm eigenen Gefühl sind wir noch lange nicht am Ende der Organisiertheit angelangt, noch lange nicht, aber in den Augen der anderen sind wir schon weit von ihrer Lebensart abgekommen, sind ein unfreies Volk,

weil wir besser als sie gelernt haben, unsere Arbeit nach gemeinsamem Plan und in gemeinsamem Rhythmus zu vollziehen. Und zwar trifft das alle Arbeiten. Es ist nicht so, als ob der Industrialismus das besondere deutsche Merkmal sei, denn industriell, maschinell, gewerblich sind und waren die Engländer vor uns, und der besondere deutsche Geist, von dem wir reden, zeigt sich mindestens ebensosehr in unserem Landwirtschaftsbetriebe wie in unsrem Gewerbe ... Dieser neue deutsche Mensch ist das Unbegreifliche für die Individualistenvölker, denn er erscheint ihnen teils als Rückfall in vergangene gebundene Zeiten und teils als künstliche Zwangskonstruktion, die das Menschentum verleugnet und vergewaltigt ... Man hat in den gebildeten Kreisen von Paris und London gegenüber diesem deutschen Typ Mitleid, Scheu, Achtung und Abneigung zugleich. Auch wenn man dort dasselbe würde leisten können, würde man es nicht wollen, denn man will diese disziplinierte Seele nicht, man will sie nicht, weil das der Tod und die Preisgabe der eigenen Seele sein würde ... Dem Deutschen, der nur Deutschland kennt, muß die innere Stärke dieses Gegensatzes notwendig verborgen bleiben; er fühlt gar nicht, wie fremd er gerade den besten Menschen in den Westvölkern schon geworden ist, nicht durch etwas Einzelnes, das er tut, sondern einfach durch das, was er ist.

Naumann, Friedrich: Mitteleuropa, in: ders.: Werke, Bd. 4, Opladen 1964, S. 555, 578 f.

4.3 Mit Satire und Ironie gegen nationalistische Rhetorik

4.3.1 Julius Fröbel: Die deutsche Auswanderung, 1858

Julius Fröbel (Preudonym: Carl Junius; 1805–1893), deutscher Schriftsteller und Politiker, Professor für Mineralogie in Zürich, schloß sich radikaldemokratischen Strömungen des deutschen Vormärz an; 1848 Abgeordneter in der Frankfurter Nationalversammlung, wegen Teilnahme am Oktoberaufstand in Wien zum Tode verurteilt, begnadigt, 1849–1857 in die USA emigriert; vertrat die Konzeption einer Einigung Deutschlands durch föderative Vereinigung der Völker und Staaten Mitteleuropas.

... Es ist ein Unglück für ein Volk wie eine Qual für ein Individuum, immer auf sich selbst zurückgewiesen zu sein. Der Mangel eines den Kräften und Bedürfnissen entsprechenden Verkehrs mit der Außenwelt hat für Nationen wie für Individuen eine unfruchtbare Beschäftigung mit sich selbst zur Folge, welche zu einer Krankheit des Geistes führen müßte, wenn sie nicht schon selbst eine wäre. Diese Beschäftigung mit sich selbst wird umso auffallender und närrischer, je größer die Disharmonie zwischen den nach innen und außen gehenden Lebensrichtungen ist. Welches Volk hat wie das deutsche das Beiwort immer im Munde, welches seinen eigenen Charakter bezeichnet? „Deutsche Kraft", „deutsche Treue", „deutsche Liebe", „deutscher Gesang", „deutscher Wein", „deutsche Tiefe", „deutscher Ernst", „deutsche Gründlichkeit", „deutscher Fleiß", „deutsche Frauen", „deutsche Jungfrauen", „deutsche Männer" – welches Volk braucht solche Bezeichnungen außer das deutsche? – ... Der Deutsche verlangt von sich ganz extra, daß er „deutsch" sein soll, als ob es ihm freistünde, aus seiner Haut zu fahren – gerad wie er von seinen Männern extra verlangt, „männlich", von seinen Weibern „weiblich", von seinen Kindern „kindlich", von seinen Jungfrauen „jungfräulich" zu sein. Der deutsche Geist steht gewissermaßen immer vor dem Spiegel und betrachtet sich selbst, und hat er sich hundertmal besehen und von seinen Vollkommenheiten überzeugt, so treibt ihn ein geheimer Zweifel, in welchem das innerste Geheimnis der Eitelkeit beruht, abermals davor. – Was ist dies alles anders als die Selbstquälerei eines Hypochonders, dem es an Bewegung fehlt und dem nur durch Bewegung zu helfen ist?

Fröbel, Julius: Die deutsche Auswanderung und ihre nationale und kunsthistorische Bedeutung, in: ders.: Kleine politische Schriften, Bd. 1, 1858, S. 256 f.

4.3.2 Kurt Tucholsky: Der deutsche Mensch, 1927

Kurt Tucholsky (1890–1935), deutscher Schriftsteller und zeitkritischer Essayist; war mit seinen Satiren und Polemiken einer der bekanntesten und meistgehaßten Publizisten der Weimarer Republik; radikaler Demokrat und Pazifist; seine Bücher wurden im Natio-nalsozialismus verbrannt, ihm selbst wurde die deutsche Staatsbürgerschaft entzogen; Selbstmord im schwedischen Exil.

Mir scheint es ein deutscher Nationalfehler zu sein, mit ungeheurem Seelengeräusch im Resultat nicht viel mehr als andere Völker zu produzieren ...

Für die Völker des Westens galten die Deutschen stets als Barbaren, allerdings als die zivilisierteste Form von Barbaren, stets begierig darauf, zu lernen und andere nachzuahmen. Die Geschichte der deutschen Kultur ist eine Geschichte der fleißigen und übertriebenen Nachahmung der etablierten Ordnung im Westen ...

Die meisten Völker Europas waren zu bestimmten Zeiten damit beschäftigt, andere auszurotten. Im 13. Jahrhundert rotteten die Franzosen die Albigenser aus, im 17. Jahrhundert die Hugenotten. Die Spanier rotteten die Mauren aus. Die Engländer rotteten die nordamerikanischen Indianer aus und versuchten im 17. Jahrhundert, den Iren den Garaus zu machen.

Doch kein anderes Volk hat die Ausrottung als konstantes Instrument der Politik von Generation zu Generation über einen Zeitraum von tausend Jahren eingesetzt. Und es wäre töricht, anzunehmen, daß dies in Deutschland geschehen ist, ohne daß damit den Traditionen dieses Volkes ein bleibendes Merkmal hinzugefügt worden ist ...

Hätte eine Naturkatastrophe dafür gesorgt, daß sich zwischen den Deutschen und Franzosen ein großes Meer ausbreitete, so wäre der deutsche Charakter nicht vom Militarismus beherrscht worden. Hätten die Deutschen – eine eher vorstellbare Möglichkeit – Erfolg damit gehabt, ihre slawischen Nachbarn auszurotten, so wie es den Angelsachsen in Nordamerika gelungen ist, die Indianer auszurotten, so wäre der Effekt derjenige gewesen, wie er sich auch für die Amerikaner dargestellt hat: Die Deutschen wären die Befürworter von Bruderliebe und internationaler Versöhnung geworden ...

Tucholsky, Kurt: Der deutsche Mensch, in: ders.: Gesammelte Werke in zehn Bänden, Bd. 5, Reinbek 1975, S. 295–299.

4.3.3 Richard W. B. McCormack: Von alter deutscher Redlichkeit, 1994

Richard W. B. McCormack (alias Gert Raeithel, geb. 1956), Professor für Amerikanistik an der Universität München.

...

Ein stattlicher Teil der Bevölkerung lebt in schmucken Hochhäusern. Die Bewohner, jeweils sechshundert bis achthundert Personen, nehmen wie Troglodyten [Höhlenbewohner] keine Beziehungen zueinander auf. Treten sie auf ihre Balkone hinaus, wird ein Kreuzen der Blicke vermieden. Sie kennen sich vom Wegschauen. Zu den eigenen Verwandten werden Meidungsbeziehungen unterhalten; man trifft sich hauptsächlich auf Beerdigungen. Die Tiefenstruktur hat uns interessiert... Wie ist sie beschaffen, die deutsche Basispersönlichkeit („basic personality")? Stimmt noch der Satz des Dichters Schubart, der gesagt hatte, „Die Deutschen sind doch brave Leut', sie haben Geist und Mut."?

Es gibt ihn noch, den sauberen, fleißigen, redlichen Deutschen. Die Reinemachefrau eines bekannten Volksschauspielers hat mitgeteilt, daß dieser öfter am Morgen schon selbst sein Bett frisch überzogen hatte. Trotz der angeblichen Anonymität von Großbetrieben leistete ein Angestellter eines großen Münchner Elektrokonzerns aus Treue zur Firma unbezahlte Überstunden, um Akten zu vernichten, ehe der Staatsanwalt eintraf. Als ein schwäbischer Automobilhersteller rote Zahlen schrieb, löste die Konzernspitze klaglos stille Reserven auf, um die Aktionäre nicht zu düpieren.

Aus Deutschland ist ein mächtiger Staat geworden mit einem gigantischen Budget und einer ansehnlichen Pro-Kopf-Verschuldung. Doch sind die Menschen bescheiden geblieben. Kaum ein Wunsch, den sie sich nicht aus eigener Kraft erfüllen könnten; doch schenkt die Nachbarin eine zweite Lage Kaffee ein oder bedenkt sie der Weinlieferant vor dem Christfest mit einem Korkenzieher aus echter Rebwurzel, geraten sie außer sich vor Dankbarkeit.

In den Partnerbeziehungen hat eine Sensibilisierung Platz gegriffen. Einmal konnten wir beobachten, wie unser Hauswirt unsere Hauswirtin ohrfeigte und ihre Einlassung

„Aber ich habe doch gar nichts gesagt" mit den Worten konterte: „Aber wollen!"

Vom alten Untertanengeist ist nicht mehr viel zu spüren. Früher bekräftigten gewaltige öffentliche Bauten die Souveränität des Staates und lehrten jeden Bürger die Zwecklosigkeit von Unzufriedenheit. Heute legen Regierungsneubauten Zeugnis ab von der Verwundbarkeit und Fehlbarkeit der Herrschenden.

Das Verhältnis zur Obrigkeit erinnert inzwischen an die Praxis bei Naturvölkern. Der Big Man hat ein erfolgreicher Redistributor zu sein. Ansehen wächst ihm zu, wenn er die Ressourcen zur Zufriedenheit aller verteilt und selbst nur die harten Kuchen und Knochen behält. Ein Subchief strauchelte, weil er die fettesten Brocken sich selbst und seinen Amigos zuschanzte.

Essen und den Leib offen zu halten sind existentielle Grundbedürfnisse geblieben. Im Sommer tropfen bei den Grillhütten die Nitrosamine in die Glut, daß es eine Art hat. Nahrungsgrundlage ist Fleisch. Rind, Kalb und Schwein werden jedoch phasenweise verschont.

Einen hohen Stellenwert im öffentlichen Leben nimmt die Leibesertüchtigung ein. Allerdings hat sich im Sport einiges geändert, seit Turnvater Jahn seine Schüler zu frohem Spiel auf die Hasenheide führte. Leistungssportler müssen heute Englisch können, wollen sie bei internationalen Wettkämpfen mitreden („The gold medal hangs very high for me."). Sie müssen eigene Berufswünsche hintanstellen. Eine Athletin konnte nicht, wie geplant, Dolmetscherin werden, weil ihre Stimme kraft Testosterons schon zu tief gesunken war.

Sport ist in den Augen von Journalisten keine Sache auf Leben und Tod, sondern etwas viel Ernsteres. Das zeigt sich am deutlichsten beim Fußball... Fußball ist ein schlüssiger Beweis für die „retribalization" der Gesellschaft: zurück zur Stammeskultur. Die Zuschauer erscheinen in Kriegsbemalung...

Raeithel, Gert: McCormacks kleine Völkerkunde (VII): Von alter deutscher Redlichkeit, in: Süddeutsche Zeitung Magazin vom 21. 9. 1994, S. 6.

4.4 Die Sicht auf Deutschland von außen – zwischen Bewunderung, Befremdung und Angst

4.4.1 Anne Louise Germaine de Staël: Über Deutschland, 1814

Anne Louise Germaine de Staël (1766–1817), französische Schriftstellerin schweizerischer Herkunft; ihre sehr positive Darstellung deutscher Sitten und Wesenszüge fand das Mißfallen der französischen Zensur unter Napoleon, hat aber das Bild Deutschlands in Frankreich teilweise nachhaltig geprägt; 1810 wurden ihre Bücher verboten.

… Die Deutschen sind im allgemeinen aufrichtig und treu; fast immer ist ihr Wort ihnen heilig und der Betrug ihnen fremd. Sollte sich je die Falschheit in Deutschland einschleichen, so könnte es nur geschehen, um Ausländer nachzuahmen; um zu zeigen, daß sie ebenso gewandt sein können wie jene; vor allem, um sich nicht von ihnen hinters Licht führen zu lassen; bald aber würde der gesunde Verstand und das gute Herz die Deutschen auf die Überzeugung zurückbringen, daß man nur durch seine eigene Natur stark sei und daß die Gewohnheit des Rechtlichen uns ganz und gar unfähig zur Arglist mache, selbst dann, wenn wir sie gebrauchen möchten …

Der Machttrieb zur Arbeit und zum Nachdenken ist ebenfalls ein Unterscheidungsmerkmal im Charakter der Deutschen. Die Nation ist von Natur literarisch und philosophisch; nur daß der Unterschied der Klassen, welcher in Deutschland hervorstechender als irgendwo ist, weil die Gesellschaft hierin die Schattierungen nicht mildert, in mancher Hinsicht dem, was man eigentlich unter Geist (Esprit) versteht, in den Weg tritt. Der Adel hat zu wenig Ideen, die Gelehrten haben zu wenig Kenntnis der Geschäfte. Der Geist ist ein Gemisch aus der Kenntnis der Dinge und der Menschen … Was die Deutschen charakterisiert, ist mehr die Einbildungskraft als der Geist. J.P. Richter, einer ihrer ausgezeichnetsten Schriftsteller, sagt irgendwo: „Das Gebiet des Meeres gehört den Engländern; das Gebiet der Erde den Franzosen; das Gebiet der Luft den Deutschen." …

Man hat viel Mühe, wenn man soeben aus Frankreich kommt, sich an die Langsamkeit, an die Trägheit des deutschen Volkes zu gewöhnen; es hat nie Eile, findet allenthalben Hindernisse. Das Wort unmöglich hört man hundertmal in Deutschland aussprechen, gegen einmal in Frankreich. Muß gehandelt werden, so weiß der Deutsche nicht, was es heißt, mit Schwierigkeiten zu kämpfen; und seine Achtung vor der Macht rührt mehr davon, daß sie in seinen Augen dem Schicksale gleicht, als von irgendeinem eigennützigen Grunde her. Der einfache Mann hat in Deutschland eine ziemlich rauhe Schale, zumal wenn man seiner gewöhnlichen Art zu sein in den Weg tritt; dies hat zur natürlichen Folge, daß er länger als der Adel jene heilige Antipathie gegen die Sitten, Gebräuche und Sprachen des Auslandes beibehalten möchte, welche in allen Ländern das Nationalband bildet. Bietet man ihm Geld an, so bringt dies in seiner Handlungsweise keine Veränderung hervor; die Furcht führt ihn nicht von seinem Wege ab; er hat, mit einem Worte, jene Beharrlichkeit in allen Dingen, welche eine herrliche Vorbedingung der Moralität ist … Die Freiheitsliebe ist bei den Deutschen nicht entwickelt; sie haben weder durch Genuß noch durch Entbehrung den Wert kennengelernt, den man in diesem höchsten Gute finden kann …

Staël, Anne Louise Germaine de: Über Deutschland, Frankfurt/Main 1985, S. 28 f.

4.4.2 Hiram Price Collier: Titel und Uniform, 1914

Hiram Price Collier (1860–1913), amerikanischer Schriftsteller, aufgewachsen in Genf und Leipzig, von 1882 bis 1891 als unitarischer Geistlicher tätig, beliebter gesellschaftskritischer Autor seiner Zeit.

… Schon die Steifheit der Manieren, das Zusammenschlagen der Hacken, das Kopfbükken und Händeküssen und die vielen ernsten Förmlichkeiten unter den Männern deuten auf gesellschaftliche Unsicherheit <der Deutschen> hin … Das Uniformtragen ist eine Leidenschaft aller Deutschen und mag auch als weiteres Anzeichen des allgemeinen Verlangens nach Formen, Satzungen und feststehenden Gewohnheiten angeführt werden und als Beweis für das allgemeine Zurückschrecken vor jeglichem Abhängen von eignem Urteil und eigner Initiative ... Deutsche Beamte sind immer Beamte und reden andre stets aufs förmlichste mit ihren Titeln an. Sie schütteln ihr Beamtentum und ihr Amt nicht außerhalb ihrer Büros und Pflichten ab, wie wir es tun, sondern schwelgen darin. Wir legen unsere Uniformen ab, sobald wir es dürfen; wir fühlen uns durch sie beengt. Das erweckt bei den Deutschen den Eindruck, als ob wir zu ungeniert und nicht respektvoll genug gegen unsre eigenen und ihre Würden wären ... Unsere deutschen Freunde haben einen wahren Hunger auf die flüchtigen Bescheinigungen vorübergehender Anerkennung. Ich habe an vielen, sehr vielen gastlichen Tafeln in Berlin gesessen, wo keine Brust der Medaillen bar war und nur die einzige Feldzugsmedaille, die einer der Gäste besaß, sorgfältig verpackt bei ihm zu Hause lag. Und was nun gar die Titel anbelangt, so ist in einem kleinen Bande, wie dem vorliegenden, kein Raum, um sie alle aufzuzählen. Und die Frauen führen die Titel ihrer Gatten und nennen sich „Frau Oberpostassistent", „Frau Regierungsassessor", bis hinauf zur Frau des Reichskanzlers, deren Titel und Würden man ihr übrigens am Gesicht und der Haltung ansieht ...

Collier, Hiram Price: Titel und Uniform, in: ders.: Deutschland und die Deutschen, Berlin (u. a.) 1914, S. 206–208.

4.4.3 Vera Elyashiv: Vorschriftsmäßige Höflichkeit und subjektives Unwohlsein, 1994

Vera Elyashiv (geb. 1929), israelische Journalistin; 1961 Berichterstatterin im Prozeß gegen Eichmann, drehte 1964 auf Einladung des NDR einen Dokumentarfilm über Deutschland.

Ich will es gleich gestehen, ich glaube daran, daß manche Eigenschaften in einem Volk mehr verbreitet sind als in einem anderen. Nur nicht, daß diese biologisch-genetisch, sondern eher historisch-politisch und sozial-kulturell bedingt sind. Darum halte ich es nicht für im Prinzip unmöglich, zu sagen: „Die Russen sind", „die Juden sind" oder „die Deutschen sind". Was keineswegs sagen will, daß alle Russen oder Juden oder Deutschen diese Eigenschaften haben. Die Frage bleibt nur, ob man solche Behauptungen an Hand von Vorurteilen, einzelnen, zufälligen und wahllosen Begegnungen oder anhand einer gründlichen Untersuchung aufstellt. Entscheidend ist auch, ob man solch ein Urteil dem zur Rede stehenden Volk für alle Ewigkeit aufzwingt oder nur für die Zeit, in der die Untersuchung angestellt wurde.

Während meines Aufenthalts in der Bundesrepublik habe ich zahlreiche Deutsche kennengelernt und beobachtet, und doch will ich der großen Versuchung standhalten und meine Erfahrungen darüber nicht mit den Worten „die Deutschen sind" beginnen, sondern mit der Einschränkung „viele von den Deutschen, die ich traf, waren ..."

Also: Viele von den Deutschen, die ich traf, waren sehr berechnend, und es fehlte ihnen an Spontaneität, an Impulsivität. Sie reagierten auf jede Situation, jedes Problem, jede Frage mit vorfabrizierten Reaktionen. Viele waren völlig humorlos, auch wenn sie über Witze dröhnend lachten. Viele waren grenzenlos neugierig nach allem, was den Nächsten angeht, zu gleicher Zeit aber völlig unbeteiligt an dessen Schicksal. Viele waren sehr empfindlich, was das eigene Ich oder den Besitz betraf, aber oft sehr stumpf gegenüber dem anderen. Viele bewiesen einen so zähen Selbsterhaltungstrieb, daß er alles andere in den Schatten stellte. Viele wußten immer alles besser – nirgends habe ich so viele arrogante Gesichter gesehen wie unter den Interviewern und Interviewten im deutschen Fernsehen. Wie dumm und unwissend sehen im Vergleich mit ihnen ihre englischen Kollegen aus, die die Allgemeingültigkeit ihrer eigenen Aussage immer wieder bezweifeln.

Ich traf gelegentlich aber auch ganz anders geartete Deutsche, die das genaue Gegenteil jener Majorität waren, Menschen von einer so aufrichtigen Hilfsbereitschaft, wie ich sie kaum anderswo erlebt habe. Einige Begegnungen dieser Art waren für mich ein großer Trost während meines Aufenthalts in Deutschland und sind eine „Anschaffung" fürs ganze Leben.

Eine Eigenschaft schien mir jedoch einerseits so verbreitet – andererseits aber so wertfrei an sich, daß ich sie als einzige mit den Worten „die Deutschen" beginne: Die Deutschen wollen. Das Auffallendste an jedem Deutschen aus jeder gesellschaftlichen Schicht, aus jedem beruflichen Kreis, ist, daß er immer und andauernd etwas will. Etwas, was er noch nicht hat, was ihm verloren zu gehen droht oder verloren gegangen ist. Sie wollen mit soviel Zielbewußtsein und Intensität, daß ich sie insgeheim oft beneidete. Der Abgrund des Nichts-mehr-Wollens scheint mir der schrecklichste und drohendste aller Abgründe, der einzelnen wie Gruppen droht. Wenn ich mir wie ein kleines Mädchen etwas wünschen sollte, so wäre das nicht die Erfüllung von Wünschen, sondern Wünsche selbst, viele neue Wünsche. Dieser Abgrund scheint den Deutschen nicht zu drohen. Deutscher Fleiß, deutsche Gründlichkeit, deutsche Tüchtigkeit, deutsches Pflichtbewußtsein, deutsches Durchhalten, deutsches Mitlaufen – all die vielgerühmten und die viel verschrieenen Eigenschaften sind, glaube ich, Ausdruck dieses Wollens. Nicht sie, sondern das Wollen ist die Ureigenschaft, und wieviel Gutes, wieviel Böses in der Vergangenheit wie in der Gegenwart folgte daraus!

Elyashiv, Vera: Vorschriftsmäßige Höflichkeit und subjektives Unwohlsein, in: Nünning, Ansgar/Nünning, Vera (Hrsg.): Der Deutsche an sich, München 1994, S. 150–158.

4.4.4 Günther Nenning: Angstlust vor Deutschland, 1990

Günther Nenning (geb. 1921), nach dem Kriegsdienst Studium in Graz, 1949 und 1959 Promotion, Journalist und Schriftsteller; lebt in Österreich.

Ich hasse die Deutschen. Der Magen dreht sich mir um, wenn ich in meinem Wien, in meinem Salzkammergut, in meinem Tirol deutsch reden höre – dieses deutsche Deutsch, das dem Österreicher sofort Minderwertigkeitsgefühle eingibt, es klingt alles so kompetent und effizient, und wenn's der größte Blödsinn ist. Am meisten hasse ich die kultivierten Deutschen, die mir auch noch recht geben; ja, wir sehen es ja ein, sagen sie, daß wir Deutschen immer schon böse Menschen waren und bleiben werden und daß ihr Österreicher solche Gefühle habt und haben müßt, und da haben sie dieses sanfte, warme Deutsch drauf, das noch viel ekliger ist als das Kommandodeutsch. In allen In-Lokalen, in den Kaffeehäusern, wo man unter sich sein will; überall sitzen sie rum und finden alles Österreichische wunderbar.

Wir Österreicher brauchen keine Deutschen, die uns kritisieren, und schon gar keine, die uns lieben. Eine geringe Erleichterung ist mir, daß mein Deutschenhaß geteilt wird von diesem einwandfreien Präfaschisten Friedrich Nietzsche. „Ich bin", schrieb Nietzsche, „in meinen tiefsten Instinkten allem, was deutsch ist, fremd, so daß schon die Nähe eines Deutschen meine Verdauung verzögert." Seltsam, meine beschleunigt es. Nietzsche fühlte sich als Pole. Ich fühle mich als Illyrer, Kelte, Slawe, Ungar, Jude – wie sich halt ein richtiger Österreicher fühlt.

Ich liebe die Deutschen. Ich streiche nächtlich meine Bücherreihen entlang, von Hölderlin bis Brecht und wieder retour. Das deutsche Geisterreich ist eine zu ernste Angelegenheit, um es den Deutschen zu überlassen. Wir müssen die Deutschen an Österreich anschließen.

Ob die Österreicher Deutsche sind, ist eine No-na-Frage. Natürlich sind sie es. Ob die Deutschen Österreicher sind, das ist die Lebensfrage der Deutschen. Ob sie so bunt, so schizophren, so dezentral, so unkontrolliert, so ineffizient sein können wie wir, die dieses Deutschland jahrhundertelang regierten und verschlampten.

Die Gemeinsamkeit der Deutschen und der Österreicher ist ihr Unterschied – in Sprache, Kultur, Geschichte. Das ist ein aktuelles Modell: Nun, da den Deutschen so deutlich wie nie zuvor die Dominanz zufällt in Europa – müssen sie begreifen, daß die europäische Gemeinsamkeit aus lauter Unterschieden besteht.

Deutsche, werdet Österreicher!

Bei Nestroy gibt es die wunderbare Stelle: „Was woll'n Sie? Ein Recht wollen Sie? Das Recht haben Sie lieber? Hätten's lieber ein Glück, wär' g'scheiter!" Genauso geht es jetzt den Deutschen. Ihr Recht haben sie jetzt: einen Nationalstaat wie andere Völker auch.

Aber das G'scheitere, das Glück, ging an ihnen vorbei: der Nicht-Nationalstaat, die grenzenlose Nation, das größtdeutsche Geisterreich . . .

Nenning, Günther: Angstlust vor Deutschland, in: Wickert, Ulrich (Hrsg.): Angst vor Deutschland, Hamburg 1990, S. 73–81.

4.4.5 Rafik Schami: Ein Paradies für fremde Autoren, dieses Deutschland, 1994

Rafik Schami, Schriftsteller, geboren in Damaskus; lebt seit 1971 in Deutschland und schreibt in deutscher Sprache; 1993 erhielt er den Adalbert-von-Chamisso-Preis.

Die Deutschen sind einem Fremden gegenüber weder noch schlechter als Franzosen, Engländer, Araber oder Italiener. Sie haben wenig Erfahrung mit Fremden. Sie kannten sie, abgesehen von regionalen Ausnahmen, nur als Sieger oder Besiegte. Der Umgang mit Fremden als tägliche zähe und bereichernde Erfahrung muß noch erlernt werden. Die Angst der Deutschen vor Fremden läßt sie sehr höflich und zurückhaltend bis zum Desinteresse auftreten. Dieser Zustand erlaubt eine angenehme Anonymität, doch verursacht er gleichzeitig eine Verminderung der Solidarität sogar in der unmittelbaren Nachbarschaft.

Man muß aber nüchtern an die Sache gehen, um sich selbst keine schmerzhafte Enttäuschung zu verursachen, wenn man zu hohe Erwartungen stellt. Die Deutschen mögen sich selbst nicht sonderlich, weshalb sollten sie einen Fremden lieben? Sie sind in einer eigenartigen Situation, im eigenen Land führen sie sich auf, als wären sie Fremde, die hier nur arbeiten, um dann in der freien Zeit nach Hause zu fahren, d. h. in den Süden und in die Ferne. Ich weiß nicht, ob andere Sprachen den Begriff „Fernweh" kennen. Die Deutschen wissen genau, was diese komische Unlogik bedeutet. Doch ein menschliches Nebeneinander ist mit den Deutschen möglich, ohne daß wir in Sentimentalitäten verfallen, die ohnehin auf der ganzen Welt ungeeignet sind, Völker einander näherzubringen.

Der Ausbruch des primitiven Nationalismus in Deutschland schockiert mehr als sein Realvolumen aufgrund der barbarischen Geschichte des Nationalsozialismus und des daher fehlenden täglichen Nationalismus. Ein Araber ist immer, wenn auch manchmal heimlich, stolz auf seine Sippe, Gasse, Stadt und Land, und nur in Schockaugenblicken verliert er den Stolz. Ein Deutscher ist anders, nur wenn Deutschland angegriffen wird, fühlt er eine Art Verbundenheit. Außer in der alten Dichtung, wo Deutsche noch die Schönheit ihrer Heimat besangen, ist heute die Beziehung zwischen den Deutschen und ihrer Heimat wie die einer Mutter zu einem mißgeborenen Kind.

Loben Sie eine Gasse in Damaskus vor einem Syrer, gleich ob er ein braver Bürger oder abtrünniger Exilant wäre, und betrachten Sie seine Augen. Sie werden oft glasig. Wehe aber, Sie loben eine deutsche Stadt oder Deutschland vor den Deutschen. Sie bekommen das Gefühl, Sie hätten etwas sehr Unanständiges gesagt.

Der naive Glaube mancher Ausländer, da die Deutschen sich zu Hause fremd fühlen, würde ein Fremder eher Zugang zu ihnen finden, erweist sich in Wirklichkeit als ein Trugschluß, denn wenn die Heimat sich auf zwei bedenkliche Reste reduziert, nämlich Arbeitsplatz oder angegriffenes Land, so hat der Fremde in beiden Fällen von vornherein eine negative Voraussetzung als Konkurrent oder gar als Feind.

Erst wenn die Deutschen ihre Heimat ohne Nationalismus lieben lernen, ihre humanistische Tradition, ihre Schönheit lieben, erst dann wird der Deutsche sich dem Fremden ohne Angst öffnen.

Schami, Rafik: Ein Paradies für fremde Autoren, dieses Deutschland, in: Schlegel, Dietrich (Hrsg.): Der neue Nationalismus, Schwalbach 1994, S. 204 f.

4.4.6 Julie Burchill: Patriotismus, 1994

Julie Burchill (geb. 1959), lebt in London, ist Autorin und Kolumnistin bei der Sunday Times; arbeitet als freie Mitarbeiterin für verschiedene Publikationsorgane und für das Fernsehen.

Teenager haben eine dumme Angewohnheit, hier bei uns und vielleicht auch überall sonst. Ihnen ist so ziemlich alles peinlich, und dazu gehört auch ihre Nationalität . . .

Ich kannte viele Kids, die behaupteten, sie seien zur Hälfte Franzosen, Italiener, Spanier (aber auffälligerweise niemals Deutsche, Österreicher oder Holländer) . . . So wie es immer Männer in Frauenkleidern gegeben hat, wird es auch immer Menschen geben, die sich für ihren Patriotismus ein anderes Land als ihr eigenes aussuchen . . .

Bei mir war das ein vorübergehendes Phänomen, ein verirrter Teenager-Schuldkomplex. Jetzt kann ich mir nicht mehr vorstellen, nicht englisch zu sein. Das ist meine letzte Liebe. Und ich bin so patriotisch, so in mein Land verliebt, daß ich paradoxerweise Schwierigkeiten habe, den Patriotismus anderer zu verstehen – ALLE sollten Engländer sein wollen!

Natürlich kann ich einige Arten von Patriotismus nachvollziehen. Ich verstehe den Patriotismus der Kanadier (den Stolz, kein Amerikaner zu sein). Ich verstehe den Patriotismus der Israelis (in einem Land, das in schwerem Kampf gegen alle Widerstände entstanden ist). Aber ich kann ums Verrecken nicht begreifen, wie irgend jemand stolz darauf sein kann, Amerikaner, Japaner – oder, Verzeihung, Deutscher zu sein.

Die Engländer haben etwas gegen Deutschland als Nation. Das wird immer so sein. Zweimal haben wir die Last deutscher Angriffskriege getragen, genauso wie Vietnam (noch ein Patriotismus, der mir einleuchtet) von den USA überfallen und mißhandelt worden ist . . .

Das ist nicht persönlich gemeint. In Deutschland sind mehr Bücher von mir erschienen als in jedem anderen Land, einschließlich England, und die zahlreichen jungen deutschen Frauen, die mich interviewt haben – hallo Anke, Karin, Sabine, Claudia und alle anderen –, waren mir im Grunde viel sympathischer als die meisten englischen Journalisten. Sie wirkten viel lebendiger, intelligenter und schienen mehr Sinn für Humor zu haben. Ich habe eigentlich nie eine/n Deutsche/n getroffen, die ich nicht gemocht hätte – nur eine, deren Namen habe ich vergessen. Doch diese jungen Frauen verband, daß auch sie Deutschland nicht leiden konnten. Unabhängig voneinander wiesen mich alle darauf hin, was für ein Glück ich hätte, Engländerin zu sein . . .

Es gibt eine Menge Dinge, die mir an England nicht gefallen, und das sind vor allem solche, die der klassische Patriot eigentlich lieben sollte . . . Aber schließlich macht wahren Patriotismus nicht der Glaube aus, das eigene Land sei perfekt; das ist neurotisch, ein Minderwertigkeitskomplex. Wahrer Patriotismus bedeutet einfach, sich nicht vorstellen zu können, daß man sich in einem anderen Land mehr zu Hause fühlen könnte.

Wahrer Patriotismus ist eine Sache der freien Entscheidung: Zuhause ist nicht, wo man herkommt, sondern wohin man gehen will. Auch wenn ich all die Fehler Englands kenne, gibt es keinen anderen Ort, an dem ich lieber wäre . . .

Ich bin gerne Engländerin, so einfach ist das. Ich werde deshalb niemanden zusammenschlagen oder einen Angriffskrieg unterstützen. Daß es mir gefällt, Engländerin zu sein, macht mich nicht fremdenfeindlicher, im Gegenteil: Ich empfinde Mitleid mit denen, auf die das nicht zutrifft, keinen Neid . . .

Burchill, Julie: Patriotismus, in: Spiegel special, Nov. 1994, S. 104–114.

Fragen zu Kapitel 4:

1 Ludwig Schmugge skizziert in Text 4.1.1 die Enstehung „nationaler" Vorurteile – und dies für eine Zeit, in der es noch gar keine Nationen im heutigen Sinne gab. Welche Ursachen und Anlässe führten nach seiner Darstellung zu solchen Vorurteilen bzw. einseitigen und verallgemeinernden Urteilen?

Andrzej Krauze, The Guardian, 10. 1. 1992.

2 Wie erklärt sich das Interesse an Auf-
listungen „nationaler Eigenheiten" bzw.
von Eigenheiten der Bewohner der einzelnen Erdteile in der frühen Neuzeit? Wo
wurde(n) die Ursachen für die Ver-
schiedenheit(en) gesucht?
Welchem Zweck dienten letztendlich Gegenüberstellungen von Europäern und
Nichteuropäern?

3 Welche frühen Stereotypen finden Sie bei
der Charakterisierung von Italienern,
Franzosen und Deutschen in den Quellen
des 18. Jahrhunderts? Welche Bestandteile
dieser Klischees sind bis heute erhalten,
welche haben sich geändert?

4 Nach Richard Wagner besteht eine der
höchsten Tugenden „der Deutschen" darin, „Zweckloses" um seiner selbst bzw.
der Ästhetik willen zu verfolgen und dem
„Nützlichkeitsprinzip" abzusagen. Auf
welche Bereiche spielt Wagner damit an?
Welche Absicht in bezug auf sein eigenes
Werk verbindet er damit?

5 Friedrich Naumann stellt in seinem Werk
„Mitteleuropa" „die Deutschen" anderen
Völkern Europas gegenüber und kommt
zu einer Polarisierung der grundlegenden
Eigenschaften bzw. Verhaltensweisen. Wie
kann diese umrissen werden? Wie wird die
Verhaltensweise „des Deutschen" gewertet? Können Sie diese Bewertung teilen?

6 Welche rhetorischen und inhaltlichen Mittel wenden Julius Fröbel und Kurt Tucholsky bei ihrer Kritik am Nationalismus an,
welche McCormack? Welche Intention
verfolgen die Autoren? An welche Ziel-
gruppen wenden sie sich? Welche Erklärungen könnten dafür gegeben werden,
daß antinationalistische Texte wie diese
weit weniger Wirkungskraft entfalteten als
nationalistische?

7 Die Texte 4.4.1–4.4.3 und 4.4.5 beschreiben – teilweise durch lange Zeit-
räume getrennt – den Eindruck, den ausländische Schriftsteller bzw. Journalisten
von „den Deutschen" hatten. Welchen
Wandel der Beobachtungsaspekte, der
Beobachtungsintensität, der Differenzie-
rung und der Intention können Sie in diesen Texten von 1814 – 1994 aufzeigen?

8 Günter Nenning und Julie Burchills Darstellungen ihres Verhältnisses gegenüber
Deutschland und vor allem Deutschen gegenüber haben – trotz allen Altersunter-
schieds – Gemeinsamkeiten und Ähnlichkeiten. Worin sind sie zu finden? Was unterscheidet die beiden Texte?

5 Nation, Nationalismus und nationale Identität nach dem Ende des Zweiten Weltkriegs

Der Nationalismus war in Deutschland nach 1945 gründlich diskreditiert. In bezug auf nationale Rhetorik und Politik ergab sich eine neue Rollenverteilung: „In der Weimarer Republik war die Linke international und die Rechte nationalistisch gewesen. In der Bonner Republik betrieben die gemäßigten Kräfte der rechten Mitte, repräsentiert durch die von Konrad Adenauer geführte bürgerliche Koalition, eine Politik der supranationalen Integration, während die gemäßigte Linke in Gestalt der Sozialdemokratie unter Kurt Schumacher und Erich Ollenhauer den nationalen Part übernahm und sich als Partei des Primats der deutschen Einheit zu profilieren suchte."
(H.A.Winkler: „Das Deutsche Reich muß als staatliches Ganzes erhalten bleiben", in: Frankfurter Allgemeine Zeitung vom 31. 10. 95)

In den folgenden Jahrzehnten änderte sich dieses Verhältnis der deutschen Linken zur Nation. Die deutsche Teilung wurde zwar nicht gutgeheißen, aber doch auch als Ergebnis der deutschen Aggression gesehen und damit als verdiente Strafe einerseits und als Vorbeugemaßnahme gegen erneute nationalistische Aggression andererseits. Mit der Rechten war sich die Linke in der Öffnung zum Westen und seinen demokratischen und gesellschaftlichen Werten hin einig – beide politische Richtungen betrachteten die Bundesrepublik als einen „postnationalen Staat" (Bracher), der seine Erfüllung in der europäischen Integration finden sollte.

Diesem gedanklichen Trend stand aber seit 1945 aber auch immer wieder ein Aufleben des Nationsgedankens gegenüber, der sich indes stets mit der Frage auseinanderzusetzen hatte, wie angesichts der Verbrechen des Nationalsozialismus eine deutsche Nation gedacht werden könne. Wünschen nach einem Bekenntnis zur Nation stand die Behauptung eines „deutschen Sonderwegs" gegenüber, der nationale Gefühle in Deutschland für immer diskreditieren müsse. Damit war gemeint, daß Deutschland seit seiner ersten Einigung 1871 einen anderen Weg begangen habe als die anderen europäischen Nationen, einen Weg, der nationale Einheit unauflösbar mit Nationalismus und Aggression verbunden habe.

Gerade der Hinweis auf diesen Sonderweg, auf die Gefährlichkeit Deutschlands, die in seiner Geschichte seit dem 19. Jahrhundert deutlich werde, verstärkte sich in den Veröffentlichungen der Nachbarn und Verbündeten der Bundesrepublik zu dieser Zeit.

Die politische Publizistik der Bundesrepublik suchte Mittel- und Auswege aus dem Dilemma des diskreditierten Nationalgefühls einerseits und andererseits der Notwendigkeit, verbindende Werte und Symbole zu finden, im Rückgriff auf Patriotismusvorstellungen des 18. und 19. Jahrhunderts (Gerstenmaier). Sie fand Ersatz im „Verfassungspatriotismus" (Sternberger).

Weil sich das Verhältnis – vor allem der jungen Deutschen – zur Nation so ganz anders gestaltete als das etwa junger Franzosen oder Briten (siehe Noelle-Neumann), stellte sich der bundesdeutschen Publizistik immer wieder die Frage, ob denn auch in Deutschland ein Gefühl nationaler Identität entwickelt werden könnte – und sollte. Gemeint war damit sowohl die emotionale Komponente (Zusammengehörigkeitsgefühl, entstanden z. B. aus der gemeinsamen Geschichte), wie sie Christian Meier, Martin Walser und Fritz J. Raddatz ansprechen, als auch Identität im politischen Sinn, d. h. als Zustimmung des einzelnen zur Regierung und zum Regierungssystem (Pfetsch).

Solche Bemühungen, Nationalgefühl bzw. emotionale Verbundenheit mit Deutschland als Nation, als Heimat, zu rechtfertigen, blieben keineswegs unwidersprochen – Jurek Becker und Peter Glotz stehen hier für diese Richtung.

Eindeutiger stellten sich die Positionen in bezug auf eine deutsche Wiedervereinigung dar, die von allen politischen Gruppierungen grundsätzlich befürwortet wurde, für die sich aber weder Handlungsmöglichkeiten noch Handlungsnotwendigkeiten zu zeigen schienen.

Dem standen die Äußerungen der Partei- und Staatsführung der DDR gegenüber, die zwar nationaler Rhetorik nicht abgeneigt war, aber die These von den zwei Nationen aufrechterhielt.

5.1 Heinrich August Winkler: Wandlungen des deutschen Nationalismus, 1979

Heinrich August Winkler (geb. 1938), 1957– 1963 Studium der Geschichte, der Philosophie und des Öffentlichen Rechts in Münster, Heidelberg und Tübingen, Promotion 1963; Habilitation 1970; seit 1991 Professor für neuere und neueste Geschichte an der Humboldt-Universität Berlin.

. . . Der Nationalismus hat nach dem Zweiten Weltkrieg in Westeuropa im allgemeinen und in Westdeutschland im besonderen als Integrationsideologie nicht mehr dieselbe Rolle gespielt wie nach dem Ersten Weltkrieg . . . Auf den ersten Blick scheint es, als habe es nach dem Zweiten Weltkrieg einen besonders günstigen Nährboden für einen neuen deutschen Nationalismus gegeben: die Teilung Deutschlands, die Flucht und Vertreibung von Millionen Deutschen aus dem Osten des Reiches und aus Staaten, die der Nationalsozialismus zu Opfern seiner Aggression gemacht hatte, waren geeignet, nationalistischer Agitation Auftrieb zu geben. Dennoch war der Widerhall nationalistischer Parolen in der Bundesrepublik Deutschland insgesamt viel geringer als in der Weimarer Republik. Ich sehe hierfür vor allem drei Gründe.

Erstens: Der Nationalsozialismus hat den Nationalismus auch bei einem großen Teil derjenigen Schichten desavouiert [unglaubwürdig gemacht], die geholfen haben, ihn an die Macht zu bringen. Bereits während des „Dritten Reiches" sahen sich insbesondere viele mittelständische Anhänger des Nationalsozialismus um die Hoffnungen betrogen, die sie in die Machtübernahme Hitlers gesetzt hatten. . .

Viel mehr noch als die nationalsozialistische Wirtschaftspolitik hat das Erlebnis des Krieges und der Kriegsfolgen im Sinne einer nationalen Ernüchterung gewirkt. Anders als nach dem Ersten Weltkrieg gab es nach 1945 keine wirklich repräsentative gesellschaftliche Kraft, die bestritt, daß der von Deutschland verlorene Weltkrieg von der deutschen Führung ausgelöst worden war. Nur Randgruppen verbreiteten in der zweiten Nachweltkriegszeit eine Kriegsunschuldlüge. Die Trümmer der Städte, das Elend der Heimatvertriebenen, die Not des ganzen Volkes

sprachen eine beredte Sprache: Sie zeugten von dem Preis, den nationale Verblendung gefordert hatte. Es gab und gibt nach 1945 nationalistische Gruppen und Parolen. Aber was mir rückblickend erklärungsbedürftig erscheint, ist nicht so sehr die Existenz solcher Gruppen und Parolen als vielmehr die Tatsache, daß ihre Resonanz begrenzt war . . . Eine Erklärung dafür, daß der Nationalismus in der Bundesrepublik eine geringere Anziehungskraft besitzt als in den meisten größeren westeuropäischen Staaten, liegt gewiß in der Erfahrung jener Katastrophe, in die der extreme deutsche Nationalismus geführt hat.

Zweitens: Die Nationalsozialisten haben der verbreiteten Angst vor sozialem Abstieg das Versprechen des nationalen Wiederaufstiegs entgegengesetzt. 1945 war der soziale Abstieg für die meisten Deutschen eine vollendete Tatsache. Soziale Ängste wurden weniger durch ein Gefühl der inneren als eines der äußeren Bedrohung hervorgerufen. Dieses Bewußtsein war keine gute Voraussetzung für eine Politik nationalistischer Isolierung, wohl aber für die Politik der westlichen Integration. Eben darin liegt zu einem guten Teil der Erfolg des katholischen Rheinländers und notorischen Antinationalisten Konrad Adenauer begründet – aber auch die Chance der Sozialdemokraten, sich als „nationale" Partei, als Partei der deutschen Einheit, zu profilieren. Daß die gemäßigte Linke eine nationale Politik befürwortete, während die gemäßigte Rechte eine übernationale Politik betrieb, ist, wie der Schweizer Publizist Fritz René Allemann schon 1956 bemerkte, ein wichtiger Unterschied zwischen „Bonn" und „Weimar". Aber die Politik der westlichen Integration war nur möglich, weil die westlichen Siegermächte das westliche Deutschland schon wenige Jahre nach dem Krieg als politischen Partner akzeptierten – auch dies eine fundamentale Differenz zur Weimarer Republik . . .

Drittens: Extremer Nationalismus hat immer auch die Rolle einer Kompensationsideologie gespielt. Wie der amerikanische Psychologe Daniel Katz bemerkt hat, kann Nationalismus für breite Schichten als „gesteigertes psychisches Einkommen" („enhanced psychic income") wirken: als ein über kollektives Prestige vermittelter Ausgleich für materielle Entbehrungen. Der Nationalismus erlaubt die Projektion von Haß und Feindschaft auf

„out-groups"; er trägt dazu bei, persönliche Frustration durch kollektive Erfolgserlebnisse auszugleichen, und er hilft, libidinöse [triebhafte] Wünsche auf Gruppensymbole zu übertragen. Eines der wichtigsten Erkenntnisse von Katz liegt darin, daß unter spezifischen Bedingungen ein besonders starker Bedarf an Nationalismus besteht und umgekehrt Nationalismus unter anderen Bedingungen an gesellschaftlicher Bedeutung verlieren kann: „Wenn die Menschen ein erfülltes und reiches Leben als Individuen führen könnten, würden sie kein Verlangen nach der Größe ihrer Gruppe haben." Mir scheint, daß diese Einsicht nicht nur für die Analyse des deutschen Nationalismus wichtig ist. Ganz offenbar hat der wirtschaftliche Wohlstand der Bundesrepublik wesentlich zur Schwächung des Nationalismus beigetragen... Ein Blick auf die Länder der „Dritten Welt" von heute bestätigt die Erkenntnis, zu der die Beobachtung der frühen europäischen Nationalismen führt: Nationalismus zielt meist darauf ab, wirtschaftliche Rückständigkeit zu überwinden... Aber neben der materiellen Rückständigkeit ist einseitige politische Abhängigkeit oder Diskriminierung ein dem Nationalismus förderlicher Faktor. Einen Funktionsverlust des Nationalismus gibt es mithin nur dort, wo eine Gesellschaft nicht das Bewußtsein wirtschaftlicher Rückständigkeit und einseitiger politischer Abhängigkeit hat...

Winkler, Heinrich A.: Wandlungen des deutschen Nationalismus, in: Merkur, 33, 1979, S. 963–972.

5.2 Nationalbewußtsein im geteilten Deutschland – Positionen in der Bundesrepublik

5.2.1 Karl Jaspers: Freiheit und Wiedervereinigung, 1960

Karl Jaspers (1883–1969), 1916 Professor für Psychologie in Heidelberg, 1948 Professor für Philosophie in Basel, vertrat – von der Psychopathologie ausgehend – seit 1932 eine eigenständige Ausformung der Existenzphilosophie; erhielt 1958 den Friedenspreis des Deutschen Buchhandels.

Die Geschichte des deutschen Nationalstaats ist zu Ende, nicht die Geschichte der Deutschen. Was wir als große Nation uns und der Welt leisten können, ist die Einsicht in die Weltsituation heute: daß der Nationalstaatsgedanke heute das Unheil Europas und nun auch aller Kontinente ist. Während der Nationalstaatsgedanke die heute übermächtige zerstörende Kraft der Erde ist, können wir beginnen, in der Wurzel zu durchschauen und aufzuheben. Daß der deutsche Nationalstaat der Vergangenheit angehöre, besagt nicht, daß der Wahn seiner noch fortbestehenden Realität nicht selber real sei... Die gewaltige wirtschaftliche und die beginnende militärische Kraft der Bundesrepublik – nach der Situation von 1945 wie ein Wunder – kann von neuem zum Irrtum führen. Wirtschaft und Armee bestimmen die Wahrheit der Geschichte, aber sie sind nur Mittel und bedürfen der Führung durch die Idee der Freiheit... Die Macht der Widervernünftigen wächst mit der Energie der Wirtschaft und der Stärke der Armee. Sie wird übermütig. Aber Wirtschaftskraft und Militärkraft sind, in aller Tüchtigkeit, wie die Erfahrung den immer wieder Erstaunten seit einem Jahrhundert lehrt, im ganzen und damit politisch blind. Aber die Deutschen? Die sie nicht kennen, nennen sie auf Grund der jüngsten Geschichte ein undurchsichtiges Volk, ruinös für sich und die anderen... Heute wird politisch dieses eine entscheidend werden: Bei uns ist das nationale Staatsbewußtsein zum entsetzlicheren Unheil geworden als irgendwo in der Geschichte. Wir sind mehr als andere durch Erfahrung vorbereitet, den radikalen Schritt zu tun vom nationalen Staatsbewußtsein zum Staatsbewußtsein unter der Idee menschlicher Freiheit.

Dieser Schritt ist für die Welt, nicht nur für unser eigenes Heil von Bedeutung. Denn in der Welt feiert der nationale Staatswille neue unheilvolle Triumphe. In Europa hindert der staatliche Nationalstolz den wirksamen und zuverlässigen Zusammenschluß zur gemeinsamen Selbstbehauptung der Freiheit. Denn die Einheit des Abendlandes setzt den Verzicht auf die Souveränität der Nationalstaaten voraus. Wenn de Gaulle die schönen und unklaren Wendungen findet, wie „Europa der Vaterländer", so verbirgt er den sonst von ihm rückhaltlos ausgesprochenen französischen staatlichen Nationalstolz... Die Tatsache des auf der ganzen Erde blühenden gegenwärti-

gen Nationalismus ist kein Grund, ihn mitzu-
machen. Die Kraft des Geistes und die Wirklichkeit der eigenen Staatsentwicklung sollen
vielmehr bezeugen, daß er keineswegs notwendig ist ...

Jaspers, Karl: Freiheit und Wiedervereinigung, München 1960,
S. 53–55.

5.2.2 Eugen Gerstenmaier: Das Vaterland als Aufgabe, 1965

Eugen Gerstenmaier (1906–1986), gehörte im Zweiten Weltkrieg zur Widerstandsgruppe des Kreisauer Kreises, wurde im Juli 1944 zu langjähriger Haftstrafe verurteilt, war ab 1949 Mitglied des Deutschen Bundestags (CDU), 1954–1969 Präsident des Deutschen Bundestages. Gerstenmaier hatte sich seit 1962 mehr-fach mit dem Problem eines neuen National-bewußtseins auseinandergesetzt; eine Reihe dieser Vorträge ist unter dem Titel „Neuer Na-tionalismus" 1965 in Stuttgart erschienen.

... Unser Vaterland Deutschland ist ... nicht eine Aufgabe, die nur in der Zukunft liegt. Sie liegt vor allem in der Gegenwart, im Hier und Heute. Das geteilte Vaterland bedarf unseres Engagements ganz gewiß nicht weniger als das geeinte. Deshalb ist es eine gedankenlose Ausrede zu sagen, daß wir ja kein Vaterland mehr hätten, dem es zu dienen sich verlohne. Die Anteilnahme an der täglichen Bemü-hung, die nationalen und weltpolitischen Voraussetzungen herbeizuführen, unter de-nen die Wiedervereinigung praktisch allein denkbar ist, gehört zur vaterländischen Pflicht aller Deutschen. Zu ihr gehört jedoch auch alles, was wir darüber hinaus unserer nationalen Existenz, unserem geschichtlichen Rang und unserer gemeinsamen mensch-lichen Würde als Deutsche heute in der Welt schuldig sind.

Vaterland als Aufgabe heißt, unser gemein-sames nationales Dasein und Schicksal ohne Überheblichkeit, aber mit Selbstbewußtsein so zu bezwingen, daß die, die nach uns kom-men, einmal mit Respekt über unsere Gräber gehen ... Deutschlands guten Namen in der Welt wiederherzustellen, ist eine humane Verpflichtung aller Deutschen. Sie hat nichts zu tun mit Ruhmsucht oder Machtdünkel, sondern sie ergibt sich ganz von selbst aus der schlichten Liebe und Dankbarkeit gegenüber

dem Land und Volk, aus dem wir geboren sind und das der große Rahmen um unser persönliches Leben und Streben bleibt ... Ich < mißtraue > der Behauptung, daß sich das Staats- und Nationalbewußtsein der Deut-schen verflüchtigt habe in nichts als die Be-dürfnisse und Ansprüche einer modernen Wohlstandsgesellschaft, die Augstein flott als „gepanzerten Konsumverein" beschrieb. Es gibt sichere Beweise dafür, daß der Überdruß an der ausschließlichen Beschäftigung mit sich selbst und seinem Wohlstand bei uns Deutschen wächst. Die in Deutschland weit-verbreitete distanzierte Sprechweise vom Wohlstand und Wirtschaftswunder ist wahr-scheinlich oft nur Snobismus, aber oft ist sie eben auch der Ausdruck eines Lebens, das mehr will, das andere Ansprüche hat und un-ter einem höheren Horizont sich selber, sein Volk und seine Zeit begreifen möchte. Viele beginnen zu ahnen, daß zur Schönheit, zum Reichtum des Lebens, das Engagement über sich selbst hinaus gehört. Zaghaft und viel-leicht unsicher kommt damit auch wieder das Vaterland als Ruf und Auftrag in Sicht. Damit verbindet sich die Tatsache, daß über die Trümmerfelder des Dritten Reiches hinweg die deutsche Geschichte mit ihren Konturen und Wesensgehalten wieder sichtbar wird und nach unserem nationalen Bewußtsein greift. Die zwölf Jahre, in denen Hitler Geschichte gegen Deutschland machte, konnten die 1200 Jahre deutscher Geschichte nicht auffressen und die Deutschen in die Geschichtslosigkeit stürzen. Was sich bei uns zu melden beginnt, ist darum einfach das Bedürfnis nach natio-naler Normalisierung und zureichender in-nerer Orientierung ...

Ohne eine durchgreifende neue innere Ori-entierung wird es uns an den zureichenden nationalen Voraussetzungen fehlen, um die-ses Gleichgewicht herbeizuführen. Scharf-blickende ausländische Beobachter macht dieser Mangel der Deutschen an nationalem Gleichgewicht nachdenklich, ja ernstlich be-sorgt ... In all diesen Urteilen ist die Be-fürchtung lebendig, daß die Deutschen ohne Selbstbewußtsein auch eine Gefahr seien, wenn diese Gefahr auch anderer Art sei als bei zu vielem und falschem Selbstbewußtsein. Ihre erste Folge wäre so etwas wie die Ab-meldung von der Geschichte. Das Glück des im Windschatten der Weltpolitik still Genie-ßenden wird uns jedoch nicht zuteil werden, auch wenn wir es ernstlich anstrebten. Wir würden darüber nur noch mehr zum Objekt der Weltpolitik und würden uns schmählich des Rechts auf Selbstbestimmung begeben, ... Der höchst labile Zustand unsereres Selbstbewußtseins als Nation ist natürlich auch die Folge der verheerenden Überspannung dieses Ehrgefühls durch den Nationalsozialismus und der seelischen Überlastung in den Jahren danach. Wie sollten ehrliebende Menschen mit dem fertig werden, was Hitler und seine Leute der Ehre des Vaterlandes angetan haben? Wie mit der Verachtung der Welt? Dennoch kann kein großes Volk, kein Kulturstaat auf die Dauer in dem Bewußtsein leben, Paria der Weltgeschichte zu sein. Das intensive Bedürfnis, davon herunterzukommen, ist weder Unbußfertigkeit noch Wiederbelebung des alten Nationalismus, sondern es ist einfach eine Lebensnotwendigkeit für ein Volk, dem Gott eine neue Chance und einen neuen, ernsten geschichtlichen Auftrag gegeben hat. Es ist unserer unwürdig, das, was geschah, einfach aus unserem Bewußtsein zu verdrängen oder gegen fremde Schuld aufrechnen zu wollen. Wenn es überhaupt wieder in Deutschland so etwas wie eine nationalistische Gefahr geben sollte, so wird sie sich daraus zu nähren suchen ...

Der Rückzug in die Innerlichkeit ... kann im Zeitalter der Massen und der Massenmedien zwar in mancher Hinsicht als eine respektable Form der Selbstbehauptung des Menschen im Betrieb unserer Zeit gelten. Unvergleichlich viel respektabler, nobler und aufwendiger als dieser Rückzug ist jedoch das von innen herkommende freie, tatkräftige Engagement für das Vaterland. Dieses Engagement ist der produktive Kern eines deutschen Nationalbewußtseins, von dem es sich zu reden lohnt ... Das Vaterland ist auch in unserer Zeit vielleicht gerade deshalb so faszinierend, weil es eben bei weitem nicht nur Rechte, Stipendien, Zuschüsse und Subventionen vergibt, sondern weil es etwas von uns verlangt, weil es uns frei von innen her in Pflicht und Leistung nimmt und nach unserem Herzen, unserem Charakter, unserem Ehrgefühl und auch nach unserer Liebe greift ...

Gerstenmaier, Eugen: Das Vaterland als Aufgabe, Stuttgart 1965, S. 15–17.

5.2.3 Willy Brandt: Rede im Deutschen Bundestag zur „Lage der Nation", 14. 1. 1970

Willy Brandt (1913–1994), 1933–1945 Emigrant in Norwegen und Schweden, Journalist, 1949–1957 und 1969–1994 Mitglied des Deutschen Bundestags (SPD), 1957–1966 Regierender Bürgermeister von Berlin, bei den Bundestagswahlen 1961 und 1965 Kanzlerkandidat der SPD, 1966–1969 Außenminister und Vizekanzler, 1969–1974 Bundeskanzler; erhielt 1971 den Friedensnobelpreis.

... 25 Jahre nach der bedingungslosen Kapitulation des Hitlerreiches bildet der Begriff der Nation das Band um das gespaltene Deutschland. Im Begriff der Nation sind geschichtliche Wirklichkeit und politischer Wille vereint. Nation umfaßt und bedeutet mehr als gemeinsame Sprache und Kultur, als Staats- und Gesellschaftsordnung. Die Nation gründet sich auf das fortdauernde Zusammengehörigkeitsgefühl der Menschen eines Volkes. Niemand kann leugnen, daß es in diesem Sinne eine deutsche Nation gibt und geben wird, soweit wir vorauszudenken vermögen. Im übrigen: auch oder, wenn man so will, selbst die DDR bekennt sich in ihrer Verfassung als Teil dieser deutschen Nation. Wir müssen, so meine ich, eine historische und eine politische Perspektive haben, wenn über die Lage der Nation gesprochen wird, wenn wir die Forderung auf Selbstbestimmung für das deutsche Volk bekräftigen. Die Geschichte, die Deutschland durch eigene Schuld, jedenfalls nicht ohne eigene Schuld, geteilt hat, wird darüber entscheiden, wann und wie diese Forderung verwirklicht werden kann. Aber solange die Deutschen den politischen Willen aufbringen, diese Forderung nicht aufzugeben, so lange bleibt die Hoffnung, daß spätere Generationen in einem Deutschland leben werden, an dessen politischer Ordnung die Deutschen in ihrer Gesamtheit mitwirken können.

Auch in einer europäischen Friedensordnung werden die nationalen Komponenten ihren Rang haben. Aber bis zur Selbstbestimmung der Deutschen in einer solchen Friedensordnung wird es ein weiter und schwerer Weg sein ... Niemand darf sich der trügerischen Hoffnung hingeben, den Auseinandersetzungen entgehen zu können, die unausweichlich sind, weil Deutschland eben nicht nur staatlich gespalten ist, sondern weil sich auf seinem Boden völlig unterschiedliche Gesellschaftssysteme gegenüberstehen. In diesem Punkt sind wir uns mit Ulbricht einig: zwischen unserem System und dem, was drüben Ordnung geworden ist, kann es keine Mischung, keinen faulen Kompromiß geben ... Aufgabe der praktischen Politik in den jetzt vor uns liegenden Jahren ist es, die Einheit der Nation, soweit dies möglich ist und soweit es an uns liegt, dadurch zu wahren, daß das Verhältnis zwischen den Teilen Deutschlands aus der gegenwärtigen Verkrampfung gelöst wird ...

Brandt, Willy: Rede im deutschen Bundestag zur „Lage der Nation", 14. 1. 1970, in: Stenographische Protokolle des 6. Deutschen Bundestages, 22.–24. Sitzung, Januar 1970, S. 840 ff.

5.2.4 Richard von Weizsäcker: Antrittsrede, 1. 7. 1984

Richard von Weizsäcker (geb. 1920), Studium (unterbrochen von Militärdienst 1938–1945) der Rechtswissenschaft und Geschichte, seit 1956 CDU-Mitglied, ab 1967 Rechtsanwalt in Bonn, 1964–1970 Präsident des Evangelischen Kirchentages, 1969–1981 Mitglied des Deutschen Bundestages, 1981–1984 Regierender Bürgermeister von Berlin, 1984–1994 Bundespräsident.

... Die Bundesrepublik Deutschland muß eine handlungsfähige Einheit sein. Dies ist es, was auch die Deutschen in der DDR von uns erwarten. Europa wächst nicht aus verunsicherten Völkern, die auf der Flucht vor ihrer Gegenwart leben, sondern nur aus lebensfähigen, von ihren Bürgern getragenen Einheiten. Gewiß, wir haben unsere besonderen Schwierigkeiten mit unserem Nationalgefühl. Unsere eigene Geschichte mit ihrem Licht und ihrem Schatten und unsere geographische Lage im Zentrum Europas haben dazu beigetragen. Aber wir nicht die einzigen auf der Welt, die ein schwieriges Vaterland haben. Das sollten wir nicht vergessen. Nirgends sind zwei Nationen einander gleich. Jedes Nationalgefühl hat seine besonderen Wurzeln, seine unverwechselbaren Probleme und seine eigene Wärme. Unsere Lage, die sich von der der meisten anderen Nationen unterscheidet, ist kein Anlaß, uns ein Natio-

nalgefühl zu versagen. Das wäre ungesund für uns selbst, und es wäre nur unheimlich für unsere Nachbarn.

Wir müssen und wir dürfen uns in der Bundesrepublik Deutschland zu unserem nationalen Empfinden bekennen, zu unserer Geschichte, zur offenen deutschen Frage, zur Tatsache, daß wir überzeugte Bündnis- und Gemeinschaftspartner sein können und doch mit dem Herzen auch jenseits der Mauer leben. Wir sind kein Volk verwirrter Gefühle oder romantischer Grübeleien. Wir sind auch keine wandernden Missionare zwischen den Welten. Wir sind Menschen wie andere auch. Unsere Nachbarn dürfen davon ausgehen, daß auch sie in unserer Lage ganz ähnlich empfinden würden ...

Weizsäcker, Richard von: Antrittsrede, 1. 7. 1984, in: Bulletin des Presse- und Informationsamtes der Bundesregierung Nr. 80 vom 3. 7. 1984, auch agedruckt in: Deutschland-Archiv, 8/1984, S. 893–895.

5.3 Nationalbewußtsein im geteilten Deutschland – Positionen in der DDR

5.3.1 Walter Ulbricht: Rede vor der Volkskammer, 25. 1. 1967

Walter Ulbricht (1893–1973), Möbeltischler, 1915–1918 Militärdienst, 1919 Eintritt in die KPD, 1926–28 Mitglied des sächsischen Landtags, 1933 Emigration nach Frankreich, 1938 in die Sowjetunion, seit 1943 Mitglied des „Nationalkomitees Freies Deutschland", 1945 Rückkehr nach Deutschland, 1955–1960 Erster Stellvertretender Vorsitzender des Ministerrates, 1950–1971 Generalsekretär bzw. Erster Sekretär des ZK der SED, 1960–1973 Vorsitzender des neu geschaffenen Staatsrates und bis 1971 des Nationalen Verteidigungsrates der DDR; bestimmte – unter sowjetischer Anleitung – die Entwicklung der SED und der DDR.

... Seit Beginn der Periode des Imperialismus, spätestens seit der Großen Sozialistischen Oktoberrevolution, die den Übergang vom Kapitalismus zum Sozialismus im Weltmaßstab einleitete, besteht die nationale Frage in Deutschland in der Notwendigkeit der Überwindung der Herrschaft des deutschen Imperialismus und Militarismus und dessen Politik der Hegemonie in Europa ...

Das Lebensinteresse nicht nur der beiden deutschen Staatsvölker in den beiden deutschen Staaten, sondern auch aller anderen Völker Europas gebietet es, sicherzustellen, daß der westdeutsche Imperialismus, der in den Fußstapfen des kaiserlichen und des nazistischen deutschen Imperialismus marschiert, nicht noch einmal den Frieden Europas und der Welt brechen kann. Darin sieht die Deutsche Demokratische Republik, die ein souveräner, sozialistischer deutscher Staat ist, die der deutsche Rechtsstaat ist, ihre historische Mission.

Das nationale Interesse aller Deutschen in beiden deutschen Staaten gebietet es, die Deutsche Demokratische Republik, den ersten deutschen Friedensstaat, zu stärken, damit auch in Westdeutschland ein friedlicher und demokratischer Weg beschritten werden kann ...

Heute besteht die deutsche Nation im wesentlichen aus den deutschen Staatsvölkern zweier voneinander unabhängiger deutscher Staaten, der sozialistischen Deutschen Demokratischen Republik und der imperialistischen und militaristischen westdeutschen Bundesrepublik, deren Beherrscher sich auf die Restauration der nicht wiederkehrenden Vergangenheit und auf neue Aggressionen orientiert haben ...

Eine Einheit der deutschen Nation unter der Führung der Imperialisten ist nicht möglich. Aber nach der Einheit unter der Führung der Arbeiterklasse, die im Bündnis mit den werktätigen Bauern, der fortschrittlichen Intelligenz und den anderen demokratischen Kräften die Zukunft in beiden deutschen Staaten bestimmt, streben wir mit heißem Herzen.

Als gute Deutsche erklären wir vor der ganzen Nation, daß ein vereinigtes Deutschland nur erstehen kann als friedliebendes Deutschland, als ein abgerüstetes und neutrales Deutschland, in dem des arbeitenden Volkes Wille oberstes Gesetz ist, in welchem dem Volke gehört, was des Volkes Hände schaffen ...

Ulbricht, Walter: Rede vor der Volkskammer, 25. 1. 1967, in: Stenographische Protokolle der 4. Volkskammer, 1967, 26. Sitzung, S. 849 ff.

5.3.2 Albert Norden: Keine einheitliche Nation, Rede, 1972

Albert Norden (1904–1982), deutscher Politiker, seit 1921 Mitglied der KPD, ab 1925 Redakteur in Parteizeitungen; 1933 Emigration nach Frankreich, 1946 Rückkehr nach Deutschland, Mitglied der SED, 1949–1952 Abteilungsleiter im Amt für Information der DDR, 1955 Mitglied des Zentralkomitees der SED, ab 1958 Mitglied des Politbüros, bis 1981 führender Ideologe der SED.

... Bereits vor einem Jahr hat der VIII. Parteitag der SED unterstrichen, daß über die nationale Frage längst die Geschichte entschieden hat und es sinnlos ist, das Rad der Geschichte zurückdrehen zu wollen. Für all jene, die es immer noch nicht wahrhaben wollen, hat Genosse Erich Honecker ... unmißverständlich erklärt: „Das von Bonn immer wieder ins Spiel gebrachte Gerede von der ‚einheitlichen Nation‘ ist nichts anderes als eine Fiktion."

Warum ist das eine Fiktion? Heute ist die Lage doch so, daß in der DDR die neue, die sozialistische Nation wächst, während in der BRD die alte kapitalistische Nation fortbesteht. Zwischen ihnen gibt es keine Klammer, weil eine vom Gesetz der Ausbeutung des Menschen beherrschte Nation und eine ausbeutungsfreie Nation von keiner sogenannten nationalen Klammer zusammengehalten werden können. Die eine Nation entwickelt sich als Bestandteil des sozialistischen Weltsystems, während die BRD zur imperialistischen Welt gehört, mit der uns überhaupt keine Gemeinsamkeit verbindet und verbinden kann. Es gibt nicht zwei Staaten einer Nation, sondern zwei Nationen in Staaten verschiedener Gesellschaftsordnung.

Zu den Kriterien einer Nation gehört bekanntlich das gemeinsame Territorium. Es existiert nicht. Das Volk der DDR lebt auf einem anderen Territorium als das Volk der BRD.

Zu den Kriterien einer Nation gehört die gemeinsame Wirtschaft. Sie existiert nicht. Vielmehr handelt es sich um die sozialistische, ausbeutungsfreie Wirtschaft in der DDR und im Gegensatz dazu um die monopolkapitalistische Ausbeuterwirtschaft in der BRD.

Zu den Kriterien einer Nation gehören die gemeinsamen bestimmenden psychischen und moralischen Eigenschaften. Sie existieren nicht. Denn die Lebensgewohnheiten und Auffassungen der Menschen im Sozialismus einerseits und im Imperialismus andererseits stehen in einem diametralen Gegensatz zueinander. Die Bonner Ideologen der sogenannten „einheitlichen deutschen Nation" werfen als Argument auch die angebliche „Gemeinschaft der Gefühle" in die Diskussion. Sie existiert nicht. Es bedarf keiner Beweisführung, daß die Gefühle der Arbeiter der volkseigenen Betriebe fundamental verschieden von den Gefühlen der privatkapitalistischen Besitzer der Betriebe, Banken und Werften der BRD sind . . .

Zu den Kriterien einer Nation gehört die gemeinsame Kultur. Sie existiert nicht. Denn die herrschende Kultur ist stets die Kultur der herrschenden Klasse, also in der BRD die imperialistische Kultur . . . Die Kultur des Sozialismus und die des Imperialismus trennt eine Welt voneinander, auch wenn beide in ein- und derselben Sprache vermittelt werden.

Zu den Kriterien der Nation gehört die geschichtliche Gemeinsamkeit. Aber schon Plato schrieb über seine Sklavenhaltergesellschaft der griechischen Antike, und Lord Disreali, der englische Ministerpräsident des 19. Jahrhunderts, legte es in seinem bekannten Roman nieder, daß in jedem Staat zwei Nationen leben: die Armen und die Reichen. In der kapitalistischen Ausbeutergesellschaft eines Landes existieren vom Gesichtspunkt der sozialen Klassenstruktur faktisch zwei Nationen. . .

Norden, Albert: Vortrag vor SED-Funktionären im Parteilehrjahr 1972, dokumentiert in: Deutschland-Archiv, 5/1972, S. 1223 f.

5.4 Verfassungspatriotismus

5.4.1 Dolf Sternberger: Verfassungspatriotismus, 1982

Dolf Sternberger (geb. 1907), deutscher Publizist und Politikwissenschaftler, 1934–1943 Redakteur der „Frankfurter Zeitung", Gründer und Mitbegründer mehrerer politikwissenschaftlicher Zeitschriften, 1964–1970 Präsident des P.E.N.

. . . Patriotismus – vaterländische Gesinnung – war in aller unserer deutschen Erinnerung vorwiegend mit der Nation verbunden, ja geradezu verschmolzen, mit dem heimatlichen Land und Volk oder den heimatlichen Ländern und Völkern insgesamt . . . Nun erhebt sich die Frage, . . . worauf sich denn der Patriotismus im deutschen Fall beziehen sollte oder beziehen könne, da doch das Deutsche Reich untergegangen ist, das deutsche Volk – oder jedenfalls das Staatsvolk dieses vormaligen Deutschen Reiches – in zwei Staaten lebt, ihre Wiedervereinigung wegen der Teilung Europas, der Teilung der Welt in eine schmerzliche und mehrdeutige Ferne gerückt ist . . .

Da ist nun . . . die Verfassung, welche dem Patriotismus den Halt und den Gehalt verleiht oder doch verleihen soll. Es ist wohl deutlich, daß ich mit der Verfassung nicht das juristische Dokument als solches, etwa das Bonner Grundgesetz mit allen seinen 146 Artikeln, meine, welchem eine patriotische Anhänglichkeit zu widmen wäre, . . . Eher schon könnte jene „freiheitliche demokratische Grundordnung" eine solche Anhänglichkeit oder Loyalität wecken und erwarten lassen, welche das Bundesverfassungsgericht seinerzeit definiert hat . . .: „eine Ordnung, die unter Ausschluß jeglicher Gewalt- und Willkürherrschaft eine rechtsstaatliche Herrschaftsordnung auf der Grundlage der Selbstbestimmung des Volkes nach dem Willen der jeweiligen Mehrheit und der Freiheit und Gleichheit darstellt."

. . . Kann ein solches Gebilde Loyalität, Anhänglichkeit, Zuneigung, kann es Patriotismus erwecken und bewahren? Eigentlich ist es eine rhetorische Frage. Die Geschichte hat sie längst beantwortet, jedenfalls in anderen Gegenden als der unsrigen. Die Schweiz mit ihren vier verschiedenen Sprachgemeinschaften hält nicht zusammen als eine Nation; sie ist keine Nation; sie ist geeinigt durch ihre Verfassung. Die jährlich wiederkehrende Bundesfeier bezeugt es. Die Vereinigten Staaten von Amerika mit einer Bevölkerung, die aus den Ländern Europas, Asiens und Afrikas so bunt gemischt ist wie kein anderes Gemeinwesen der Welt, werden durch nichts anderes geeinigt, als durch ihre Verfassung und durch die patriotischen Gefühle, die ihr, der Verfassung, entgegengebracht werden.

Der jährlich wiederkehrende Gedenktag der Unabhängigkeitserklärung, die selber eine Art Verfassungsdokument gewesen ist, bezeugt es. Das sind die beiden auffälligsten Beispiele, extreme Beispiele. Anderwärts mag der patriotische Zusammenhang und Zusammenhalt der Gesellschaft nicht ebenso entscheidend von dieser Kraft der gemeinsamen Verfassung und des gemeinsamen Lebens und Handelns in der Verfassung, des gemeinsamen Genusses der Verfassung, bestimmt sein; andere Faktoren mögen mitwirken, geschichtliche Überlieferung, ausgebildete Sprachkultur, dichtere ethnische Zusammengehörigkeit ... Aber ich wünschte um so mehr und gerade deswegen, daß wir unseren Platz in dieser unserer Verfassung einnehmen, daß wir mit Krallen und Zähnen daran festhalten, daß wir nicht leichtsinnig und weichmütig etwa die Sicherung wegwerfen oder auch nur wegschieben, in der Erwartung, die Freiheit selber in der Hand behalten zu können. Sie ist nicht anders zu haben als in diesem Panzer! Daß wir uns auch nicht versuchen lassen, auszuziehen aus der Verfassung um der Nation und ihrer Vollständigkeit willen. Ich wünschte zudem, daß wir der Verfassung unsere Anhänglichkeit auch bezeugten. Verfassungsfeinde haben wir kennengelernt. Kennen wir auch die Verfassungsfreunde? Ich wünschte, die Gelegenheit und der Wille fänden sich, daß auch die Verfassungsfreunde einmal auf die Straße gingen und die Demonstrierdemokraten beschämten durch die Macht ihres Patriotismus ...

Sternberger, Dolf: Verfassungspatriotismus, 2. Auflage, Frankfurt/ Main 1990, S. 17, 19, 24, 30 f.

5.5 Nationale Identität

5.5.1 Frank R. Pfetsch: Der politische Identitätsbegriff, 1998

Frank R. Pfetsch (geb. 1936), Studium der politischen Wissenschaft, seit 1976 Professor für Politikwissenschaft an der Universität Heidelberg, 1998 Inhaber des Lehrstuhls Alfred Grosser am Institut d'Études Politiques in Paris.

Identität im politischen Sinn wird vor allem an dem Begriff der politischen Legitimation festgemacht und fragt nach dem Grad der Zustimmung des einzelnen zur Regierung und zum Regierungssystem. Der Glaube an die Rechtmäßigkeit einer Regierung wird vor allem von den Leistungen der jeweiligen Regierung gespeist, und dies ist eine Frage der Effizienz. Die Antwort auf die Frage nach dem Grad der Akzeptanz eines bestimmten politischen Regimes in Form von Zustimmung und Ablehnung ist auch Folge eines erfolgreich eingeschätzten Regierungshandelns ...

Die Thematik der Identität wird unterschiedlich bewertet je nach politischem Lager. Als nationaler Begriff wird Identität vor allem von der politischen Rechten eingefordert. Meist ist auch die Vorstellung von einer homogenen nationalen Gemeinschaft verbunden und damit auch die Ausgrenzung Fremder. In der Identifikation mit der Nation sehen Konservative Schutz und Sicherheit gewährleistet. Die politische Linke ist demgegenüber offener und befürwortet eher transnationale Beziehungsmuster, wie sie dies früher etwa in Form einer die Nation überwölbenden Klassengesellschaft getan hat.

Der politische Begriff der Identität ist an die Dimensionen der Zeit und des Raums gebunden. Die räumliche Lagerung, also die territoriale Bezugseinheit, ist von Bedeutung ebenso wie die Konstanz bzw. Variabilität im historischen Zeitablauf ... Was zunächst die Kategorie Raum angeht, so fragt Identität nach der Verbundenheit des einzelnen mit einem Kollektiv und dessen territorialer Begrenzung ... Dabei werden im allgemeinen mehrere Bezugseinheiten und Loyalitätsebenen angesprochen. Identität beginnt beim Individuum und seiner Familie bzw. Verwandtschaft und kann im Rahmen politischer Gemeinschaftsbildung über die Gemeinde, das Land und die Nation auf ganz Europa oder universelle Werte ... ausgeweitet werden. Somit spricht man von einer Persönlichkeitsidentität, einer Stammesidentität, einer lokalen, regionalen, nationalen und einer europäischen Identität oder einer Identität als Weltbürger. Bei diesem Aufstieg von kleinen zu großen Einheiten können Loyalitäten verschieden und gleichzeitig gelagert sein, wobei für jeden einzelnen bestimmte Loyalitäten wichtiger sind als andere. Auch muß der Aufstieg nicht unbedingt linear dieser Loyalitätslinie folgen – es können mehrere sehr unterschiedliche Ebenen gleichermaßen wichtig sein. Symbol hierfür sind die nationalen Autokennzeichen, die zugleich europäische Plaketten tragen. Gegenwärtig dürften die lokalen und nationalen Identitäten die bei weitem tragfähigsten sein, denen gegenüber der europäischen Identität eine viel geringere Bedeutung zukommt. . . Die Gründe für die viel stärkere emotionale Bindung des einzelnen an die Nation liegen nach Anthony D. Smith in Gegebenheiten nationaler Identität: historisches Territorium als Heimatland, gemeinsame Mythen und geschichtliche Erinnerungen, eine gemeinsame Massenkultur, gemeinsame Rechte und Pflichten für alle Bürger und ein gemeinsamer Wirtschaftsraum mit territorialer Mobilität. Diese Merkmale seien lebendig, zugänglich, lang etabliert und popularisiert . . .

Identität ist auch ein Bewußtseinsvorgang oder besser: ein Vorgang der Bewußtwerdung und hat mit der Wahrnehmung von Realität zu tun. Und diese Wahrnehmung kann in gewissem Maß künstlich oder besser: bewußt politisch erzeugt oder manipuliert werden. Tito versuchte, eine jugoslawische Nation zu schaffen, ebenso wie Milosevic eine serbische Identität kreierte. In Deutschland sind wiederholt regionale Identitäten geschaffen worden, die ein hohes Maß an Beliebigkeit aufweisen . . .

Die Neueinteilung der Bundesländer nach dem Zweiten Weltkrieg war zum Teil eher aus strategischen Transportmöglichkeiten vorgenommen worden als aus historischem Gewachsensein. Diese Beispiele zeigen, daß mit der Zeit und für eine bestimmte Zeit auch solche künstlichen Schöpfungen ein Zusammengehörigkeitsgefühl erzeugen konnten. . .

Pfetsch, Frank R.: Die Problematik der europäischen Identität, in: Aus Politik und Zeitgeschichte, B 25–26/98, 12. Juni 1998, S. 4 f.

5.5.2 Christian Meier: Was ist nationale Identität? 1988

Christian Meier (geb. 1929), 1965–1996 Professor für Alte Geschichte an der Universität München, 1980–1988 Vorsitzender des Verbandes der Historiker Deutschlands.

. . . Wessen Nationalität kann eigentlich die Nationalität der Deutschen sein? Diejenige der Bundesrepublik oder die der beiden deutschen Staaten? Wir sind der Auffassung, daß die Nation nach wie vor eine ist, nämlich die deutsche, die nur zur Zeit in zwei Staaten zerfällt. Vom Gesichtspunkt unserer Identität aus stellt sich aber die Frage, wieweit wir das noch so empfinden. Man kann das sehr einfach an vielen Beispielen deutlich machen: So, wenn etwa Deutschland gegen die DDR – wie es heißt – Fußball spielt, wobei zeitweilig und streckenweise selbst DDR-Bewohner für den „deutschen" Sieg mehr als den der DDR-Mannschaft sein sollen . . . Man sieht etwa im Fernsehen einen Journalisten, der erklärt, in Deutschland seien diese und jene Dinge so und so gestaltet, und dann fragt er einen DDR-Bewohner, wie es sich damit bei ihnen verhalte. Dieser Sprachgebrauch kann aber nur ein Indiz darstellen: es ist gar nicht ausgemacht, daß wir nicht längst dabei sind, eine bundesrepublikanische anstatt einer im alten Sinne „deutschen" Identität auszubilden. Wobei wir dann die Bundesrepublik mit Deutschland identifizieren. Merkwürdigerweise hat die deutsche Teilung etwas nicht mit sich gebracht, was sie ceteribus paribus hätte heraufführen müssen, das ist eine Belebung des historischen Sinnes. Wenn eine Nation, die gemeinsam gelebt hat, plötzlich geteilt ist, muß sie sich eigentlich doppelt und dreifach, solange sie denn eine Nation sein will, auf ihre gemeinsamen historischen Grundlagen besinnen. In Deutschland ist das nicht geschehen. Im Gegenteil! Wir haben uns von der Geschichte in den fünfziger und sechziger Jahren weitgehend abgewandt . . .

Ich möchte einen Test empfehlen, der für mein Empfinden deutlich macht, wie es um unsere Situation gegenüber der Geschichte bestellt ist. Man sollte versuchen, zu tun, was unsere Großväter noch ohne weiteres zu tun vermochten, nämlich die früheren Deutschen in die erste Person pluralis, in unser Wir einzuschließen. Wie schon angedeutet, hat man früher keine Schwierigkeiten gehabt, zu sagen, daß „wir" im Jahre neun nach Christus die Römer im Teutoburger Wald besiegt hätten. Und entsprechend haben sich natürlich die Franzosen mit Vercingetorix identifiziert und die Italiener mit den alten Römern. Wir können dies heute nicht mehr so leicht tun. Wir pflegen es jedenfalls nicht zu tun. Wir sagen nicht, daß „wir" 1871 die Franzosen besiegt haben, weil wir dann auch sagen müßten, daß wir 1939 Krieg angefangen hätten und geradezu einzigartige Verbrechen verübt hätten . . . Das Ergebnis wäre aller Wahrscheinlichkeit nach, daß sehr viele von uns unsere Geschichte nicht als die ihrige annehmen könnten ... Bei uns ... liegt zwischen unserer Zeit und der früheren deutschen Geschichte die Periode des Nationalsozialismus mit all seinen Verbrechen. Mit ihr können wir uns nicht „identifizieren", ... obwohl es sich um die Geschichte unserer Eltern und Großeltern handelt. Daß man zwischen sich und der eigenen Geschichte eine solche Periode hat, ist – soweit ich sehe – absolut neu. Ich wüßte kein einziges Beispiel aus der Weltgeschichte dafür ... Wir müssen dieses Stück unserer Geschichte auf uns nehmen – oder wir haben im emphatischen Sinne keine Geschichte. Dann sind wir, um es zugespitzt zu sagen, eher Bundesrepublikaner als Deutsche. Wie man allerdings diese Geschichte auf sich nehmen und mit ihr leben kann als Gesellschaft, ist eine ganz offene und außerordentlich schwierige Frage. Sie hat wesentlich mit der Schwierigkeit unserer nationalen Identität, mit der Schwierigkeit unseres Vaterlandes zu tun. Sie ist nicht mit Ritualen zu erledigen, sondern setzt einen vermutlich sehr langen Lernprozeß voraus. Und das wird eines der entscheidenden Probleme deutscher nationaler Identität in den nächsten Jahrzehnten sein ...

Meier, Christian: Was ist nationale Identität? In: Gauly, Thomas M. (Hrsg.): Die Last der Geschichte, Köln 1988, S. 55–67.

5.6 Nation und Gefühl – Positionen vor der deutschen Vereinigung

5.6.1 Elisabeth Noelle-Neumann: Nationalgefühl und Glück, 1987

Elisabeth Noelle-Neumann (geb. 1916), Studium in Berlin, Königsberg, München, Columbia; 1940–1943 Redakteurin; Professorin am Institut für Publizistik der Universität Mainz, 1983 emeritiert; seit 1946 Aufbau des Instituts für Demoskopie in Allensbach, das sie leitet.

Wann fing es eigentlich an, daß man den Stolz als etwas Böses betrachtete? Als Jane Austen 1813 ihren berühmten Roman „Pride and Prejudice" veröffentlichte, gehörte beides schon zusammen, der Stolz und das Vorurteil;

und beides wollte die Heldin des Romans, Elizabeth Bennett, ihrem Verehrer Darcy austreiben. 200 Jahre zuvor hat Hobbes seine Landsleute vor dem Stolz gewarnt, Stolz verträge sich nicht mit dem Ideal der Gleichheit ...

Nun liegen die Ergebnisse einer großen internationalen Repräsentativumfrage vom Anfang der achtziger Jahre mit mehr als 12 000 Interviews in Europa, mehr als 1 700 Interviews in den USA vor uns und nötigen uns, neu über den Stolz nachzudenken. „Sind Sie stolz auf Ihre Arbeit, Ihren Beruf?" wurde gefragt, und 83 % der Amerikaner, 79 % der Engländer und 15 % der Deutschen sagten, sie seien sehr stolz auf ihre Arbeit ... „Sind Sie stolz auf Ihre Nationalität?" wurde gefragt, und 79 % der Amerikaner, 55 % der Engländer und 21 % der Deutschen sagten, sie seien sehr stolz auf ihre Nationalität ...

Wenn man die Stabilität des Wertesystems und – was meist zusammenfällt – das Wohlbefinden der Bevölkerung eines Landes nur mit einer einzigen Frage messen wollte, dann müßte man wohl die Zufriedenheit mit dem häuslichen Leben als wichtigsten Anhaltspunkt nehmen ... < und: > Wie nah oder fern stehen sich Eltern und heranwachsende oder erwachsene Kinder in ihren Überzeugungen?... Im Stolz zwischen den anderen europäischen Ländern zurückbleibend, im Abstand zwischen Eltern und erwachsenen Kindern alle anderen übertreffend – ein solcher Befund erschreckt niemanden. Wir tun so, als seien wir Instinktwesen, nicht angewiesen auf Weitergabe von Erfahrungen und Werten im Vertrauen zwischen Eltern und Kindern. Und vom Stolz, abgesetzt von Hochmut und Eitelkeit, wissen wir nichts. Wenn man sich über den Stolz ein Urteil bilden will, muß man ansehen, wie weit verzweigt der Stolz die Einstellungen und Empfindungen eines Menschen durchdringt. Stolz auf die eigene Nationalität steht nicht allein; diese Empfindung von Freude, von Zustimmung, von Stärke und Belebung ist verbunden, findet sich eng verknüpft mit dem Stolz auf die eigene Familie, auf die eigenen Kinder, auf die eigene Arbeit, eng verknüpft mit der Fähigkeit, von sich selbst abzusehen, selbstlos zu sein ... Wenn man das sieht, und es gilt nicht nur für die Deutschen, es gilt für alle Bevölkerungen, die bei der internationalen Wertestudie befragt wurden, kann man sich dann noch wünschen, den Stolz wie Unkraut auszuziehen? ...

Noelle-Neumann, Elisabeth: Die verletzte Nation, Stuttgart 1987, S. 17–22.

5.6.2 Martin Walser: Über Deutschland reden, 1988

Martin Walser (geb. 1927), Gymnasium, Arbeitsdienst, Flakhelfer, Kriegsgefangenschaft, 1946 Abitur, Studium der Literatur, Geschichte und Philosophie, 1951 Promotion, 1949–1957 beim Bayerischen Rundfunk, arbeitet als freier Schriftsteller und Regisseur, seit 1953 Gastprofessor an verschiedenen Universitäten in den USA; Mitglied mehrerer Akademien, Inhaber einer großen Zahl von Literatur-Preisen, z. B. 1981 Georg-Büchner-Preis; erhielt 1998 den Friedenspreis des Deutschen Buchhandels.

... Also komme keiner und sage: ein weniger geteiltes, ein ganzes Deutschland sei eine Gefahr für den Frieden. Das Pseudoargument zur Rechtfertigung der Teilung – ich habe es gehört von Intellektuellen hüben und drüben –, daß es Deutschland nie gegeben habe, immer nur die hadersüchtigen Kleinstaaten, erklärt einfach die von feudalen Kabinetten verfaßte Staatenkarte zur deutschen Geschichte schlechthin. Als die universalistische Reichsidee, die ja immerhin die deutsche Nation im Titel führte, ausgelitten hatte, wurde doch vom Volk sofort die reale, nämlich nationale Einigung versucht. Vaterländisch zu sein, war 1848 ein Verbrechen, es hieß soviel wie demokratisch sein, die nationale Einheit wollen. Die kommunistische Partei hat im Jahre 1848 formuliert: „Ganz Deutschland wird zu einer einigen, unteilbaren Republik erklärt." Was 1871 gegründet wurde, war ja nicht, was 1848 gewollt worden war ...

Es hat Deutschland gegeben, trotz mehrerer deutscher Regierungen. Und so ist es heute wieder. Nur: damals wollte man, daß das sogenannte Vaterland eine politische Fassung erhalte; heute haben sich zumindest die Wortführer – und zwar die hellsten, die gescheitesten – abgefunden mit dem Strafprodukt Teilung. Dazu leben sie mit einer Auswahl aus der deutschen Geschichte, die

ihrem aktuellen Bedürfnis dient ... Daß ich Jalta, Teheran und die Folgen Strafaktion nenne, ruft Stirnrunzeln hervor. Ich beeile mich zu sagen, daß wir die verdient hätten. Aber doch nicht für immer. Strafe dient nicht der Sühne, sondern wohl der Resozialisierung. Fühlen wir uns nicht resozialisiert? In Ost- und Westdeutschland keine Anzeichen irgendeiner Rückfallmöglichkeit.

Daß Deutschland wieder harmlos sein könne, wird mir nicht geglaubt. Ich wiederum bitte, mir keine Photos von einem Schlesiertag und Meldungen über zwei Wehrsportneurotiker vorzuhalten ...

Also: Wenn die Rückfallgefahr ausgeschlossen ist – und wer das nicht sieht, der verneint schlicht unsere letzten 40 Jahre –, dann gibt es nur noch das Motiv für die Fortsetzung der Teilung: das Interesse des Auslands. In östlichen und westlichen Ländern. Ein Interesse, das zwar alles entscheidet, das aber nicht mehr mit genaueren Namen benannt werden darf. Das gehört auch zu der simplen, aber uns beherrschenden Meinungsselektion.

Wir nicken gar zu allem vor lauter Angst, sonst für Nazis gehalten zu werden. Und das Ausland tut so, als wäre ein nicht mehr geteiltes Deutschland wieder eine Gefahr wie in der ersten Jahrhunderthälfte. In allen europäischen Ländern ist das in den letzten 30 Jahren oft genug so formuliert worden. Es ist das Interesse des Auslandes, unter diesem Vorwand die deutsche Teilung ungemildert zu erhalten.

Grotesk ist nur, daß im Inland, vor allem im westlichen Inland, dieser Vorwand inbrünstig nachgesprochen wird. Am meisten von Intellektuellen.

Viele kommen sich fortschrittlich vor, wenn sie diese letzte Kriegsfrucht für vernünftig halten. Sie ziehen, je nach Fach, einschlägig behäkelte Trostdeckchen über den Trennungsspalt: Geschichtsnation; Kulturnation; Sportnation (durch Medaillenaddition während der Olympischen Spiele) ...

Ich weiß ja, wie wenig ernst der BRD-Erfolgsmensch seinen Paß nimmt. Er ist mindestens Europäer. Er muß allerdings damit rechnen, daß er in Paris vor allem Franzosen, in London Engländern und in Rom Italienern begegnen wird. Was ist er dann? Gerade im Ausland erfährt man doch, daß man Deutscher sei ... Es soll in den letzten dreißig Jahren öfter vorgekommen sein, daß Deutsche im Ausland durch entgegenkommend gemeintes, betont undeutsches Auftreten besonders unangenehm deutsch gewirkt haben.

Es gibt aber immer noch Deutsches, das man im Ausland als „German to the bone" bezeichnen würde und das so ehrenwert geblieben ist wie seine französische oder polnische oder italienische Entsprechung. Es gibt zum Beispiel eine deutsche Sprache, eine literarische Tradition, die von 33 bis 45 nicht in Verruf gebracht wurde und die nach 45 nicht im Internationalen aufging ...

Die Nation ist im Menschenmaß das mächtigste geschichtliche Vorkommen, bis jetzt.

Mächtig im geologischen, nicht im politischen Sinn. Die Nation wird sich sicher auflösen, irgendwann. Aber doch nicht durch eine Teilung. Doch nicht durch Jalta-Churchill-Roosevelt-Stalin. Einer solchen Fehlweisung folgt viel Aktuelles, aber nichts Entscheidendes. So das zum Beweisen unkräftige, aber trotzdem unabweisbare Gefühl. Falls so etwas überhaupt sein darf, ein Geschichtsgefühl ...

Ein Gefühl ist auch nicht vorschreibbar. Man hat es oder hat es nicht. Aber wenn man es hat, kann man ja zugeben, daß man es hat: das Geschichtsgefühl. Ich will es hiermit zugeben haben ...

Walser, Martin: Über Deutschland reden, in: Die Zeit, 45/88, S. 65.

„Tatsächlich, sie ist noch offen.
Ich glaube, man riecht's auch langsam!"

Horst Haitzinger, 1985.

5.6.3 Fritz J. Raddatz: Deutschland, bleiche Mutter, 1989

Fritz J. Raddatz (geb. 1931), Studium der Geschichte, Germanistik und Theaterwissenschaft, 1954 promoviert, 1971 habilitiert, bis 1958 stellvertretender Cheflektor des DDR-Verlags „Volk und Welt" in Berlin; Übersiedlung in die BRD; 1960–1969 stellvertretender Leiter des Rowohlt-Verlags, Lehrtätigkeit an der TU Hannover, Schriftsteller und Essayist, ausgezeichnet mit dem Adolf-Grimme-Preis.

... Die Hilfstruppen für das risikofreie Denken hören auf das Kommando „unserer europäischen Nachbarn". Die und die übrige Welt wollten den status quo, lieber zwei Deutschländer als ein ökonomisch zu starkes, militärisch gar bedrohliches – von 78 Millionen. Deswegen schreibt Theo Sommer ... müssen wir uns „den Gedanken an einen nationalen Sonderweg in die Einheit aus dem Kopf schlagen"...

Ich will eingestehen dürfen, ohne Schmähungen gewärtig zu sein, daß mich Theo Sommers Satz schockiert: „Wer heute das Geripppe der deutschen Einheit aus dem Schrank holt, kann alle anderen nur in Angst und Schrecken versetzen." Nicht die Kühn-heit des Bildes erschreckt mich, wenngleich der Krimi-Fan sich natürlich fragt, wie kommt das Geripppe in den Schrank. Mich schreckt das Unkühne daran, frei nach Benn: statisches Denken. Es ist so schrecklich „richtig", daß es – vielleicht – nicht recht ist. Sogar unhistorisch will mich dünken ... Warum muß ich mich eigentlich schämen, wenn ich zugebe: Die Salzluft von Hiddensee oder das trockene Knarren der Fichten in der Mark Brandenburg, das silbrige Flirren über dem Schilf Mecklenburgischer Seen – das ist auch ein Teil von mir? Da nistet ein Quentchen Glück? Zwar könnte ich nicht wie Heiner Geißler sagen, „Ich bin stolz, ein Deutscher zu sein" – das klingt mir so nach „das stolze Kriegsschiff". Das Wort gefällt mir allenfalls im jüdischen Witz: „Wieso" fragt Mendele den Moische, „biste stolz a Jidd zu sein?" „Nu", antwortet Moische, „Jude bin ich sowieso – da kann ich auch gleich stolz drauf sein."

Wir sind ja nun alle so schrecklich kosmopolitisch und wissen: Der Martini im Rainbow-Room des Rockefeller-Center ist der beste, die Kacheln an dieser einen Pforte von Fez die schönsten und wer in Harry's Bar in Venedig oben statt unten zum Essen plaziert wird, muß sich erschießen. Ja ja. Nein nein. Es

„Sie lebt, mes amis!"

Walter Hanel, 1989

wäscht mein Herz nicht. Es gibt doch, wie Hochhuth schrieb, einen „Geistes- und Gemütshaushalt einer Nation"; derlei klingt sentimental. Meinetwegen. Ist es deshalb schon verdächtig? Wenn so etwas zu schreiben schon „gewagt" ist – dann Gute Nacht.

Wieso muß ich gewärtig sein, „Nationalist" geschimpft zu werden, wenn ich einbekenne: Ich bin ein deutscher Patriot? ... Wer so denkt, wer wie ich hier unumwunden sagt: „Laßt mir meine Sehnsucht nach Heimat, laßt mir den Geruch von Hecken nicht nur bei der Proust-Lektüre" – der will doch nirgendwo „einmarschieren", niemandem etwas „wegnehmen"! Wem denn auch? Gehört Leipzig Honecker? Und Düsseldorf „uns"? ...

Man hat mich gewarnt, ich könnte falschen Applaus bekommen. Ich werde damit leben können. Ich kann schlechter leben mit Tabu-Verordnungen, die mir untersagen wollen meine Ratio und mein Gefühl, meine Wurzeln und mein Gezweig: deutsch. Und daß mein Kopf zwar weiß – das geht nicht heute, wohl auch nicht morgen in vernünftige staatliche Form zu bringen mit Paß und Stempel. Aber daß mein Herz denkt – es soll so nicht bleiben. Das mag anstößig sein. Wer keinen Anstoß erregt, gibt auch keinen.

Raddatz, Fritz J.: Deutschland, bleiche Mutter, in: Die Zeit, 36/1989, S. 41 f.

5.7   Die Gegenposition

5.7.1   Jurek Becker: Gedächtnis verloren – Verstand verloren, 1988

Jurek Becker (1937–1997), geb. in Lodz (Polen); Kindheit in Ghetto und KZ, Studium der Philosophie, 1960–1977 freier Schriftsteller in Ost-Berlin, 1957–1976 Mitglied der SED, 1976 ausgeschlossen; seit 1977 als freier Schriftsteller in der BRD, Gastprofessuren an verschiedenen deutschen Universitäten und in den USA, mehrere Literaturpreise.

... Ohne Zweifel gibt es Themen, über die sich kaum vorurteilsfrei debattieren läßt, ohne Zweifel gehört das Thema „Deutsche Einheit" dazu, für mich. Fast jedesmal, wenn ich an solchen Gesprächen teilnahm, konnte ich eine Merkwürdigkeit beobachten: daß die anderen, die Vereinigungswilligen, auch noch ganz andere Positionen vertraten, die mir

verdächtig vorkommen, und zwar stets dieselben. Sie fühlen sich, so lange nach Kriegsende, als Opfer der Sieger, herumgestoßen; für sie ist Faschismus ein erledigtes, enthauptetes exotisches Ungeheuer, nicht eine Möglichkeit, die gegenwärtig ist und im Auge behalten werden muß; sie sind Geschichtssentimentalisten; sie glauben, im vereinten Deutschland würden sie den Gerüchen und Geschmäcken ihrer Kindheit wiederbegegnen; sie haben ein (für meine Begriffe) übersteigertes Bedürfnis nach Verwurzeltsein, daher bluten sie aus Wunden, die niemand außer ihnen wahrnimmt. Sie können es nicht bei konservativen Ansichten belassen, sie müssen immer gleich reaktionär werden ...

Becker, Jurek: Gedächtnis verloren – Verstand verloren, in: Die Zeit, 47/1988, S. 61.

5.7.2   Peter Glotz: Ein Deutscher kann man überall sein, 1988

Peter Glotz, geb. 1939 in Eger in Böhmen, floh 1945 mit seiner Familie nach Bayern, war ab 1972 Mitglied des Deutschen Bundestages (SPD), 1977–1981 Wissenschaftssenator in Berlin, 1980–1987 Bundesgeschäftsführer der SPD; Rektor der Universität Erfurt; Veröffentlichungen zur Frage von Nation und Nationalstaat und zur politischen und wirtschaftlichen Befindlichkeit der Bundesrepublik Deutschland.

... Der aufklärerische Schriftsteller Martin Walser leidet an nationalem Mystizismus. Am deutlichsten wird dieser Mystizismus in einem geradezu monströsen Satz. Er lautet: „Die Nation ist im Menschenmaß das mächtigste geschichtliche Vorkommen." Donnerscheiß: „im Menschenmaß". Das ist sozusagen eine Art nationales Naturrecht; der Drang der Menschen zu einer Einheit von Staat und Nation, heißt das ja wohl, sei der mächtigste Trieb überhaupt. Daß er auch „natürlich" sei, hat Walser nicht gesagt. Ich fürchte allerdings, er hat es gemeint. In Wirklichkeit gibt es keinen „natürlichen" Drang dieser Art, die Leidenschaft (und Hysterie) der Menschen sucht sich die unterschiedlichsten Objekte. In der Paulskirche gab es leidenschaftliche Großdeutsche, leidenschaftliche Kleindeutsche; über viele Jahrhunderte vorher hatte die Idee, alle Deutschen müßten in einem Staat zusammenleben, keinen Hund hinter dem Ofen hervorgelockt ... Da war Kant nüchterner „Diejenige Menge oder auch der Theil derselben, welcher sich durch gemeinschaftliche Abstammung für vereinigt zu einem bürgerlichen Ganzen erkennt, heißt Nation." Wohlgemerkt: welcher sich zu einem bürgerlichen Ganzen *erkennt.* Und für Max Weber war Nation ein Begriff, „der nur besagt, daß gewissen Menschengruppen ein spezifisches Solidaritätsempfinden anderen gegenüber zuzumuten sei". Der Begriff gehöre der „Wertsphäre" an, das heißt, er sei eine Norm, nicht etwa ein empirisch vorgegebener Trieb.

Kein Zweifel, der Nationalismus war im letzten und in diesem Jahrhundert ein mächtiges geschichtliches „Vorkommen", aber ein teuflisches dazu. Die nationale Idee hat im Westen Erfolg gehabt; der französische Nationalstaat ist ein erfolgreiches, geglücktes historisches Gebilde. In Mitteleuropa hat der Nationalismus zerstörerisch gewütet. Für die Zukunft kommt es darauf an, ihn zu bekämpfen, wo immer er auftritt; und nicht ihn zu verklären und zu einer Art Naturrecht aufzuwerten. Das gilt im übrigen nicht nur für den *deutschen* Nationalismus, der sich – da mag Walser Recht haben – in der ersten Hälfte dieses Jahrhunderts überschrieen hat. Es könnte auch für den lettischen, litauischen, estnischen oder serbischen Nationalismus gelten ... Die Grundfrage, die man an nationale Bewegungen stellen muß, wird immer sein: Wie wollt Ihr mit den Minderheiten umgehen, die bei und mit Euch leben? Daß nationale Bestrebungen mit freiheitlichen Hand in Hand gehen können, haben wir in Deutschland erlebt. Daß Freiheitsbestrebungen plötzlich verschwinden können, wenn die nationalen Bestrebungen als befriedigt erscheinen, haben wir auch erlebt. Müssen wir alle diese Erlebnisse ständig wiederholen, Jahrhundert für Jahrhundert, Jahrzehnt für Jahrzehnt?

Die „Kulturnation" meint Martin Walser, sei eine „Abfindungsform". Er irrt. Das Zusammenfallen von Volk und Staat, Kultur und Staat ist eine mögliche, keinesfalls die einzig mögliche, die natürliche Ordnung. Auch in Zeiten, da Deutschland das Schlachtfeld oder das politische Machtziel anderer Mächte war, hat es auf die Welt bleibenden Einfluß ausgeübt ...

Die Zukunft Europas liegt nicht in Nationalstaaten; sie liegt viel eher – altmodisch ausgedrückt – im „Vielvölkerstaat"; in einer übernationalen Föderativordnung ...

Glotz, Peter: Ein Deutscher kann man überall sein, in: Die Zeit, 49/1988, S. 59.

Fragen zu Kapitel 5

1 H. A. Winkler gibt drei Gründe dafür an, daß nach seiner Meinung Nationalismus nach dem Zweiten Weltkrieg sehr viel weniger Resonanz in Deutschland gefunden hat als nach dem Ersten Weltkrieg. Formulieren Sie die drei Gründe mit eigenen Worten! Ist Ihrer Ansicht nach Winkler auch in bezug auf die heutige Situation Recht zu geben?

2 Karl Jaspers (Text 5.2.1) und Eugen Gerstenmaier (Text 5.2.2) leiten aus der Tatsache, daß die Bundesrepublik Deutschland zu Beginn der 60er Jahre (wieder) eine Wohlstandsgesellschaft darstellte, ganz unterschiedliche Folgerungen und Befürchtungen ab. Welche sind diese jeweils?

3 Willy Brandt führte den Begriff der „Europäischen Friedensordnung" in die politische Rhetorik der 70er Jahre ein (Text 5.2.3). Wie kann der Begriff interpretiert werden? Welches politische Programm symbolisiert er? In welchem Verhältnis steht er zum Nationalstaatsgedanken?

4 Stellt der Textausschnitt aus der Antrittsrede Richard von Weizsäckers (Text 5.2.4) eine Fortführung des Gedankens von Willy Brandt dar, oder aber steht er in einem (zumindest teilweisen) Gegensatz zu ihm? Sind die Intentionen der beiden Texte unterschiedlich oder gleich?

5 Die Texte 5.3 charakterisieren das Verhältnis des Staates zu Nation und Nationalstaat, wie es die offizielle Sicht der DDR war.
Welche Beutung weisen die Texte der Nation bzw. nationaler Einheit zu? Vergleichen Sie den hier verwendeten Begriff der Nation mit der in den Texten 1.7. Welche Unterschiede und welche Gemeinsamkeiten finden Sie?

6 Dolf Sternberger (Text 5.4.1) hat den Begriff des „Verfassungspatriotismus" geprägt. Was ist darunter zu verstehen? Welche Elemente des frühen Nationsgedankens (siehe z. B. die Texte 3.2) finden sich in ihm wieder? Wie ist der Rückgriff zu erklären?

7 Frank R. Pfetsch und Christian Meier (Texte 5.5) sprechen von „Nationaler Identität". Was verstehen sie darunter? Wie wird nationale Identität begründet? Wie wird sie bewertet? Welche Begründung gibt Meier dafür an, daß es im Deutschland der 80er Jahre Probleme mit der Ausbildung dieser nationalen Identität gab? Treffen diese Gründe Ihrer Ansicht nach auch heute noch zu?

8 Jurek Becker und Peter Glotz (Texte 5.7) stehen mit ihrer Aussage in entschiedenem Widerspruch zu den vorhergehenden. Worin besteht dieser Widerspruch? Ist diese Position Ihrer Ansicht nach heute eher vertretbar als die der vorhergehenden Texte oder weniger?

6 Nach der deutschen Vereinigung – Wiederaufleben des Nationalismus?

Der Wandel, der sich seit 1988 in den Ostblockstaaten abzeichnete und der 1989 auch die DDR erfaßte und zur deutschen Wiedervereinigung führte, weckte nicht nur Befürchtungen bei den Verbündeten und Nachbarn der Bundesrepublik – er entzweite auch Deutschlands Intellektuelle, Schriftsteller und Politiker.

In den Jahren nach der Wiedervereinigung finden sich vor allem folgende Themen in der Deutschland-Diskussion: Die Suche nach den Motiven der für die deutsche Einigung verantwortlichen Partner im In- und Ausland und die Frage nach den Gründen der zunehmenden rechtsextremistischen ausländerfeindlichen Ausschreitungen und Anschläge. Und weiter stellte sich die Frage, ob die Rückkehr zur geeinten Nation und die Weckung nationaler Gefühle Ziel oder Mittel der Beteiligten gewesen seien und in welchem (kausalen) Verhältnis eben diese nationalen Gefühle zur Befindlichkeit der Jugendlichen am rechten Rand stünden.

Noch wurde aber auch die These vertreten, die Wiedervereinigung (so wie sie erfolgte oder aber ganz generell) sei eine grundlegend falsche Entscheidung gewesen, die Deutschland in Zukunft zu einer Bedrohung für sich selbst und seine Nachbarn und Verbündeten werden lasse. Die Nation und ihre Akzeptanz, sie wurden zu dieser Zeit (deutlich wie kaum zuvor) zu einer Frage der Zugehörigkeit zu einer politischen Richtung.

In diesem Zusammenhang steht auch die Tatsache, daß der Grad der Zustimmung zum Nationalgefühl deutlich zu einer Frage der Generationszugehörigkeit wurde. Die Generation der 40jährigen („Generation Y"), die Generation „nationaler Diskretion", fand sich zwischen den Fronten der älteren „Generation Z" (der „Generation der nationalen Wehmut") und der jüngeren „Generation X" (der heutigen jungen Generation) mit einem unbefangenen Verhältnis zur Nationalität (Schnibben), wieder: Das Verhältnis zu Nation, zu nationaler Identität und nationalem Bewußtsein – ein mehrseitiger Generationenkonflikt?

Ergänzt wurde dies in der Diskussion um die These, Nationalismus (jeglicher Abstufung) heute sei grundsätzlich weit eher eine männliche Angelegenheit als eine des weiblichen Teils der deutschen Bevölkerung – und bevorzugt eine des Kleinbürgertums bzw. der weniger gebildeten Milieus: Die Nation und ihre Akzeptanz – eine Frage des Geschlechts und der sozialen Schicht?

6.1 Die deutsche Vereinigung – Versprechen oder Drohung für Deutschlands Nachbarn und Bündnispartner?

6.1.1 Günter Trautmann: Die häßlichen Deutschen? 1991

Günter Trautmann (geb. 1941), Professor für politische Wissenschaft an der Universität Hamburg.

... Zwischen den (Vor-) Urteilen der Politiker bzw. Massenmedien und der Bevölkerung bestehen in vielen Ländern beachtliche Unterschiede.

Im Februar 1990 stellte der Politikwissenschaftler Henri Ménudier fest, es gebe in Frankreich einen krassen Widerspruch zwischen der Bevölkerungsmeinung zur deutschen Vereinigung auf der einen Seite und den Ansichten der Politiker und Massenmedien auf der anderen Seite. Zwei Drittel der Franzosen sprächen sich schon seit Jahren für die Vereinigung der beiden deutschen Staaten aus. Die Politiker und meinungsbildenden Journalisten dagegen artikulierten Ängste, Sorgen oder gar Alpträume vor einem politischen und wirtschaftlichen Koloß ...

Die vergleichende Stereotypen- und Imageforschung unterscheidet ebenfalls drei Ebenen der Wahrnehmung: 1) die Bilder der Experten in Politik, Wirtschaft und Kultur, 2) die Darstellung in den Massenmedien und 3) die Wahrnehmung der Bevölkerung.

Die Völker Europas bejahten 1990 die Vereinigung Deutschlands oft stärker als ihre Regierungen, Parlamente und Massenmedien. Die negativen Deutschland-Bilder einzelner Politiker und Publizisten repräsentieren meistens nur den kleineren Teil der befragten Nationen. Während Massenmedien und die politische Klasse 1989/90 spontane Befürchtungen äußerten, die deutsche Einheit könnte die europäische Staatenordnung destabilisieren, zeigte sich die Bevölkerung gelassener ... Als < aber > die deutsche Einheit schneller als erwartet Realität wurde, äußerten sich einige Nachbarvölker im Januar 1990 weit skeptischer zur deutschen Einigung. Vor allem in Polen und Großbritannien sprach sich ein großer Teil der Bevölkerung gegen die deutsche Einigung aus. In diesen Ländern äußerten viele Menschen die Sorge, der Faschismus könnte wieder aufkommen oder das vereinigte Deutschland könnte territoriale Ansprüche stellen und wirtschaftlich zu stark werden. Dennoch befürchteten die wenigsten eine Verlangsamung des europäischen Einigungsprozesses oder eine Gefährdung des militärischen Gleichgewichts in Europa ...

Trautmann, Günter: Die häßlichen Deutschen? Die Deutschen im Spiegel der westlichen und östlichen Nachbarn, Darmstadt 1991, S. 13–15.

6.1.2 David Calleo: Einheit ja, Frankenstein-Monster nein, 1990

David Calleo (geb. 1939), amerikanischer Publizist und Politikwissenschaftler.

Die deutsche Wiedervereinigung ist ein unangenehmes Thema für die Verbündeten Deutschlands. Vor allem Amerikaner fühlen sich bei dem Gedanken unbehaglich, daß die deutsche Teilung ein Gebot der Realpolitik sei.

Wir können vor uns selbst nur schwer das Argument rechtfertigen, daß unsere deutschen Freunde nicht das gleiche Recht auf nationale Selbstbestimmung haben sollten wie alle anderen. Wir wissen, daß in den vier Jahrzehnten seit dem Zweiten Weltkrieg kein Land in seiner Außenpolitik so weitsichtig, abgewogen und verläßlich gewesen ist wie die Bundesrepublik. Wir wissen auch, daß nur wenige Staaten es ihr gleichtun können an demokratischer Freiheit, an Wohlstand und sozialer Sicherheit. Im übrigen neigen wir Amerikaner in unserer Einstellung zur Wiedervereinigung zu Alles-oder-nichts-Positionen; unsere eigene Geschichte hat uns ja gelehrt, daß Konföderationen nur ein Durchgangsstadium zum ausgewachsenen Nationalstaat sind.

Solche Reflexe sind jedoch nicht unbedingt die besten Leitlinien für unsere Politik. Denn die deutsche Wiedervereinigung wirft Fragen auf, die weit über das bloße Selbstbestimmungsrecht der Völker oder Bekundungen guten Willens hinausreichen. Zwei Weltkriege und vierzig Jahre Nato haben uns beigebracht, wie eng die Entwicklungen in Europa verknüpft sind. Wir wissen deshalb auch,

Peter Brookes, The Times, 2. 10. 1990.

daß nationale Selbstbestimmung für sich allein kein sinnvolles Konstruktionsprinzip einer friedlichen europäischen Ordnung sein kann. Die Art und Weise, in der sich die deutsche Nation organisierte, hat von jeher tiefgreifende Auswirkungen auf Frieden, Freiheit und Wohlstand in Europa insgesamt gehabt. Die beiden Weltkriege waren untrennbar mit Europas „deutscher Frage" verbunden.

Wir Amerikaner haben stets die Teilung Deutschlands und Europas nach 1945 beklagt. Aber diese Teilung verschaffte Europa eine lange Zeit des Friedens – in dieser Hinsicht ist die zweite Hälfte unseres Jahrhunderts der ersten bei weitem vorzuziehen. Der Westen gedieh in Freiheit, wiewohl der Osten unter der Tyrannei litt. Die bipolare Struktur war immer unnatürlich und ist jetzt wohl ganz unhaltbar geworden. Aber wir müssen aufpassen, daß wir beim Abbau der Nachkriegsordnung nicht unversehens die Vorkriegsprobleme wieder Urständ feiern

lassen. Die Aufgabe der Staatskunst liegt heute darin, die dauerhaften Aspekte der deutschen Frage von jenen zu trennen, die sich mittlerweile überlebt haben. Die deutsche Frage hat schon immer eine internationale Dimension gehabt und eine rein interne. International erschien ein geeinter, zentral regierter deutscher Staat seinen Nachbarn seit jeher als so mächtig, daß sie sich automatisch davon bedroht fühlten ...

Die Frage der Wiedervereinigung Deutschlands ist so heikel, weil nicht alle denkbaren Formen der deutschen Einheit mit dieser Europa-Vision im Einklang stehen. Ein wiedererrichtetes Bismarck-Reich hätte die gleiche Wirkung wie die Rückkehr des Frankenstein-Monsters. Alles, was auch danach aussähe, würde bloß die alten Grundmuster kontinentaler Rivalität wieder heraufbeschwören: die russisch-französische Allianz aus der Zeit vor dem Ersten Weltkrieg oder das britisch-französische Bündnis der Zwischenkriegsjahre. Die Einheit Deutschlands, so konstruiert, stünde im Widerspruch zur Einheit Europas. Es wäre, als hätte niemand aus einem Jahrhundert europäischer Tragik die Lehren gezogen ...

Jede verfassungsmäßige Demokratie sollte vor der Aussicht zurückschrecken, einen Staat von der Größe der DDR zu schlucken. Dies wäre etwas ganz anderes, als einige Millionen Flüchtlinge aufzunehmen. Es ist eines, billige und willige Arbeitskräfte zu integrieren; es ist ein gänzlich anderes, sich eine ganze Gesellschaft und Wirtschaft einzuverleiben.

In einem deutschen Einheitsstaat würde die DDR schwerlich als erobertes Gebiet behandelt werden können; man müßte sie schon mitsamt ihren spezifischen politischen und wirtschaftlichen Strukturen, Gewohnheiten, Eliten und Kulturprägungen nehmen müssen. Deutschlands Westen und Deutschlands Osten sind in der Vergangenheit nie leicht miteinander zurechtgekommen. Heute sind die Unterschiede zwischen Bundesrepublik und DDR wahrscheinlich sehr viel größer als die Unterschiede zwischen den Einzelstaaten zu Bismarcks Zeiten. Wie würde sich eine neuerliche Fusion auf die Demokratie und den Wohlstand der Westdeutschen auswirken?

Bei solch hohen Kosten im Innern und in der Welt kann eine Wiedergeburt des Bismarck-Reiches, selbst in den Grenzen der gegenwärtigen beiden deutschen Staaten, heute weniger denn je ein ernst zu nehmendes politisches Ziel sein. Sie wäre ein Schreckgespenst, das die Sowjets und die Osteuropäer von ihren Reformen abhalten und Westeuropa von seiner inneren Konsolidierung ablenken würde. Schwer vorstellbar, daß dies im deutschen Interesse liegen sollte ...

Calleo, David: Einheit ja, Frankenstein-Monster nein, in: Die Zeit, 2/1990, S. 3.

6.1.3 Gordon A. Craig: Zu groß für Europa? 1989

Craig, Gordon Alexander (geb. 1913), britisch-amerikanischer Historiker, ab 1950 Professor in Princeton, 1961 in Stanford, ab 1962 an der Freien Universität Berlin; Arbeiten über Deutschland, europäische Probleme und Militarismus; gab 1989 der Wochenzeitschrift „Der Spiegel" ein Interview:

Spiegel:

Herr Professor, muß der Westen sich vor einer deutschen Wiedervereinigung fürchten?

Francisco Graells (Frankreich).

98

Craig:

... Natürlich muß es einige Bedenken geben. Eine Wiedervereinigung der beiden deutschen Staaten wäre die traumatischste Veränderung des Status quo seit dem Ende des Zweiten Weltkriegs. Wenn diese Veränderung vollkommen ungezügelt verläuft, könnten die Konsequenzen ziemlich schlimm sein. Das Beunruhigende daran ist, daß nicht Regierungen, sondern die Menschen auf der Straße die treibende Kraft sind. Das macht die Entwicklung unberechenbar ...

Spiegel:

Die Gründe für das Unbehagen über eine deutsche Wiedervereinigung liegen in den historischen Erfahrungen, die Europa mit dem deutschen Nationalstaat seit 1871 gemacht hat. Sind diese Ängste noch begründet?

Craig:

Es ist immer falsch, die Geschichte zu vergessen. Wenn ich Franzose wäre, würde ich sehr genau über die Vergangenheit nachdenken. Ich würde mir sagen: Im günstigsten Fall bringt die Wiedervereinigung ein demokratisches Deutschland nach westlichem Muster hervor. Aber es wäre ein Staat mit 80 Millionen Menschen, die sagen: schaut her, wir sind jetzt alle demokratisch, die Vergangenheit ist tot, wir dürfen nie wieder rückfällig werden, und wir sollten keine ausgefallenen Waffen haben. Angenommen, alle möglichen Versicherungen würden von diesem neuen demokratischen Staat abgegeben, so hätten wir es doch mit einem ganz anderen Deutschland zu tun als bisher.

Spiegel:

Einem, das wieder zu nationalistischen Ausbrüchen fähig wäre?

Craig:

In diesem Deutschland würde ein neues Denken entstehen, ein neuer Stolz, eine neue Vorstellung davon, was die Deutschen sind und was ihre Rolle in Europa sein sollte. Früher oder später würde sich auch wieder jemand an die verlorenen Ostgebiete erinnern. Und alle guten Absichten, alle Beteuerungen, die diese wiedervereinigten Deutschen heute abgeben könnten, wären keine Garantie dafür, wie sich dieser Staat in zehn Jahren verhalten würde.

Wenn ich Franzose wäre, würde mir all das durch den Kopf gehen, und ich würde zu der Schlußfolgerung von François Mauriac kommen: Ich liebe Deutschland so sehr, daß ich zufrieden bin, daß es zwei davon gibt.

Spiegel:

Schon Bismarcks Reich war ja zu mächtig für das Gleichgewicht in Europa. Was brachte damals Deutschland in die Rolle des Störenfrieds – sein schieres Gewicht oder eine verfehlte Politik?

Craig:

Eine Kombination von beidem. Bismarck war sich der Gefahren wohl bewußt. Das ist einer der Gründe, warum er in den Jahren nach der Reichsgründung immer eine Politik der Beschwichtigung zu treiben versuchte. Er wies unentwegt darauf hin, daß Deutschland eine saturierte, zufriedengestellte Macht sei, die nichts weiter mehr wünsche. Von kolonialen Ansprüchen hielt er wenig, ermunterte vielmehr andere Mächte, sich Kolonien anzueignen. Aber unter Wilhelm II. wurde die deutsche Politik – Bülows Weltpolitik, Tirpitz' Flottenpolitik – ehrgeiziger und unberechenbarer. Die Nachbarn begannen, Deutschlands Macht und Absichten zu fürchten, und dies führte zu tragischen Ergebnissen.

Spiegel:

Wollen Sie damit sagen, daß auch heute ein wiedererstandener deutscher Nationalstaat zwangsläufig auf ähnlich viel Mißtrauen stoßen würde?

Craig:

Die Geschichte ist in gewisser Weise wie ein großer Kleiderschrank, in dem man herumwühlt, um das zu jeder Gelegenheit Passende zu finden. Der bloße Gedanke, ein neues Gleichgewicht in Europa rund um ein wiedervereinigtes Deutschland zu errichten, übersteigt das Vorstellungsvermögen. Schließlich wird ein Staat, der das größte Wirtschaftsland in Europa ist, früher oder später neue politische Ideen entwickeln. Das können gute Ideen sein, das können aber auch schlechte, gefährliche Ideen für Deutschlands Nachbarn sein.

MARCH OF THE FOURTH REICH

Bill Caldwell, Daily Star, Februar 1990.

Spiegel:

So daß der Rest Europas dieses als übermächtig empfundene Deutschland notgedrungen wieder einkreisen würde?

Craig:

Zumindest in Gedanken, ja.

Spiegel:

Welche Vorsorge könnten die vier Mächte gegen eine deutsche Vorherrschaft in Europa treffen?

Craig:

Sie könnten nach einer anderen Formel für die Einheit der Deutschen suchen. Statt Wiedervereinigung könnte es eine Art Konföderation geben – zwei souveräne deutsche Staaten mit vielleicht unterschiedlichen politischen Systemen, aber demokratischen Strukturen. Das könnte einen Teil der Befürchtungen zerstreuen, Deutschland sei zu groß und stark für den Rest Europas.

Spiegel:

Was aber, wenn die Deutschen auf ihr Selbstbestimmungsrecht pochen und die Wiedervereinigung verlangen?

Craig:

Ehrlich gesagt: Für unser aller Wohlergehen und für die Lösung dieser verzwickten Fragen wäre es am besten, wenn die Reformen in der DDR greifen, die lausigen Bürokraten davongejagt und die Ostdeutschen mit westlicher Hilfe noch einmal von vorne anfangen würden. Dann brauchten wir uns um die Frage der Wiedervereinigung nicht mehr zu sorgen. . . .

Spiegel:

Die Deutschen sind nüchterner geworden.

Craig:

Die mystische Verehrung, die dem Staat entgegengebracht wurde, ist weg; die Beziehung zwischen Bürger und Regierung ist pragmatischer geworden. Man hat der Politik den Mystizismus und die Mythologien ausgetrieben. Das ist wahre Demokratie. Allerdings unter dem Einfluß einer sehr starken Emotion, einer heftigen Gefühlsaufwallung, wie etwa bei einer plötzlichen Wiedervereinigung, mit dem Bewußtsein, daß alle wieder zusammengehören, könnte ein Funke

überspringen. Der Aufbruch zu einem leuchtenden Horizont, hinter dem sich alle möglichen Verheißungen verbergen, würde womöglich aufs neue beginnen.

Spiegel:

Also im Frieden das zu gewinnen, was Deutschland in zwei Weltkriegen verwehrt wurde: die Vorherrschaft in Europa.

Craig:

So könnte es kommen.

Craig, Gordon A.: Zu groß für Europa? In: Der Spiegel 46/1989, S. 183–187.

6.1.4 Ralf Dahrendorf: Die Sache mit der Nation, 1990

Ralf Dahrendorf (geb. 1929), Professor für Soziologie in Hamburg, Tübingen, Konstanz, 1969–1970 Parlamentarischer Staatssekretär im Außenministerium, 1970–1974 EG-Kommissar, 1974–1984 Leitung der London School of Economics, seit 1993 Mitglied des britischen Oberhauses.

Wie man sich dreht und wendet, ja windet, die Nation ist wieder da und der Nationalstaat mit ihr, und zwar hier, mitten in Europa, in Deutschland. Noch der vaterlandslose Geselle definiert sich an der Nation, vom Verfassungspatrioten ganz zu schweigen. Die Frage ist nur, was denn Nation und Nationalstaat am Ende des 20. Jahrhunderts sinnvoll bedeuten können und wo ihre Grenzen liegen. . . .

Das aber ist die Frage: Wie sieht ein nichtgrober Nationalismus nach 1989 aus? Was ist, was tut ein europäischer Nationalstaat am Ende eines Jahrhunderts, in dem auch im Namen der Nation untilgbare Verbrechen begangen worden sind? Wie läßt sich die Sache mit der Nation ins Reine bringen?

Die deutsche Einheit hat bisher keine wesentlichen Geburtsfehler. Man wird sich an manche Tölpeleien der Regierenden und Verlegenheiten der Opposition mit Kopfschütteln erinnern, aber wenn es nicht noch schlimmer kommt, bleibt der Prozeß der Einigung so großartig und so kleinkariert, wie nun einmal bedeutende geschichtliche Prozesse verlaufen . . .

Kein Geburtsfehler also, aber doch ein Mangel, der mehr ist als ein Schönheitsfehler. Von einigen Versprengten abgesehen, die sich zudem fast ausnahmslos politisch rechts einordnen, paßt den Intellektuellen des Landes die ganze Richtung nicht. Die deutsche Intelligenz, von der weichen grünen Masse der Lehrer und Studenten bis zu den Weltstars der Literatur und Soziologie, will mit der deutschen Einheit zu tun haben. Sie hat sie nicht gewollt, sie hat sie nicht mit Erklärungen begleitet, sie hat ihren Weg nicht vorgezeichnet und ihr Ziel nicht ins Licht gerückt. Wo sie nicht geschwiegen hat, hat sie den entschwindenden Status quo beweint, die einbetonierte Breshnew-Welt, in der man wußte, woran man war, weil es alles zweimal gab, zwei Blöcke, zwei Deutschlands, zwei PEN-Clubs. Gerade die sonst so veränderungsfreudigen Intellektuellen mahnten und mahnen zum Innehalten, zur Verlangsamung der Geschichte . . .

Nun haben die Autoren, denen die Nation Angst macht – die Nation im allgemeinen und insbesondere die deutsche Nation –, sich dabei ja etwas gedacht. Sie halten die Nation nicht nur für antiquiert, sondern für bedrohlich. Sie glauben, daß Nationen nach innen wie nach außen inhumane Wirkungen haben, und suchen daher nach Wegen, sie zu überwinden . . .

Ausnahmslos alle führenden deutschen Politiker versichern, ihnen liege nichts ferner als Hegemonialabsichten. Das ist glaubwürdig. Überdies fällt dem Beobachter kaum etwas so sehr auf im Jahr der deutschen Einheit wie das fast völlige Fehlen einer Grundstimmung der nationalen Begeisterung. Der Prozeß der Einigung wird als eine Art Naturereignis begriffen, das unausweichlich kommen muß und auch seinen guten Sinn hat, aber wofür man weder Opfer zu bringen bereit ist noch gar Triumphgesänge anstimmt. Es mag keinen Verfassungspatriotismus geben, aber einen Hurrapatriotismus gibt es auch nicht . . .

Die Nation ist wieder da und der Nationalstaat mit ihr. Insoweit Nationalstaat Rechts- und Verfassungsstaat heißt, liegt darin kein Grund zu Klage oder Sorge. Wenn die Entwicklungen des letzten Jahres aber eine Wende bedeuten, in der homogene Nationen den Platz von Staatsbürgergesellschaften einnehmen und alte nationale Rivalitäten den des Entwurfes zuerst einer europäischen und dann einer Weltbürgergesellschaft, dann ist für Liberale die Zeit gekommen, laut und deutlich ihre Position zu bekunden. Es geht vor allem um die Bürgerrechte, und diese verlangen verläßliche Institutionen in immer größeren, daher notwendig heterogenen Gemeinwesen. Sie verlangen selbstbewußte Nationalstaaten in einem kooperativen Europa, das seine Grenzen so weit zieht wie möglich und aktiv mitwirkt an der Schaffung einer internationalen Ordnung des Rechts.

Dahrendorf, Ralf: Die Sache mit der Nation, in: Merkur 44, 1990, S. 823–825, 828, 830, 834.

6.2 Die geeinte Nation – eine eher verstörende und beängstigende Vorstellung?

6.2.1 Patrick Süskind: Deutschland – eine Midlife-Crisis, 1990

Patrick Süskind (geb. 1949), Studium der Geschichte, Schriftsteller und Dramatiker, bekannt geworden vor allem durch seinen Roman „Das Parfüm" und das Theaterstück „Der Kontrabaß"; arbeitet auch als Drehbuchautor für das Fernsehen.

Am Donnerstag, dem 9. November 1989, um 19.15 Uhr – ich war damals vierzig und zweidrittel Jahre alt – hörte ich in Paris in den französischen Rundfunknachrichten die kurze Meldung, es habe die Ostberliner Regierung beschlossen, ab Mitternacht die Grenze zur Bundesrepublik und die zwischen Ost- und West-Berlin zu öffnen.

Sehr gut! dachte ich. Endlich tut sich was. Endlich bekommen die Leute das Grundrecht auf Freizügigkeit. Endlich schwenkt auch die DDR auf den von Gorbatschow vorgezeichneten Weg der Reformen, der Demokratisierung und Liberalisierung ein . . .

Ich schaltete das Radio ab und ging essen. Noch war die Welt in Ordnung. Noch begriff ich, was sich politisch tat, konnte dem raschen, aber durchaus vernünftig und kalkulierbar erscheinenden Tempo der europäischen Veränderungen folgen. Noch fühlte ich mich einigermaßen auf der Höhe der Zeit.

Dem war nicht mehr so, als ich ein paar Stunden später vom Essen zurückkehrte. Ich weiß nicht, war es vor oder nach Mitternacht, also noch der 9. oder schon der 10. November – jedenfalls schaltete ich abermals das Radio an, diesmal den Deutschlandfunk, gerate in eine Direktreportage aus Berlin, wo unterdessen eine Art Karnevalsstimmung ausgebrochen zu sein scheint, und höre ein Interview mit dem Regierenden Bürgermeister Walter Momper, dessen Einlassungen in dem Satz gipfeln: „Heute nacht ist das deutsche Volk das glücklichste Volk auf der Welt!"

Ich war wie vom Schlag getroffen. Ich glaubte mich verhört zu haben. Ich mußte den Satz laut nachsprechen, um ihn zu begreifen: „Heute nacht ist das deutsche Volk das glücklichste Volk auf der Welt" – und begriff ihn trotzdem nicht. Hatte der Mann nicht mehr alle Tassen im Schrank? War er betrunken? War ich's? Was meinte er mit „das deutsche Volk"? Die Bürger der Bundesrepublik oder die der DDR? Die West- oder die Ostberliner? Alle zusammen? Womöglich sogar uns Bayern? Am Ende gar mich selbst?

Und wieso glücklich? Seit wann kann ein Volk – gesetzt, es gäbe überhaupt so etwas wie das deutsche Volk – glücklich sein? Bin ich etwa glücklich? Und weshalb befindet Walter Momper darüber? . . .

Mein Gott, Walter Momper! dachte ich, wie konntest du dich so vergreifen! Deinen Satz wird man dir morgen in den Kommentaren um die Ohren hauen. Bis an dein Lebensende wird er dich verfolgen! Ein für allemal lächerlich gemacht hast du dich mit diesem einen, unbedacht dahingesprochenen Satz!

Doch als ich am nächsten Tag die Zeitungen studierte (deutsche gab es nicht mehr, die hatte man den Händlern aus den Händen gerissen) und eifrig Radio hörte, ist Walter Momper der Held des Tages. Nicht nur schlägt ihm niemand seinen Satz um die Ohren, nein, der Satz vom „glücklichsten Volk" geht um die Welt, ist die Losung der Stunde, wird später (ähnlich dem „Tor des Monats") zum „Wort des Monats" gekürt, ja zum „Wort des Jahres 1989".

9. November 1989

Walter Hanel, 1989.

Kaum erholt von diesem Schock entnehme ich ein paar Tage später der Zeitung, daß Willy Brandt, das Idol meiner Jugend, Sozialdemokrat wie Momper, die Parole ausgegeben hat: „Jetzt wächst zusammen, was zusammengehört", womit er, ein Zweifel war nicht möglich, die DDR und die Bundesrepublik gemeint haben mußte, inklusive ganz Berlins.

Senilität, denke ich. Ein klarer Fall von Alzheimer oder einer sonstigen altersbedingten Störung des Denk- und Urteilsvermögens. Denn was gehört denn da zusammen, bitte sehr? Gar nichts! Im Gegenteil: Nichts Unzusammenhängenderes läßt sich denken als DDR und BRD! Verschiedene Gesellschaften, verschiedene Regierungen, verschiedene Wirtschaftssysteme, verschiedene Erziehungssysteme, verschiedener Lebensstandard, verschiedene Blockzugehörigkeit, verschiedene Geschichte, verschiedene Promillegrenze – gar nichts wächst da zusammen, weil gar nichts zusammengehört. Schade um Willy Brandt, der sich doch wahrlich in Ehren aufs Altenteil zurückziehen könnte! Warum muß er sich exponieren und solchen Unsinn verzapfen und damit seinen guten Ruf aufs Spiel setzen?

Und wieder liege ich falsch. Ebenso wie zuvor das Wort Mompers ist nun die Äußerung Brandts Parole des Tages, wird enthusiastisch beklatscht auf Massenkundgebungen in Ost und West, wird als Leitformel aufgegriffen, nicht nur von seiner eigenen Partei, sondern auch von den Regierungsparteien, ja sogar von den Grünen . . .

Freilich hatte man uns in der Schule beigebracht, daß die Teilung Deutschlands nicht von Dauer sei, daß die Präambel des Grundgesetzes jeden bundesdeutschen Politiker verpflichtete, auf ihre Überwindung hinzuarbeiten, daß die Bundesrepublik und ihre Hauptstadt Bonn nur ein Provisorium darstellten. Aber das haben wir schon damals nicht geglaubt und glaubten es mit den Jahren immer weniger . . .

Ansonsten schauten wir nach Westen oder nach Süden. Österreich, die Schweiz, Venetien, die Toskana, das Elsaß, die Provence, ja selbst Kreta, Andalusien oder die Äußeren Hebriden lagen uns – um nur von Europa zu sprechen – unendlich viel näher als so . . .

Ländereien wie Sachsen, Thüringen, Anhalt, Mecklen- oder Brandenburg, die wir höchstens notgedrungen durchquerten, um auf der Transitstrecke rasch nach Berlin-West zu gelangen. Was hatten wir mit Leipzig, Dresden oder Halle im Sinn? Nichts. Aber alles mit Florenz, Paris oder London. Städte wie Cottbus, Stralsund oder Zwickau kannten wir kaum dem Namen nach – ein Schicksal, das sie freilich in den Augen derjenigen unter uns, die von südlich des Mains herstammten, mit so exotischen bundesrepublikanischen Städten wie Gütersloh, Wilhelmshaven oder Flensburg teilten. . .

Anders ergeht es den Jungen, den Zwanzig-, Fünfundzwanzigjährigen, deren historisch-politisches Koordinatensystem sich erst zu bilden beginnt. Für sie sind das Ende des Kalten Krieges, die Veränderungen in Osteuropa und die deutsche Vereinigung die ersten wichtigen politischen Ereignisse ihres bewußten Lebens, die sie, wenn nicht mit Begeisterung, so doch mit erregtem Interesse verfolgen . . .

Süskind, Patrick: Deutschland – eine Midlife-Crisis, in: Wickert, Ulrich (Hrsg.): Angst vor Deutschland, Hamburg 1990, S. 111–122.

6.2.2 Margarete Mitscherlich-Nielsen: Eben doch Angst vor Deutschland? 1990

Margarete Mitscherlich-Nielsen (geb. 1917 in Dänemark), Studium der Literatur, dann der Medizin in München und Heidelberg. Seit 1947 in der Schweiz, Studium der Psychologie in Stuttgart, London und Heidelberg; beteiligt an der Neugründung eines Psychoanalytischen Instituts in Frankfurt/Main 1960; Mitglied der Deutschen und Internationalen Psychoanalytischen Vereinigung, Vorstandsmitglied des Hamburger Instituts für Sozialforschung.

. . . Seit der friedlichen Revolution '89 an dem geschichtsträchtigen Datum des 9. November erreichte das deutsche Nationalgefühl einmal wieder neue Höhepunkte. Die Freude über den Fall der Mauer, über die Befreiung von Millionen Menschen konnte jeder teilen. Angst trat erst auf, als aus dem revolutionären Schrei der Massen „Wir sind das Volk" der nationalistische „Wir sind ein Volk" wurde . . .

Dieser Urschrei brach nicht nur in Nürnberg und im Berliner Sportpalast aus, Anklänge davon vernimmt der dafür empfindliche Zeitgenosse auch bei den heutigen deutschen Feiern, wenn Massen zusammen finden. Sei es die „Wiedervereinigung", sei es die Fußballweltmeisterschaft, der Schrei „Wir sind die Größten!" wird wieder laut. „Die deutsche Mannschaft", so „Kaiser Franz", „ist in den nächsten Jahren von keinem in der Welt zu schlagen". Jetzt schon sind wir die Größten, und was wird erst nach der „Wiedervereinigung" sein? Eben unschlagbar!

Auf den Straßen ist die Atmosphäre von Gewalttätigkeit und Neonationalismus oft mit Händen zu greifen und macht vielen Menschen angst. Sicherlich, es ist schade, wenn man beim Feiern Angst haben muß, aber wer einmal die Massen erlebte, wenn sie vom „Deutschland, Deutschland über alles"-Wahn ergriffen waren, ist ein gebranntes Kind und weiß, was auf ihn zukommen kann. Der Sport braucht eben nicht nur harmlos anmutende Begeisterungsorgien auszulösen, wie es überall in der Welt der Fall ist, sondern diese Orgien haben hier ihre besondere Tönung. Sie

Reiner Schwalme.

105

sind allzuoft, wie wir beobachten konnten, mit rechtsradikalen, deutschnationalen Gefühlsausbrüchen unmittelbar verbunden.

Betrachtete man die Massen, die auf den Straßen den deutschen Sieg begrölten, dann waren das vor allem Männer, seien es nun rechtsradikale, Hooligans oder Fußballfans, die sich mit den „Helden" identifizierten, Fahnen schwenkten und nationalistische Lieder sangen oder, besser, schrien. Ich glaube, man kann ohne Übertreibung sagen, wer diese massenhaften Heldenorgien liebt, in denen das Denken und das Individuum völlig auf der Strecke bleiben, das sind nun einmal Männer. Nicht alle natürlich . . .

Und deutsche Männer waren, wenn sie – bis vor nicht allzulanger Zeit – in Massen auftraten, nun einmal das Schrecklichste, was die Welt je erlebt hat.

Das kann und sollte niemand vergessen, vor allem nicht die daran beteiligten Männer. Das ist ein frommer Wunsch, ich weiß, in Wirklichkeit denken die Betroffenen nicht daran. Denn wenn der Zug zum neuen Großdeutschland nun einmal abgefahren ist, dann hören offenbar selbst kritische Männer auf mit dem Denken, dann müssen wir – so fordern sie – alle aufspringen und mitmachen, sonst gnade uns Gott und die deutschnationalen Männer.

Habt ihr denn wirklich nichts aus der Vergangenheit gelernt? So möchte man diese Zeitgenossen fragen. Haben wir so schnell vergessen, daß gerade das Aufspringen auf den fahrenden Zug zur totalen Katastrophe führte?

Angst vor Deutschland scheint mir mehr als berechtigt, nachdem wieder die Gefahr besteht, daß wir die „Größten" werden, daß bei unseren das Vaterland neu entdeckenden Männern die Neigung zunimmt, auf den anfahrenden Zug deutschnationaler Größenphantasien aufzuspringen . . .

Mitscherlich-Nielsen, Margarete: Eben doch Angst vor Deutschland? In: Wickert, Ulrich (Hrsg.): Angst vor Deutschland, Hamburg 1990, S. 134–138.

6.2.3 Günter Grass: Kurze Rede eines vaterlandslosen Gesellen, 1990

Günter Grass (geb. 1927 in Danzig), Gymnasium, Arbeitsdienst, Flakhelfer, Kriegsdienst, 1945 Verwundung und Kriegsgefangenschaft, 1946/47 Arbeit im Bergwerk, Steinmetzlehre, 1948–1956 Bildhauerstudium; seit 1955 in der Gruppe 47, erster literarischer Erfolg 1959 mit der „Blechtrommel"; in den 70er und 80er Jahren wachsendes politisches Engagement im sozialdemokratischen Spektrum, viele Literatur-Preise.

. . . Nein, so ein . . . unanständig auftrumpfendes, durch Zugriff vergrößertes Vaterland will ich nicht, wenngleich mir, außer einigen Gedanken, nichts zu Gebote steht, solche Spottgeburt zu verhindern. Schon befürchte ich, daß es – unter welchem Tarnnamen auch immer – zwangsläufig zur Wiedervereinigung kommt . . . Am Ende werden wir knapp achtzig Millionen zählen. Wir werden wieder einig, stark und – selbst beim Versuch, leise zu sprechen – laut vernehmlich sein. Schließlich – weil genug nie genug ist – wird es uns gelingen, mit bewährt harter D-Mark – und nach Anerkennung der polnischen Westgrenze – ein gut Stück Schlesien, ein Stückchen Pommern wirtschaftlich untertänig zu machen und – nach deutschem Bilderbuchmuster – wieder einmal zum Fürchten und isoliert sein.

Dieses Vaterland verrate ich jetzt schon; mein Vaterland müßte vielfältiger, bunter, nachbarlicher, durch Schaden klüger und europäisch verträglicher sein.

Alptraum steht gegen Traum. Was hindert uns, der Deutschen Demokratischen Republik und ihren Bürgern durch einen gerechten, längst fälligen Lastenausgleich dergestalt zu helfen, daß der Staat sich wirtschaftlich und demokratisch festigen kann und seine Bürger weniger Mühe haben, daheim zu bleiben? Warum muß der deutschen Konföderation, die unseren Nachbarn erträglich sein könnte, immer wieder eins draufgesattelt werden, mal nach vagem Paulskirchen-Konzept als Bundesstaat, dann wieder, als müßte das so sein, in Gestalt einer Groß-Bundesrepublik? . . . Ist das nicht alles wiederum viel zuviel? . . . Den deutschen Einheitsstaat hat es in wechselnder Größe nur knappe fünfundsiebzig Jahre lang gegeben: als Deutsches

Reich unter preußischer Vorherrschaft; als von Anbeginn vom Scheitern bedrohte Weimarer Republik; schließlich . . . als großdeutsches Reich.

Uns sollte bewußt sein, unseren Nachbarn ist bewußt, wieviel Leid dieser Einheitsstaat verursacht, welch Ausmaß von Unglück er anderen und uns gebracht hat. Das unter dem Begriff Auschwitz summierte und durch nichts zu relativierende Verbrechen Völkermord lastet auf diesem Einheitsstaat . . . Der deutsche Einheitsstaat verhalf der nationalsozialistischen Rassenideologie zu einer entsetzlich tauglichen Grundlage.

An dieser Erkenntnis führt nichts vorbei. Wer gegenwärtig über Deutschland nachdenkt und Antworten auf die Deutsche Frage sucht, muß Auschwitz mitdenken. Der Ort des Schreckens, als Beispiel genannt für das bleibende Trauma, schließt einen zukünftigen deutschen Einheitsstaat aus. Sollte er, was zu befürchten bleibt, dennoch ertrotzt werden, wird ihm das Scheitern vorgeschrieben sein . . .

Grass, Günter: Kurze Rede eines vaterlandslosen Gesellen, in: Die Zeit, 9.2.1990, S. 61.

6.2.4   Cordt Schnibben: Das deutsche Wesen, 1993

Cordt Schnibben (geb. 1953), Redakteur bei der Wochenzeitung „Die Zeit", dann beim Nachrichtenmagazin „Der Spiegel"; erhielt 1996 den Egon-Erwin-Kisch-Preis des „Stern".

Vielen Spätgeborenen Großdeutschlands, die sich nach 1945 in den Aufbau des besseren, wenn auch nur halben Deutschland stürzten, hat der Fall der Mauer den Traum eröffnet, vor dem Ende ihrer Tage zu vollenden, was sie im Wirtschaftswunder verfehlten: ihrem neuen Deutschland ein nationales Bewußtsein zu geben. Der Nachdruck, mit dem die nationalen Erwecker davon sprachen, daß die Nachkriegszeit zu Ende sei, entspringt ihrer Ungeduld. Der Zug sei abgefahren, entgegneten sie zu Recht den Skeptikern, die an der Vereinigung zweifelten. Jetzt steht die Lok, und sie legen schwitzend Kohle nach . . .

Das junge Deutschland, wie soll es das Nationale pflegen? Jeden Morgen das Deutschlandlied im Kindergarten? Pflichtjahr für alle bei der Kriegsgräberfürsorge? Mehr Schwarz-Rot-Gold in den Straßen? Was tut man gegen die Vernachlässigung des Nationalen? Schickt man Soldaten in die weite Welt? Baut man in Berlin das Hohenzollern-Schloß wieder auf? Wählt man einen Bundespräsidenten, der so redet, wie die Pfleger nationaler Tendenzen reden?

Wie soll sie aussehen, die nationale Identität, die wir mit Helmut Schmidt „suchen und finden" sollen?

Die mächtigen Worte vom „normalen Nationalstaat", vom „Interesse des Auslands", von der „größeren Verantwortung", wirken sie nicht so pompös leer wie der Koloß aus Plastikplanen in der Mitte der Hauptstadt, der in den Berlinern die Sehnsucht nach dem Schloß wecken soll? Stöbert man in dem warmen Mief, den die Worte verhüllen, findet man wenig darüber, was sein soll, viel darüber, was nicht sein soll. „Nation" ist zum Kittwort der Ratlosen aller Generationen geworden, zum Schlüsselwort für den Wiedereintritt in eine „Normalität", die es für die Deutschen nie lange gegeben hat. Ihr Nationalstaat gedieh spät, entartete bald zum massenmordenden Imperium, zerfiel schließlich in zwei Strafrepubliken.

Als ob Nationalbewußtsein für jedes Volk so selbstverständlich wäre wie Moral für jeden Menschen . . . Ist jedem Menschen gleichsam von Natur aus das Nationalgefühl mitgegeben? Ist er seelisch behindert, wenn es ihm fehlt? Darf man fragen, wer ihn so verkrüppelt hat? . . .

Wer nach 1945 Schreiben und Lesen gelernt hat, der mußte irgendwann nach der Pubertät . . . auch sein Verhältnis zu den Millionen Deutschen um sich herum verstehen lernen.

Er blickte sich nach Menschen um, die er achten und mögen konnte, weil er in ihnen auch sich selbst sehen und mögen wollte. „Die Vorzüge, der Wert und Sinn der Nation sind zugleich die eigenen." (Norbert Elias)

Unter den Deutschen, die vor ihm Lesen und Schreiben gelernt hatten, fand er wenige, mit denen er sich gemein fühlte. Wenn er wissen wollte, wie sie gemein gemacht hatte als Nation, hörte er wenig, was er mögen konnte. Wenn er Ausländer traf, erlebte er, daß er für das, was der Nationalismus seiner Vorfahren angerichtet hatte, haftbar gemacht wurde und daß ihr Wesen auch ihm unterstellt wurde. Wer nach 1945 Schreiben und Lesen gelernt hat, konnte sich als Deutscher nur lieben lernen, wenn er das, was deutsch ist, ändern half . . .

Fragt man die Deutschen, was ihnen einfällt, wenn sie an ihr Land denken, sagen sie (in dieser Reihenfolge): Industrie, Heimat, Leistung, Ordnung, Fortschritt, Sauberkeit. Ihr Nationalbewußtsein ruht auf der Stärke der Mark, der Sicherheit ihres Arbeitsplatzes (falls vorhanden) und der Qualität deutscher Wertarbeit. Weil die jüngere Vergangenheit kaum Anlaß für Stolz bot und Goethe, Schiller und Bach nicht jedem die Brust schwellen lassen, hielten sich die, denen danach war, an Mercedes, AEG und Krupp. „Nation" war nach dem Krieg für die Bundesdeutschen nicht mehr Kulturnation und Schicksalsgemeinschaft, sondern Arbeitsgemeinschaft und Sozialversicherung.

Die Nation als Versorgungseinrichtung, als Garant für Arbeit und Brot, als Arbeitsamt und Rentenbehörde – das wurde zum Kern westdeutscher Vaterlandsliebe. Darum beunruhigten Wirtschaftskrisen die Bundesbürger stets mehr als Identitätskrisen . . .

Wer nach 1965 Schreiben und Lesen gelernt hat, wurde groß unter den Stalinorgeln der Reklamerepublik und hat ein beruhigend abgeklärtes Verhältnis zu Verheißungen jeder Art.

Die deutsche Generation X wird sich ihre nationale Identität aus dem mischen, was ihr Generation Z an nationaler Wehmut und Generation Y an nationaler Diskretion vorgelebt hat – und aus dem, was auf dem internationalen Markt der guten Eigenschaften verwertbar erscheint. Ihre „Affinität zur völkischen Paranoia" [Verfolgungswahn] (Adorno) ist schwach, es überwiegt das Bestreben, „in Wahrheit zu leben" (Havel). Was hoffen läßt, daß diesen Deutschen ökologischer Globalismus wichtiger sein wird als nationaler Dunst, Weltexport einträglicher als Chauvinismus [exzessiver Nationalismus] und ein Einwanderungsgesetz ehrlicher als Kohls Gastfreundschaftssound.

Sie leben unter dem Fluch (mit dem Segen), von der Vergeblichkeit aller großen Alternativen überzeugt zu sein. Im Moment starren sie teilnahmslos auf das „große, wei-

Klaus Vonderwerth.

che, empfindliche Ungeheuer" (Enzensberger), das ihre Nation sein soll. Mal kommt es ihnen klug, vertraut und schön vor, mal ist es tumb, brutal und eklig.

Aber immer muß man Angst haben, wohin es im nächsten Moment tritt.

Schnibben, Cordt: Das deutsche Wesen, in: Der Spiegel 50/1993, S. 118–128.

6.3 Die geeinte Nation, der geeinte Nationalstaat – bringen sie eine Neubewertung von Nation und Nationalgefühl?

6.3.1 Roman Herzog: Ohne Fahne, ohne Schwert, die stille Liebe zu unserer Heimat, 1994

Roman Herzog (geb. 1934), Rechtswissenschaftler, Professor in Berlin und Speyer, 1979–1983 Mitglied des Bundesvorstands der CDU, 1984–1994 Präsident des Bundesverfassungsgerichts, seit 1994 Bundespräsident.

... Der Nationalstaat als alleinige Form politischer Gestaltung hat sich überlebt; das erfahren wir an allen Ecken und Enden ... Aber ob wir es wollen oder nicht, ob wir Deutsche, Franzosen, Amerikaner oder Türken sind, wir alle sind nun einmal in eine Nation hineingeboren oder hineinversetzt. Jede Nation hat ihr eigenes historisches Erbe. Dazu gehört auch, daß die deutsche eine lange, reiche und vergleichsweise friedliche Geschichte hatte, ehe sie – später als andere – zum Nationalstaat wurde. Wir können auch diesen Teil unseres Erbes nicht ausschlagen.

Aber wir Deutschen haben allen Grund, uns in dieser Frage sehr, sehr vorsichtig zu bewegen. Dazu sollten uns schon die Schandtaten veranlassen, die im deutschen Namen begangen worden sind, genauso aber auch die Erfahrung, daß unser Volk, vielleicht mehr als andere, sowohl in der Niedergeschlagenheit als auch im Jubel zur Übertreibung neigt und daraus wieder neues Unheil und neues Unrecht entstehen könnte.

Ich rate uns aus allen diesen Gründen, die Liebe zu unserem Land nicht einen Augenblick zu verschweigen, uns dabei aber ausgesprochen leiser Töne zu befleißigen. Natio-

nales Trara, Fanfaren und Tschinellen sind das letzte, was wir dabei brauchen können. Ich pflege in diesem Zusammenhang gern einen Satz des gewiß unverdächtigen Kurt Tucholsky zu zitieren, der genau zum Ausdruck bringt, was ich meine: „In allen Gegensätzen steht – unerschütterlich, ohne Fahne, ohne Leierkasten, ohne Sentimentalität und ohne gezücktes Schwert, die stille Liebe zu unserer Heimat."

In diesem Zusammenhang sind dann natürlich auch einige Worte zum Umgang mit unserer Geschichte nötig ... Es ist historische Wahrheit, daß in den unseligen zwölf Jahren vom deutschen Boden ein Angriffskrieg ausgegangen ist, der die Welt in Brand gesetzt hat, daß Millionen von Juden und Hunderttausende aus anderen Minderheiten ermordet worden sind, daß es KZ's und Vernichtungslager gegeben hat, so wie es historische Wahrheit ist, daß unter den Folgen dieses verbrecherischen Systems auch unzählige Deutsche gelitten haben, und wie es Wahrheit ist, daß auf den selbstverschuldeten Ruinen nachher ein freiheitlicher und demokratischer Staat aufgebaut worden ist und daß sich der Teil unseres Volkes, der dieses Glück und diese Chance zunächst nicht hatte, in einer unblutigen Revolution selbst befreit hat. Nur: Auch wenn wir das alles nicht verschweigen können, Aufrechnungen sind hier genausowenig möglich. Man kann nicht Hitler gegen Beethoven aufrechnen oder Himmler gegen Robert Koch oder Hilde Benjamin gegen Grundgesetz und Rechtsstaat. So können und dürfen wir unsere Geschichte nicht betreiben, das würde wieder einmal alles schraffieren und verwischen, was wir aus ihr zu lernen haben.

Ebensowenig kann man historische Lasten der eigenen Nation gegen Lasten anderer Nationen, Verbrechen des einen Unrechtsregimes gegen die des anderen, Hitler gegen Stalin, Dresden gegen Coventry, Bautzen gegen Dachau aufrechnen. Der Gleichheitsgrundsatz gilt nicht im Unrecht. An der historischen Einmaligkeit des Grauens von Auschwitz ist nicht zu deuteln. Daß es eine historische Einmaligkeit bleibt, ist nicht ein Thema für streitende Historiker, sondern Verantwortung und Pflicht für uns alle ...

Herzog, Roman: Ohne Fahne, ohne Schwert, die stille Liebe zu unserer Heimat, in: Frankfurter Allgemeine Zeitung, 2. 7. 1994.

6.3.2 Richard Schröder: „Ich bin Deutscher", was heißt das? 1993

Richard Schröder (geb. 1943), ev. Theologe, Politiker und Publizist, 1973–1977 Pfarrer, vom März bis Oktober 1990 Mitglied der Volkskammer, seit 1991 Professor für Philosophie und Theologie an der Humboldt-Universität Berlin.

Was meinen wir, wenn wir, Deutsche Ost und Deutsche West, jetzt sagen: „Wir sind Deutsche"?

Ich antworte: *nichts Besonderes, aber etwas Bestimmtes.* Wenn jemand sagt: „Ich bin Tischler", dann behauptet er ja auch nicht, daß dieser Beruf allen anderen weit überlegen sei, sondern: unter vielen ehrenwerten Berufen ist dies nun gerade *mein* Beruf. In dem kenne ich mich aus, in anderen nicht oder jedenfalls schlechter. Obwohl wir Deutschen vierzig Jahre in *getrennten* Staaten gelebt haben, sind die Gemeinsamkeiten zwischen uns offenbar viel größer als die zwischen Serben und Kroaten, die doch (mit viereinhalb Jahren Unterbrechung) 73 Jahre lang in *einem* Staat zusammengelebt haben. Dieses selbstverständliche Zusammengehören ist ja von den vielen Millionen Flüchtlingen, die die DDR in vierzig Jahren verlassen haben, faktisch in Anspruch genommen worden. Von ihnen ist kaum jemand nach Österreich oder in die Schweiz oder nach Amerika gegangen ...

Wir Deutschen sind nichts Besonderes, aber etwas Bestimmtes, nicht über, sondern neben den anderen Völkern. Wir haben besonders viele Nachbarn. Das verpflichtet uns besonders zur Nachbarschaftlichkeit.

Was nun ist das Bestimmte, das uns als Deutsche verbindet? Es ist keine Substanz, die wir komplett vorzuweisen und als „Deutschtum" rein zu erhalten hätten. Es ist eine *gemeinsame Haftung.* Wir haften für unsere Gemeinsame Geschichte mit ihren Höhen und Tiefen, und wir haften füreinander für unsere gemeinsame Zukunft.

Die Höhen, damit meine ich unsere Kultur. Wir, die Deutschen, stehen in der Pflicht, sie als einen Teil der europäischen Kultur und der Menschheitskultur zu erhalten, und zwar nicht nur für uns, sondern ebenso für die anderen ... Die Tiefen, das ist die geschichtliche Schuld der Deutschen. Manche möchten bestreiten, daß es so etwas überhaupt gibt, geschichtliche Schuld. Was habe ich mit dem zu tun, was meine Vorfahren getan haben? Die Antwort lautet: Die Nachfahren der Opfer sehen in uns die Nachfahren der Täter. Die Juden oder die Polen können von uns erwarten, daß wir uns nicht auf die zweifelhafte Gnade der späten Geburt berufen, als sei nie etwas Furchtbares in unserem Lande geschehen. Umgekehrt können wir erwarten, daß die Juden oder die Polen uns nicht persönlich haftbar machen für das, was geschehen ist. Wir haften für die geschichtliche Schuld unserer Vorfahren so, daß wir im Umgang mit den anderen Völkern anerkennen und berücksichtigen, was geschehen ist ...

Wir haften aber nicht nur *vor den anderen* für deutsche Schuld, sondern auch *füreinander.* Daß Deutschland nach dem Zweiten Weltkrieg geteilt wurde, Stalin im Osten Ulbricht installierte und die beiden deutschen Staaten so verschiedene Entwicklungen nahmen, hat seinen Grund im verlorenen Weltkrieg, den Hitler vom Zaun gebrochen hat, und darin, daß die Siegermächte ihre Zonen sehr verschieden behandelt haben. Daß die beiden deutschen Staaten jeweils die Regierungs- und Wirtschaftsform bekommen hätten, die sie verdient haben, ist blanker Unfug. 1945 steckten alle Deutschen in derselben Misere ...

Und wir haften gemeinsam für unsere Zukunft. Deutsche Staatsbürger können und sollen mehr voneinander verlangen können an Aufmerksamkeit, Rücksicht und Berücksichtigung als von anderen. Hier wird eingewendet: Aber andere Menschen haben doch Hilfe viel nötiger. Sie sind am Verhungern. Das ist richtig. Das heißt z. B., daß sich Deutschland auf diesem Feld mehr als bisher engagieren muß. Eben dies setzt voraus, daß wir, die Deutschen, dies gemeinsam wollen, auch wenn es weh tut. Wir können Somalia helfen, wir können mit Somalia Verträge abschließen, vereinigen aber können wir uns mit Somalia nicht.

Also: wir, die Westler und die Ostler, sind Deutsche, weil uns unser Vaterland, unsere Muttersprache, unsere Geschichte und unsere Kultur verbinden. Und deshalb ist es gut und normal, daß wir, die so viel verbindet, wieder in einem gemeinsamen Staat mit gleichen Rechten und Pflichten zusammenleben und unsere gemeinsamen Angelegenheiten auch gemeinsam regeln ...

Wenn ich sage: Deutschland ist mir das liebste (wenn auch nicht unbedingt das bequemste), so ist kein Nationalismus, der jemanden diskriminiert, denn jedem sollte sein Land das liebste sein können. Ich diskriminiere ja auch niemanden, wenn ich sage: Meine Kinder sind mir die liebsten Kinder. Ich bin nämlich ihr einziger Vater, und das verpflichtet – auch manchmal auf unangenehme Weise. Es ist ganz in der Ordnung, daß mir dieses Land und seine Probleme wichtiger, ernster und näher sind als die anderer Länder, wie es auch ganz in der Ordnung ist, daß mir der Rest der Welt nicht egal ist.

Richard Schröder: Deutschland schwierig Vaterland. Für eine neue politische Kultur, Freiburg 1993, S. 19–23.

6.3.3 Brigitte Seebacher-Brandt: Nation im vereinigten Deutschland, 1994

Brigitte Seebacher-Brandt (geb. 1946), Studium der Germanistik und Geschichte an der Freien Universität Berlin, Chefredakteurin der Wochenzeitung „Berliner Stimme" 1972–1977, später Tätigkeit in der Pressestelle beim Parteivorstand der SPD, als Publizistin tätig.

... Über die deutsche Nation wird immer noch einmal nachgedacht. Ob sie sein müsse oder nicht sein dürfe, ob sie normal sei oder etwas Besonderes, ob das Unheil ihr anhänge und sie besser in Europa aufgehe: auch fünf Jahre nach dem Mauerfall ist der Fragen kein Ende. Die Nation wird gerechtfertigt und sie wird bestritten. Nur eines widerfährt ihr nicht – ein selbstverständlicher Umgang. Politiker meiden, mit wenigen Ausnahmen, den Begriff. Und mit dem Begriff die Sache. Von der Nation zu reden ziemt sich nicht. Es ziemt sich solange nicht, weil ihr Klang künstlich ist und es niemand unternimmt, die Nation auch in Deutschland zur natürlichsten Sache der Welt zu machen. Es sei gleichgültig, welche Namen in Umlauf seien? Nein, was ist, muß benannt werden. Alles andere ist Flucht vor der Gegebenheit. Und Flucht hat noch nie zu Gutem geführt...

Sich zu quälen, kann lustvoll sein. Und lustvoll ist, was wir immer und immer wieder mit der eigenen Nation anstellen, auch anstellen lassen. Kein Deutscher verfiele auf die Idee, einen Franzosen zu fragen, wie er es mit der Nation halte. Umgekehrt sind wir jederzeit bereit, in uns zu gehen und Antwort zu suchen auf diese eine Frage; dabei wird sich noch entschuldigt – für die Größe und die Stärke des Landes, die Lage, die Geschichte, die Einheit und überhaupt ... Nation und Nationalismus werden munter durcheinander geworfen; der Nation wohne, so die Unterstellung, die Katastrophe schon inne ...

Anlässe werden auch sonst gesucht und gefunden, wenn nachzuweisen ist, daß die Geister der Vergangenheit wieder umgehen und die Nation nichts nutzt ...

Auch nur davon zu reden, daß eine Nation nicht erst dann eine ist, wenn alle Ungleichheiten beseitigt und alle nett zueinander sind, ist schon Verrat am herrschenden Geist. Die Nation, die eine ist und sein will, hält innere Spannungen aus. Aber vielleicht wird die innere Uneinheit, ob tatsächlich vorhanden oder eingebildet, auch nur hochstilisiert, um das Ressentiment und die Rechthaberei pflegen zu können? Der Wille zur Nation schließt den Willen zum inneren Wandel ein. Gemessen an der Größe der Aufgabe ist die Einheit auf den richtigen Weg gebracht. Ob er zu Ende gegangen wird, bleibt eine offene Frage. Der Schlüssel zum Verständnis der Nation ist ihr innerer Zustand. Die Nation ist kein abstraktes Wesen und an sich weder zum Guten noch zum Bösen gemacht. Hitler ist 1933 nicht an die Macht gekommen, weil Deutschland ein Nationalstaat war und die Geschichte es so vorgesehen hatte, sondern weil der Grund, in dem die Demokratie ruhte, brüchig war ... Die deutsche Nation lebt, und sie lebt weiter wie andere Nationen auch. Die Nation bleibt der natürliche und normale, der selbstverständliche Bezugsrahmen der Menschen, die in sie hineingeboren werden. Nach allem, was es sich und der Welt angetan hat, ist Deutschland in die Normalität eingekehrt. Eine Normalität, in die andere Nationen auf ihre je eigene Weise haben finden müssen. Noch niemand hat gesagt, was sein soll ohne solche Normalität. Vielleicht etwas Besonderes? Und wie soll Europa gedeihen, wenn seinen Nationen Normalität zugesprochen wird und nur der einen nicht? ...

Seebacher-Brandt, Brigitte: Nation im vereinigten Deutschland, in: Aus Politik und Zeitgeschichte, B 42/1994, S. 3–9.

6.3.4 Martin Walser: Deutsche Sorgen, 1993

Martin Walser (geb.1927), Gymnasium, Arbeitsdienst, Flakhelfer, Kriegsgefangenschaft, 1946 Abitur, Studium der Literatur, Geschichte und Philosophie, 1951 Promotion, 1949–1957 beim Bayerischen Rundfunk, arbeitet als freier Schriftsteller und Regisseur, seit 1953 Gastprofessor an verschiedenen Universitäten in den USA; Mitglied mehrerer Akademien, Inhaber einer großen Zahl von Literatur-Preisen, z. B. 1981 Georg-Büchner-Preis; erhielt 1998 den Friedenspreis des Deutschen Buchhandels.

... Wir erleben zur Zeit, wie 15- bis 25jährige ihre Erfahrungen verarbeiten. Nicht mit Sprache, sondern mit Worthülsen, mit Meinungs-Plunder aus dem schlimmsten Fundus und mit Gewalt. Unsere Tagesordnung ist gestört. Zum letzten Mal ist sie so gestört worden durch die Anschläge der RAF. Nach 1968 haben wir durch weitgehende Urteile aus aufbegehrenden Studenten unbelehrbare Terroristen gemacht.

Jetzt machen wir Rechtsradikale aus Jugendlichen, die ihren Protest so kraß wie möglich kostümieren. Das ist eine Protestbewegung von rechts, aber es ist in erster Linie eine Protestbewegung. Und wie radikal sie schon ist oder noch wird, hängt wieder von uns ab. Von Politik ist bis jetzt noch kaum die Rede bei diesen Verwirrten und Versprengten. Wenn sie den Mund aufmachen, kommt zäh Hilflosigkeit heraus. Und wenn sie mit Requisiten des Nationalsozialismus auftreten, dann doch wohl, weil sie wissen, daß das uns am meisten weh tut und daß man damit am schnellsten weltweit ins Fernsehen kommt. Allerdings: Wenn sie sich den Satz: „Ich bin stolz, ein Deutscher zu sein" an den Arm kleben, dann sollten die, die das zum Erbrechen finden, zuerst einmal überlegen, wie es zu diesem Satz kommt. Vererbt wird dergleichen nicht. Und nicht jedesmal sind ein trunksüchtiger Vater und eine demütigende Sonderschulerfahrung die Ursache. Vielleicht wird jeder andere Bedingungen dafür nennen.

Meine erste Reaktion ist da: Armer Mensch. Wenn einer nichts anderes hat, worauf er stolz sein kann als auf seine Nationalität, ist er als Deutscher doch wirklich arm dran. Andererseits kann man aber aus einer Nation auch nicht austreten wie aus einem Verein, um nicht mittragen zu müssen, was diese Nation als Nation angestellt hat. Meine zweite Reaktion auf einen solchen Schauersatz: Ich glaube ihn nicht. Nation – das ist keinem die Hauptsache. Längst nicht mehr. Und nie mehr. Der Satz ist eine Demonstration, eine Imponiergebärde. Wer diesen Satz hißt, weiß, daß er uns trifft, daß er uns wehtut. Und das will er vor allem.

Dritte Reaktion: Solche Sätze und die dazugehörenden Taten vollbringen Kinder, die in einer Gesellschaft aufwuchsen, in der alles Nationale ausgeklammert oder rückhaltlos kritisch behandelt wurde. Aus den allertriftigsten Gründen. Schon das Wort Nation war nur noch möglich in der schimpflichsten Verbindung: Nationalsozialismus. Der zweiten Worthälfte ist jetzt Ähnliches passiert.

Aber die 40jährige Ausgrenzung des Wortes Nation aus dem Sprachschatz der Zurechnungsfähigen, der Meinungsmacher, der Politiker, der Intellektuellen hat nicht verhindert, daß abseits der öffentlichen Meinung das Wort Nation sich erhalten hat ... So kam in 40 Jahren ein sehr reinlicher Sprachgebrauch zustande. Aber das stammt alles aus der einen deutschen Vergangenheit: weiterleben zu müssen mit einer Vergangenheit, die nicht vergehen kann. Genau dieser Vergangenheit wegen, befanden einige Intellektuelle, müsse Deutschland für immer und ewig geteilt bleiben. Als „Kulturnation" dürfe es übrig bleiben. Immerhin durfte da das Wort einmal in einer freundlichen Koppelung erscheinen. Aber wie das gehen sollte, konnte keiner sagen. Nation war nicht angesagt. Deutsche Intellektuelle wollten jetzt Europäer sein. Aus dem Stand sprangen sie über die höchste Zukunftslatte: Europa. Vermittlung nicht nötig. Daheim Bayer, draußen Europäer.

Daß ein Europa nur aus Nationen bestehen kann, war überall in Europa bekannt, nur in Deutschland beziehungsweise bei einer bestimmten Art deutscher Intellektueller nicht. Sie rechneten es sich hoch an, daß sie aus dem Schrecken und Miseren von 1870 bis 1945 ableiteten, keiner deutschen Nation mehr angehören zu wollen. Mir kommt vor, man könne dem, was die deutsche Nation von 1870 bis 1945 getan hat, nicht durch Austritt, Verabschiedung oder Negation entkommen. Geschichte hört nicht dadurch auf zu wirken, daß wir sie negieren. Als wer wird man denn geboren? Als Kind einer Familie, einer Landschaft, einer Sprache, einer Nation, eines Kulturkreises beziehungsweise Erdteils. Der deutsche Intellektuelle, der sofort und nichts anderes als Europäer sein will, muß den Europäern aus anderen Ländern bis zur Unwahrnehmbarkeit abstrakt vorkommen.

Und weil wir aus den allertriftigsten Gründen die Nation so klein und schlecht gemacht haben, deshalb haben Landsleute, die das nicht ertragen wollten oder konnten, den Nationalismus in Pflege genommen. Ich glaube, die Entwicklung rechtsextremer Gruppierungen ist eine Antwort auf die Vernachlässigung des Nationalen durch uns alle. Und wir alle haben dieser Pflege nationaler Tendenzen immer jede Legitimität verweigert. Mit dem verständlichen und doch etwas schematischen Hinweis auf die NS-Zeit.

Könnte es nicht sein, daß wir durch diese peinliche Ausgrenzung die Rechtstendenzen radikalisiert haben?...

Walser, Martin: Deutsche Sorgen, in: Der Spiegel 26/1993, S. 40–47.

6.3.5 Johann Georg Reißmüller: Was ist national? 1996

Johann Georg Reißmüller (geb. 1932 in Leitmeritz, Böhmen), 1946 nach Vorpommern deportiert; 1950 Flucht nach West-Berlin, Gymnasium in Tübingen, Jura-Studium, 1957–1961 Redakteur der „Juristen-Zeitung", ab 1961 in der politischen Redaktion der FAZ, Korrespondent in Belgrad 1967–1971; 1974–1998 Mitherausgeber der FAZ.

Das Wort „national" in seiner früheren Bedeutung gibt es im politischen Sprachschatz nicht mehr. Wenn über etwas zu reden oder zu schreiben ist, das mit dem Nationalen zu tun hat, wird es „nationalistisch" genannt. Ein Politiker, wo in der Welt auch immer, der eine nationale Frage aufwirft oder ein nationales Interesse verficht, findet sich deshalb als „nationalistisch" beschrieben. Damit ist die Steigerungsstufe von national zu nationalistisch aufgehoben, der Unterschied eingeebnet zugunsten des Schärferen ...

Wie kam es zum Monopol des Eigenschaftswortes „nationalistisch"? Ein großer Teil der in den Medien Tätigen will viel von dem, was „national" meint, nicht gelten lassen, will es disqualifizieren. Wichtige nationale Politik-Inhalte sollen, anders als beliebige soziale und liberale, im Verruf sein. Nicht nur das – sie sollen aus der Politik für immer entfernt werden.

Mit dem Begriff und den Vorstellungen, für die er steht, wird zugleich politische Wirklichkeit verdrängt. Denn was das Wort „national" herkömmlich meint, ist im Leben der Völker vorhanden, in Gestalt von Zielen, Wünschen, Programmen, Antriebskräften, auch von Institutionen. Das Wegdrängen des Begriffs „national" mitsamt großen Stücken seines Inhalts mußte darum zu einem Realitätsverlust in Deutschland führen. Er hatte gravierende politische Folgen.

In den siebziger und achtziger Jahren wurde die große nationale Frage der Deutschen in jener Zeit, die Wiedervereinigung der beiden Teile des Volkes und des Landes, von mächtigen Kräften in Politik und Kultur aus dem öffentlichen Diskurs und damit auch aus dem öffentlichen Bewußtsein beinahe getilgt. Wer trat damals unter den Politikern, in der politisch wirksamen Intelligenz – etwa unter den Professoren, die im Ausland als geistige Repräsentanten des freien Deutschland sprachen – noch für einen gemeinsamen deutschen Staat ein? In jenen Jahrzehnten gehörte es zum guten Ton, ausländischen Gesprächspartnern zu versichern, man habe die Deutschen hätten mit einer Wiedervereinigung nichts, aber auch wirklich nichts im Sinn.

Die deutsche Einheit wurde von großen Segmenten der politisch-publizistischen Klasse des westlichen Deutschland mit solcher Entschiedenheit abgeschrieben, daß darüber das Gespür für eventuelle Einheits-Chancen verlorenging ... Das war auch die Zeit, als in Deutschland das Wort „national" auf seine andere, zweite Bedeutung zusammengeschnitten wurde: Es meinte nur noch „für den gesamten westdeutschen Staat". Die Fußball-, die Eishockeynationalmannschaft der Bundesrepublik Deutschland gab es schon; solche eingeführten Bezeichnungen, die sich schwer auf handliche Weise ersetzen lassen, richteten keinen Schaden an. Doch nun entstanden alle möglichen öffentlichen, halböffentlichen, privaten Verbände, Kommissionen, Räte mit der Bezeichnung „national"

– was bei der Doppeldeutigkeit des Wortes und angesichts der Spaltung der Nation eine erstaunliche Instinktlosigkeit verriet.

Mit der staatlichen Wiedervereinigung war das wichtigste nationale Ziel deutscher Politik erreicht. Einige nationale Aufgaben bleiben. Die deutsche Politik muß das ihrige dazu tun, daß im vereinten Europa Deutschland (ebenso wie die anderen Nationen) nicht bis zur Unkenntlichkeit gleichgeformt, daß es nicht eingeschmolzen wird. Die Sprache vor allem, wichtigster Träger der Kultur eines Volkes, ist zu bewahren. Dazu gehört, daß ihr auch draußen, zumal in den internationalen und supranationalen Institutionen Geltung bewahrt und verschafft wird. Wie die Sprache bedarf auch die Geschichte der Pflege. Das ist ein Auftrag vor allem an die Wissenschaft, aber der Staat muß ihr die Bedingungen schaffen. Die deutschen Minderheiten in anderen Ländern brauchen Unterstützung. Manchmal heißt es, die meisten seien nur noch Splitter. Doch einige dieser Splitter umfassen noch Hunderttausende Menschen. – Soll das alles „nationalistisch" heißen?

Mehreren Völkern in der östlichen Hälfte Europas stellen sich viel größere, schwierigere nationale Aufgaben. Die Deutschen haben keinen Grund, darauf neidisch zu sein. Aber daß es für sie nichts Nationales mehr gebe und also das Wort „national" in seiner hergebrachten Bedeutung bei uns gegenstandslos geworden sei – das wäre eine arge Beschränktheit.

Reißmüller, Johann Georg: Was ist national?, in: Frankfurter Allgemeine Zeitung vom 12. 7. 1996, S. 1.

Fragen zu Kapitel 6:

1 Die deutsche Vereinigung 1990 weckte bzw. verstärkte bei ausländischen Beobachtern die Befürchtung, das erstarkte, weil vereinigte Deutschland werde nun womöglich einen Rückfall in nationalistische Denk- und Handlungsweisen erleben. Welche Befürchtungen wurden im wesentlichen geäußert und wie wurden sie begründet (siehe Texte 6.1)?

Haben sich die Befürchtungen Ihrer Ansicht nach eher bewahrheitet oder wurden sie eher widerlegt?

2 Emotional getönt und pointiert in der Aussage gehen die Texte 6.2 das Thema eines wiedererwachenden deutschen Nationalismus an. Welche Gemeinsamkeiten finden Sie in den Texten?
Können Sie der Aussage von Patrick Süskind zustimmen (Text 6.2.1), der im letzten Viertel seines Textes der jungen Generation ein anderes Verhältnis zur Nation und ihrer Geschichte zuschreibt als der Generation der Vierzig- und Fünfzigjährigen?

3 Die Texte 6.2.1 und 6.2.3 stehen in deutlichem Gegensatz zu Texten anderer deutscher Schriftsteller zum selben Thema (siehe 5.6.2 und 5.6.3). Wie könnte man den Unterschied kurz formulieren?

4 Text 6.2.2 nimmt eine besondere Position ein. Was ist die wesentliche Aussage der Autorin? Können Sie die von ihr geäußerten Befürchtungen aufgrund Ihrer eigenen Erfahrungen nachvollziehen?

5 Trifft der Text von Cordt Schnibben (6.2.4) Ihre Einstellungen zum Thema ganz oder teilweise? Durch welche rhetorischen Mittel ist der Text gekennzeichnet? Wie wirken sie? Wie würden Sie das Bild von der deutschen Nation, das Schnibben im letzten Absatz bringt, interpretieren? Welche anderen Bilder könnte man dafür finden?

6 Die Texte 6.3 versuchen, „nationales" und „nationalistisches" Denken zu definieren und voneinander abzusetzen. Geben Sie die beiden wesentlichen Argumentationsgänge wieder!

7 Martin Walser (Text 6.3.4) vertritt die These, rechtsextremistisch-nationalistische Parolen bei Jugendlichen seien vor allem deshalb möglich geworden, weil die übrige Gesellschaft das Nationale lange tabuisiert habe. Können Sie dieser These zustimmen? Welche anderen Erklärungsmöglichkeiten für rechtsextremes bzw. nationalistisches (und ausländerfeindliches) Verhalten Jugendlicher kennen Sie?

7 Die europäische Einigung und die Nation

Das Verhältnis von Nation, Nationalstaat und europäischer Integration ist weder eindeutig noch vollständig geklärt. Nach wie vor kommt dem Nationalstaat die eigentliche Machtausübung zu, identifiziert sich der Bürger mit dem Nationalstaat und nur eine Minderheit mit einer europäischen Staatsbürgerschaft.

Die politische Gestalt eines europäischen Bundesstaates oder Staatenbundes, einer europäischen Konföderation oder anderen politischen Form ist nach wie vor offen.

Und es ist keineswegs sicher, daß ein Europa der Nationalstaaten die wünschenswerteste Möglichkeit darstellt.

Ein Europa der Regionen wäre zum Beispiel eine Alternative, die Probleme von Nationalitäten und Minderheiten besser löste. So hat schon 1941 Leopold Kohr ein Europa der Kantone vorgeschlagen. Er wollte damit die Befriedung Europas und den Ausgleich zwischen den Nationalismen und nationalen Interessen in der Zusammenfassung kleiner autonomer Einheiten zu einem europäischen Gesamtstaat. Die Entwicklungen in einigen Mitgliedstaaten der Europäischen Union, die alte, geschichtlich und wirtschaftlich bedingte Nationalismen innerhalb dieser Länder entstehen ließen und die die Bedeutung separatistischer Bewegungen in Frankreich, Spanien und Großbritannien deutlich machten, haben dem Gedanken eines „Europa der Regionen" neue Aktualität und vielleicht auch Anziehungskraft verliehen.

Damit ist freilich noch nichts über seine Verwirklichungschancen ausgesagt – der Nationalstaat hat in Europa die ausschlaggebende Stimme. Die Schaffung eines übernationalen europäischen Staates erscheint am Ende des 20. Jahrhunderts – im Zeitalter der neu erwachenden und sich verstärkenden Nationalismen – wenig wahrscheinlich.

Mehr denn je zeigt sich am Ende des Jahrhunderts, daß die europäische Einigung nicht gegen die Nationen, sondern nur mit ihnen eine Chance hat. „Vereinigte Staaten von Europa" wird es wohl schon deshalb nicht geben, weil entsprechende umfangreiche zusätzliche Souveränitätsverzichte seitens der Nationalstaaten heute wenig wahrscheinlich erscheinen.

Vielleicht erfaßt Hondrichs Satz die Zusammenhänge am treffendsten: „Supranationale Fortschritte und Nationalismus bedingen sich gegenseitig." Und: Es gibt einen neuen, diesmal „progressiven" Nationalismus (Hondrich), der die im Rahmen des Nationalstaats erreichten Fortschritte im Umweltschutz, in der Stellung der Frau, in der Stabilität der Währung, im Bildungswesen etc. nicht durch supranationale Kompromisse verwässert sehen will.

Bleibt die Frage, ob es – analog zu nationaler Identität – auch eine europäische Identität geben wird und kann (Pfetsch), eine Frage, die derzeit eher negativ beantwortet wird.

Damit ergibt sich eine neue und nüchterne Sicht auf die weiteren Möglichkeiten der europäischen Integration, die zwar den Weg zum supranationalen Staat nicht vorzeichnet, die aber andererseits auch der Entwicklung und Ausbreitung eines europäischem Nationalismus („Festung Europa") hinderlich ist und die unempfindlicher macht gegen die Mythenbildung, die einem solchen Nationalismus Vorschub leisten könnte.

7.1 Leopold Kohr: Einigung durch Teilung, 1941

Leopold Kohr (geb. 1909), österreichischer Philosoph, Studium in Innsbruck, Wien, Paris und London, lehrte Nationalökonomie an Universitäten in Nord- und Südamerika sowie Europa. Bekannt wurde er vor allem durch sein 1957 erschienenes Werk „The Breakdown of nations" („Das Ende der Großen"); für sein Werk „Weniger Staat" wurde er 1983 mit dem Alternativen Nobelpreis ausgezeichnet. Der hier zitierte Aufsatz wurde 1941 in der linkskatholischen Zeitschrift „The Commonweal" unter dem Titel „Disunion Now" veröffentlicht.

Die meisten von uns glauben, daß das Elend, das die Welt erfaßt hat, darin liegt, daß sich die Menschheit in zu viele Staaten zersplittert. Deshalb sind auch die meisten von uns davon überzeugt, daß die einfachste Methode, dieses Übel abzustellen, ganz einfach darin liegt, die Vielzahl der Staaten durch einen Prozeß der allmählichen Vereinigung abzuschaffen, angefangen mit der Vereinigung der Demokratien, dann der Kontinente und letzten Endes der ganzen Welt. Die gewöhnlich zitierten Beispiele für die Möglichkeit solcher Unionen sind die Vereinigten Staaten und die Schweiz. Was die Vereinigten Staaten anlangt, so sind sie kein Modell, das auf Europa angewendet werden kann, da sie keine Union verschiedener Einheiten darstellen. Es gibt keinen wirklichen Unterschied zwischen den Bevölkerungen, Sprachen, Rassen und Sitten, die in den verschiedenen Staaten existieren. Es gibt nur ein Volk, das amerikanische, das in den Vereinigten Staaten lebt, die einen Plural nur dem Namen nach darstellen. Die USA *sind* kein Land, sie *ist* ein Land. Die einzige Lehre, die sich daraus ziehen läßt: Trotz der äußeren Einheit wurde es für sinnvoller und praktischer gehalten, das Land in 48 Staaten zu unterteilen als den ganzen Halbkontinent durch Delegierte von Washington her verwalten zu lassen. Das heißt: Differenzierungen wurden künstlich hergestellt, weil es sich als einfacher erwies, dadurch eine Union zu schaffen als durch zentralistische Vereinheitlichung.

Ein besseres Beispiel für die Verwirklichung des Einigungstraumes, wie ihn die europäischen Unionisten träumen, wo es weder eine gemeinsame Sprache noch einen gemeinsamen kulturellen oder historischen Hintergrund gibt, finden wir in der Schweiz. Dort, auf einem kleinen Gebiet mitten in den Alpen, leben drei traditionelle Erzfeinde – Italiener, Deutsche und Franzosen – in einem Freundschaftsverband zur gemeinsamen Förderung von Frieden, Freiheit und Wohlstand. Für viele Europa-Enthusiasten ist die Schweiz das überzeugendste Modell für ein Zusammenleben verschiedener Nationen. Die Confoederatio Helvetica, nicht die USA, ist das heilige Land ihrer Ziele.

In Wirklichkeit ist aber auch die Schweiz etwas radikal anderes als das, was sie darzustellen scheint. Von den Proportionen her gesehen (wenn man von der in Graubünden lebenden kleinen vierten Nation der Rätoromanen absieht), bestehen die drei nationalen Hauptgruppen der Schweiz zu ungefähr siebzig Prozent aus deutsch-, zu zwanzig Prozent aus französisch- und zu zehn Prozent aus

italienischsprechenden Eidgenossen. Wären diese drei nationalen Gruppen als solche die Basis der Union, so hätte das auch in der Schweiz unaufhaltsam zur Vorherrschaft des großen deutschsprachigen Blocks über die anderen Nationalitäten geführt und sie de facto zu Minderheiten degradiert, da sie nur dreißig Prozent der Gesamtbevölkerung darstellen. Tatsächlich fördern ja gerade demokratische Prinzipien eine solche Entwicklung. Das Resultat wäre: Jeder Grund für die französisch- und italienischsprechenden Volksgruppen, weiterhin Teil eines vorwiegend deutschen Unternehmens zu bleiben, fiele weg.

Es gäbe nichts mehr, was sie von dem Anschluß an ihre Sprachverwandten auf der anderen Seite der Grenzen abhalten könnte, die die mächtigen Nationen Italien und Frankreich geschaffen haben. Auch für die deutschsprachige Mehrheit würde es wenig Sinn haben, weiterhin außerhalb der Grenzen ihres großen Nachbarreiches zu leben.

In Wirklichkeit aber begründen sich die Existenz der Schweiz und das erfolgreiche Zusammenleben verschiedener Volksgruppen nicht im Zusammenschluß ihrer drei oder vier Nationalitäten, sondern im Verband ihrer 25 „Staaten" (den Kantonen oder Halbkantonen), was quasi eine nochmalige Aufteilung innerhalb der einzelnen regionalen Einheiten darstellt – und das genaue Gegenteil einer Verschmelzung ihrer Volksgruppen bedeutet. Dies aber bildet die unerläßliche Vorbedingung für jeden demokratischen Staatenbund: Die einzelnen Gemeinschaften müssen sich von ihrer Bevölkerungszahl her in einem Gleichgewicht befinden.

Die Größe der Schweizer Staatsidee liegt daher in der Kleinheit der Zellen. Auf deren souveräner Unabhängigkeit ruht die Garantie ihrer Existenz. Der Schweizer aus Genf steht dem Schweizer aus Zürich nicht als französischer einem deutschen Eidgenossen gegenüber, sondern als ein Eidgenosse aus der Republik Genf einem Eidgenossen aus der Republik Zürich. Ein Bürger aus dem deutschsprachigen Uri ist ein Bürger aus dem deutschsprachigen Unterwalden genauso ein „Ausländer" wie für einen Bürger aus dem italienischsprechenden Tessin. Zwischen dem Kanton St. Gallen und dem Schweizer Staatenbund gibt es keine Zwi-

schenorganisation in der Form eines deutsch-
sprechenden Halbbundesstaates. Die an Bern
abgetretene Staatsgewalt stammt von den
kleinen Kantonsrepubliken, nicht von den
Nationalitäten, denn die Schweiz ist eine
Union von Staaten, nicht von Nationen.

Es ist wichtig, sich darüber im klaren zu sein,
daß die Bevölkerung der Schweiz (in runden
Zahlen) aus 700 000 Bernern, 650 000 Züri-
chern, 160 000 Genfern besteht, nicht aus
2 500 000 Deutschen, 1 000 000 Franzosen
und 500 000 Italienern. Die verhältnismäßig
große Zahl von fast souveränen Kantonen
und Halbkantonen, zusammen mit der Kleinheit der einzelnen Kantonatsbevölkerungen,
verhindert das Aufkommen jeder imperialistischen Vorherrschaftsambitionen seitens eines Einzelkantons, da er zahlenmäßig
auch schon von einer kleinen Koalition anderer Kantone übertroffen würde.

. . .

Wenn das Schweizer Vorbild auf Europa angewendet werden soll, und oft ist ja davon die
Rede, dann muß auch die Schweizer *Methode*
nachgeahmt werden und nicht nur der äußere
Rahmen in ihrer multinationalen Gesamt-
struktur. Und die liegt in der *Teilung* ihrer
drei unterschiedlich großen Blöcke in so viele
kleinere Bestandteile als notwendig sind, um
jedwedes zahlenmäßiges Übergewicht eines
Blocks unmöglich zu machen.

Was Europa anlangt, so heißt das, daß 40 oder
50 *gleich große* Staaten geschaffen werden
sollen anstatt vier oder fünf *ungleich* große.
Anderenfalls wird auch ein föderativ geeintes
Europa immer 80 Millionen Deutsche, 45
Millionen Franzosen, 50 Millionen Italiener
et cetera haben, was letzten Endes genauso
zur Hegemonie Deutschlands führen würde
wie Bismarcks föderativ geeintes deutsches
Reich, in dem 24 mittlere und kleine Staaten
mit der 40-Millionen-Einwohner-Großmacht
Preußen verbunden waren – und so unter die
Hegemonie Preußens gerieten.

Mein Vorschlag ist also, Deutschland nach
dem Krieg vorerst in eine Anzahl von Staaten
– von sieben bis zehn Millionen Einwohner –
aufzuteilen. Das wäre leicht zu bewerk-
stelligen, da die früheren Deutschen Staaten
(oder zumindest ein großer Teil von ihnen)
innerhalb ihrer alten Grenzen rekonstruiert
werden können. Sogar Preußen würde eine

Spaltung in seine historischen und natürlichen Landschaften zulassen.

Die Zersplitterung Deutschlands allein hätte
aber auf die Dauer keine Wirkung. Bei der
natürlichen Tendenz aller organischen Zell-
strukturen würde die einstige Zersplitterung
Deutschlands zur Wiedervereinigung führen,
wenn nicht gleichzeitig auch ganz Europa
kantonisiert würde. Die historische Landkarte Europas würde eine Aufteilung auch
aller anderen Großmächte sehr vereinfachen.
Wir würden wieder ein Venezien, eine Lombardei, ein Burgund, Savoyen, Estland,
Weißrußland, eine Normandie und so weiter
haben. Aber wie im Falle Deutschlands würden auch in den andern Ländern die neuen
(oder alten) Kantone und Regionen wieder
zu Nationalstaaten zusammenwachsen, es sei
denn, sie ordneten sich neu in begrenzten
„Lokalkombinationen" – schlössen sich eher
mit den ihnen geographisch unmittelbar verbundenen Nachbarstaaten zusammen als mit
ihren Stammverwandten. Das würde die
Neubildung großräumiger National- und
Riesenstaaten unmöglich machen.

Das wahre Schweizer Modell der nationalen
Aufteilung – anstatt Vereinigung – müßte in
verschiedenen europäischen Gegenden wiederholt werden, wie es seinerzeit schon in der
österreichisch-ungarischen Monarchie der
Fall war. Das Ergebnis wäre die Zusammenfassung kleiner europäischer Staaten in einem
Netz kleiner schweizähnlicher Staatenbünde,
nicht zwischen Blutsverwandten, sondern
Grenznachbarn . . .

Kohr, Leopold: Einigung durch Teilung, in: Die Zeit, 43/1991,
S. 60.

7.2 Charles de Gaulle: Für ein Europa der Vaterländer, 1970

*Charles de Gaulle (1890–1970), französischer
General und Staatsmann, organisierte nach
dem Zusammenbruch Frankreichs 1940 den
Widerstand gegen die deutsche Besatzung,
Provisorischer Präsident 1945/46, 1958 für
sechs Monate Ministerpräsident und Verteidi-
gungsminister mit Sondervollmachten zur
Beilegung der Algerien-Krise, 1959 und 1965
zum Präsidenten der Republik Frankreichs
gewählt; Rücktritt 1969.*

... Seit jeher, und heute mehr denn je, habe ich gespürt, was doch die Nationen, die <Europa> bevölkern, gemeinsam haben. Alle sind sie von derselben weißen Rasse, derselben christlichen Herkunft, derselben Lebensart; seit eh und je einander verbunden durch ungezählte Bande des Denkens, der Kunst, der Wissenschaft, der Politik, des Handelns; und so entspricht es ihrer Natur, daß sie ein Ganzes werden, das in dieser Welt seinen Charakter und seine Gestalt findet. Dank dieser Bestimmung Europas regierten es die römischen Kaiser, versuchten Karl der Große, Karl V. und Napoleon es zu sammeln, erhob Hitler den Anspruch, ihm seine erdrückende Herrschaft aufzuzwingen. Wie aber könnte man die Augen vor der Erkenntnis verschließen, daß es keinem von diesen Einigern gelang, die unterworfenen Länder zur Selbstaufgabe zu bewegen? Im Gegenteil, stets erzeugte die willkürliche Zentralisierung den Gegendruck virulenter Nationalitäten. Darum glaube ich, daß heute wie in allen verflossenen Epochen die Einigung Europas nicht im Verschmelzen der Völker liegen, sondern nur das Ergebnis ihrer systematischen Annäherung sein kann, sein muß ...

Welch tiefer Illusion und Voreingenommenheit muß man verfallen, um glauben zu können, europäische Nationen, die der Hammer ungezählter Mühen und zahlloser Leiden auf dem Amboß der Jahrhunderte schmiedete, deren jede ihre eigene Geographie, ihre Geschichte, ihre Sprache, ihre besonderen Traditionen und Institutionen hat, könnten ihr Eigenleben ablegen und nur noch ein einziges Volk bilden? Welche Kurzsichtigkeit verrät der oft von naiven Gemütern vorgebrachte Vergleich dessen, was Europa tun sollte, mit dem, was die Vereinigten Staaten getan haben, die doch von Wellen um Wellen entwurzelter Siedler, ausgehend vom Nichts, auf jungfräulichem Boden geschaffen wurden? Und wie ließe sich vorstellen, daß ausgerechnet die Sechs mit einem Schlag gemeinsame Außenziele haben sollten, da Herkunft, Lage und Streben jedes einzelnen anders aussehen? ...

Könnten andererseits diese Länder, sofern man erkennt, daß jedes seine nationale Persönlichkeit besitzt und sofern man zugibt, daß sie sie behalten müssen, nicht die gegenseitige Abstimmung in allen Bereichen organisieren, regelmäßig ihre Minister, ihre Staats- oder Regierungschefs zusammenkommen lassen, ständige Organe einrichten für die Erörterung der Politik, der Wirtschaft, der Kultur, der Verteidigung, in einer Versammlung aus Delegationen ihrer Parlamente normal darüber beraten, Lust verspüren und sich daran gewöhnen, alle Fragen gemeinsamen Interesses miteinander zu prüfen und, soweit möglich, eine gemeinsame Haltung zu ihnen einnehmen? Könnte nicht diese umfassende Zusammenarbeit in Verbindung mit dem, was sie wirtschaftlich schon in Brüssel oder Luxemburg tun, auch hinsichtlich des Fortschritts, der Sicherheit, des Einflusses, der Außenbeziehungen, der Hilfe für die Entwicklung der bedürftigen Völker, die sie brauchen, und schließlich und endlich des Friedens zu einem wahrhaft europäischen Vorgehen führen? Würde nicht diese Gruppierung der Sechs allmählich auch die anderen Staaten des Kontinents veranlassen, sich ihr zu den gleichen Bedingungen anzuschließen? Könnte nicht so – im Gegensatz zum Krieg, der bisher die Geschichte der Menschen schrieb – jenes vereinte Europa Wirklichkeit werden, von dem die Weisen träumen? ...

Gaulle, Charles de: Für ein Europa der Vaterländer, in: ders.: Memoiren der Hoffnung, Frankfurt/Main 1978, S. 139 f.

7.3 Alan Sked: Die Mythen von der europäischen Einheit, 1991

Alan Sked, britischer Historiker, lehrt an der London School of Economics and Political Science.

Alle Nationalisten benötigen eine mythologische Sicht der Vergangenheit, um damit ihre politischen Glaubenssätze zu untermauern und Unterstützung für ihre Anliegen zu gewinnen. Die Europäer, die heute für das eintreten, was praktisch auf eine vereinigte europäische „Nation" hinausläuft, bilden keine Ausnahme. Der einzige Unterschied zwischen diesen europäischen Nationalisten und den früheren ist der Umstand, daß sie den Nationalismus ablehnen, während sie ihn verkünden, und dies in der Illusion tun, daß der Begriff Nationalität sprachliche und kulturelle Einheit voraussetzt.

Das ist selbstverständlich nicht der Fall, und wie wir sehen werden, ist die Herstellung der kulturellen Einheit nach Schaffung vollendeter Tatsachen nicht besonders schwierig, wobei unterschiedliche Sprachen kein besonderes Hindernis darstellen. Das Hauptinstrument des heutigen europäischen Nationalismus ist nicht die Sprache, sondern die Geschichte, und es ist kein Zufall, daß die Europäische Kommission bereits ein Gremium von Historikern gegründet hat, die dafür sorgen sollen, daß Geschichte in Europa auf die richtige „europäische" Art und Weise gelehrt wird, eine Art und Weise, die die erforderlichen Mythen stützt und stärkt. Einer

der wichtigsten Zwecke solcher Mythen besteht darin, stets verfügbare Kurzformeln zu liefern, mit denen festgestellt werden kann, was – oder wer – für die anstehende Sache „gut" oder „schlecht" ist. Angewandt auf Einzelpersonen, beziehen sich solche Urteile auf ihren Erfolg oder Mißerfolg in bezug auf ihre angeblich historisch korrekte Rolle.

Dieser Prozeß ist heute in Europa im Gange. Heute sind die „guten Europäer" jene, die den europäischen Föderalismus befürworten oder, wie man das sonderbarerweise nennt, „das europäische Ideal schlechthin". „Schlechte Europäer" sind Verräter am embryonischen europäischen Nationalismus, der die Schaffung eines europäischen Superstaates anstrebt, der seinerseits Europas natürliche Po-

Burkhard Mohr, in: Das Parlament.

sition als Mittelpunkt der Welt wiederherstellen wird. Diese Haltung bezieht sich auf eine spezifische Vorstellung von der europäischen Geschichte, die sich um eine Reihe einander ergänzender Mythen kristallisiert. Wir nennen fünf davon, die zusammengefaßt lauten:

Erster Mythos: Das „europäische Ideal schlechthin" transzendiert den Nationalismus. Er will die Nationen zusammenführen und verhindern, daß es in Europa je wieder zu einem Krieg kommt. Die Gegner des „europäischen Ideals" wollen Europa in Blöcke antagonistischer Nationalstaaten aufteilen.

Zweiter Mythos: Europa ist nicht, wie Bismarck meinte, bloß ein „geographischer Begriff", sondern eine kulturelle Einheit, die aus einer gemeinsamen historischen Erfahrung hervorgegangen ist. Diese Erfahrung ist ein kumulativer Prozeß, der mit den alten Griechen begann und seither eine besondere „zivilisatorische" Spur durch die Geschichte zieht, über das alte Rom, die „Christenheit", die Renaissance, die Aufklärung, die Französische Revolution, und die mit der Schaffung der Europäischen Gemeinschaft ihren Höhepunkt erreicht. Diese wird sich bald zu einem föderativen Europa entwickeln, das schließlich und endlich der Welt der Vernunft zum Sieg verhelfen und sie damit vor den eher primitiven Werten des amerikanischen Nationalismus, des sowjetischen und chinesischen Kommunismus sowie des islamischen Fundamentalismus und der Korruption der Dritten Welt retten wird.

Dritter Mythos: Europa hat jedenfalls ein Recht darauf, Mittelpunkt der Weltpolitik zu sein. Amerika ist schließlich bloß ein Abkömmling Europas, ebenso Lateinamerika. Der Kommunismus in all seinen Formen ist ein illegitimer Sproß des europäischen Sozialismus, während der Nationalismus der Dritten Welt letztlich ebenfalls ein Produkt europäischen Denkens ist. Und schließlich hat Europa fast tausend Jahre lang die Welt im technologischen, ideologischen und politischen Sinn beherrscht. Erst seit 1945 ist Europa nicht mehr führender Akteur der Weltpolitik. Es ist daher nur natürlich, daß Europa wieder eine zentrale Stellung in der Weltpolitik einnehmen muß.

Vierter Mythos: Der seit 1945 vor sich gehende Prozeß der europäischen Einigung war das Werk großer Idealisten, angeführt von Jean Monnet. Der Idealismus dieser kontinentaleuropäischen Staatsmänner ist immer wieder durch Großbritannien frustriert worden, ein Land, das von „schlechten Europäern" geleitet wird und das sich sogar heute entschlossen zeigt, die „unausweichliche" Schaffung eines föderativen Europas zu verhindern.

Fünfter Mythos: Europa wird nie imstande sein, seine eigentliche weltpolitische Aufgabe zu erfüllen, solange es nicht geeint ist. Die Einigung wird sowohl Stärke als auch Einfluß mit sich bringen. Größer ist besser. Die Einheit wird Europa in die Lage versetzen, seine Interessen in der Welt zu verteidigen und auch seine Prosperität [Wohlstand] zu vermehren . . . Wenn einmal, nach einem weiteren Fortschritt der Demokratisierung, die osteuropäischen und sowjetischen Völker den Eintritt in das „gemeinsame europäische Haus" verlangen, dann stehen wir vor der Möglichkeit eines europäischen Staates, der sich vom Atlantik bis zum Pazifik erstreckt. Einen derartigen Staat als Föderation zu konstruieren, wäre gewiß ein Akt des Wahnsinns. Aber die Schaffung einer Europäischen Union, Liga, Gemeinschaft oder Commonwealth, ähnlich den heute bereits existierenden, könnte sehr wohl im Bereich des Möglichen liegen.

Die Europäer sollten die Romantisierung ihrer Vergangenheit unterlassen und sich vor der Idealisierung ihrer Zukunft hüten . . .

Sked, Alan: Die Mythen von der europäischen Einheit, in: Europäische Rundschau, 19, 1991, S. 97 f., 105.

7.4 Hagen Schulze: In manchem überholt, aber nicht überwunden, 1991

Hagen Schulze (geb. 1943), Studium der Geschichte, Politik und Soziologie in Bonn und Kiel, Professor in Berlin und München, seit 1994 Professor an der Freien Universität Berlin für Neuere Geschichte und Methodologie der Geschichtswissenschaft.

Daß der Nationalstaat auf manchen Ebenen überholt ist, macht jeder Blick auf die Wirklichkeit zumindest Westeuropas sichtbar. Von der Notwendigkeit weitausgreifender Wirtschaftsräume über die Verkehrs- und Kommunikationsnetze bis zur Regelung der Umweltfragen haben staatliche Institutionen sich mittlerweile als zu begrenzt erwiesen. Der Nationalstaat, der im vergangenen Jahrhundert als Gehäuse der entstehenden Industriegesellschaft und als Regelmechanismus für deren Konflikte vernünftig war, der darüber hinaus den einzigen Rahmen für demokratische Institutionen und Verfassungen bildete, stellt heute die Bedürfnisse der Menschen nicht mehr zufrieden; andere weiträumigere Ordnungen müssen hinzutreten.

Das heißt aber nicht, daß die Nationen selbst „überwunden" seien, wie namentlich viele Deutsche nach dem Zweiten Weltkrieg geglaubt hatten, nicht zuletzt, um ihrer eigenen belastenden nationalen Bindung zu entfliehen, während zugleich in der Dritten Welt das Nationalprinzip mit Zustimmung gerade der europäischen Liberalen Triumphe feierte. Der Glaube vieler überzeugter Europäer, zumal in Deutschland, die Nationen seien lediglich Folge einer überholten Ideologie und könnten beliebig abgeschafft werden, zerschellt an den bestehenden politischen, mehr aber noch geistigen Strukturen Europas: Die europäischen Nationen, im Anfang des neunzehnten Jahrhunderts noch utopische Gebilde, erweisen sich in der Gegenwart als lebendige kulturelle und geistige Wesen, mehr noch: als Ausdruck jener Pluralität, ohne die Europa sein Wesen verlieren müßte. Wenn es eine Lehre gibt, die sich aus den zahlreichen Fehlschlägen der europäischen Einigungsbemühungen herauskristallisiert, so die, daß die europäische Einigung nicht gegen die Nationen und ihre legitimen Eigenheiten vor sich gehen kann, nur mit ihnen, wie auch die Nationen ihrerseits zu lernen beginnen, daß sie sich aus einer Vielzahl von ethnischen, sprachlichen und regionalen Einheiten zusammensetzen.

Schulze, Hagen: In manchem überholt, aber nicht überwunden, in: Frankfurter Allgemeine Zeitung vom 27. 4. 1991.

7.5 Karl Otto Hondrich: Grenzen gegen die Gewalt, 1994

Karl Otto Hondrich (geb. 1937), Studium in Köln, Promotion 1962, Habilitation 1969, seit 1972 Professor für Soziologie an der Universität Frankfurt/Main; Veröffentlichungen zur Frage der Bewältigung von Vergangenheit, zu Gewalt und den Folgen der deutschen Einigung.

. . . Gestern noch konnte man den Deutschen zubilligen, sie hätten aus den Weltkriegen und dem friedlichen Aufschwung der Bundesrepublik die Lehre der Friedfertigkeit gezogen. Und heute? Lernen wir erneut und noch schneller um? Oder waren wir gar nicht so lernfähig, wie wir zu sein meinten? Kommen, unter der Oberfläche eines Wertewandels, den wir durchaus als wirklich und fortschrittlich erlebten, tiefer liegende nationalkulturelle Prägekräfte zum Vorschein, die sich so leicht nicht austreiben oder abziehen und in eine weltumspannende Universalethik umwandeln lassen, wie es der Fortschrittsmythos will?

Der wirkliche, von Tag zu Tag sich neu erhebende Nationalismus fragt allerdings nicht nach den alten Schlachten. Seine Träger sind keine Fahnenträger, sondern Ökonomen, die die harte Mark einer europäischen Währung opfern wollen: Gewerkschafter, denen das deutsche Modell der paritätischen Mitbestimmung wichtiger ist als eine europäische Lösung; die Verteidiger des deutschen Asylrechts; die Grünen, denen der Umweltschutz nicht schnell genug vorankommt; die Friedfertigen, die um keinen Preis deutsche Soldaten bei UN-Interventionen mitkämpfen und sterben sehen wollen . . .

Am Netz dieses neuen, diesmal progressiven Nationalismus knüpfen alle mit, die bei der Öffnung zur Europäischen Union und zur Welt entdecken, daß sie etwas zu verlieren haben. Als ewig Gestrige empfinden sie sich nicht, eher als Speerspitzen sozialstaatlicher, ökologischer, liberaler, pazifistischer Lebensformen, die ihrer Meinung nach anderswo nicht so fortgeschritten sind wie in der Bundesrepublik. Mögen wir noch so sehr beteuern, daß wir alle Kulturen als gleichwertig ansehen: Die eigenen Lebensformen ziehen wir vor. Diese Präferenz für das Eigene – wie ist sie mit der vielbeschworenen Öffnung nach außen und der Vision universaler Wertorientierung zu vereinbaren? Indem man die Gemeinsamkeit als Ziel zurücksteckt und durch sichtbare oder unsichtbare Grenzen das Eigene gegen Übergriffe von außen einhegt? Oder indem man die deutschen Maßgaben für Umweltschutz, Mitbestimmung oder Asylrecht auch für die Europäische Union und die weitere Welt verbindlich zu machen versucht? Das eine wie das andere – die Partner fassen es als nationalistisch auf und sind verstimmt.

Aber auch das Einschwenken auf eine gemeinsame Linie schützt nicht vor nationalistischen Sentiments und Ressentiments. In der Anerkennung Sloweniens, Kroatiens und Bosniens mußten England und Frankreich, zähneknirschend, der von Deutschland vorgezeichneten Linie folgen. In der Nachgiebigkeit gegenüber der serbischen Aggression war es umgekehrt. In jedem Fall erinnerte man einander maliziös an nationale Besonderheiten und alte Allianzen. Gerade auch in neuen Gemeinsamkeiten wird das Bewußtsein für bleibende nationale Unterschiede geweckt und vom Groll genährt, nachgegeben zu haben.

Supranationale Fortschritte und Nationalismus bestärken sich also gegenseitig. Wollen wir wirklich verstehen, wie Nationalismus entsteht? Dann schauen wir nicht in die Geschichte, auf den Balkan oder auf die Reaktionäre mit der Reichskriegsflagge! Hier und heute entsteht er, in den fortschrittlichsten Teilen der fortschrittlichsten Gesellschaften. Sie sind zwar dominant, aber doch nicht mächtig genug, aller Welt ihren Fortschritt aufzudrücken. So müssen sie ihn denn dagegen schützen, daß er in der offenen Weltgesellschaft überfordert, verwässert, eingeebnet wird.

Nationalismus lebt, heute wie früher, nicht von den Plänen und Visionen einzelner Nationalisten (die man kaltstellen könnte), sondern von seiner Funktion, gerade die modernsten Errungenschaften eines Gemeinwesens zu sichern. Wie jede Kultur sind diese Erfolge in Grenzen gewachsen; sie würden im Grenzenlosen verdampfen.

Aber warum müssen solche Grenzen ausgerechnet die eines Nationalstaats sein? Die Antwort ist so einfach wie ernüchternd: Weil es keine anderen Grenzen gibt, die annähernd dasselbe leisten, nämlich den Geltungsbereich des staatlichen Gewaltmonopols und den der Zusammengehörigkeitsgefühle zur Deckung zu bringen. Ohne das Unterfutter von Wir-Gefühlen sind Staaten nur willkürlich konstruierte Gewalthülsen, die unter Belastung zerfallen. Ohne den Schutz eines legitimen Gewaltmonopols andererseits sind Kulturen und die sie tragenden Völker der Demütigung und Vernichtung preisgegeben.

Alles, was die Bundesrepublik in einem halben Jahrhundert an Wohlstand, Friedlichkeit und Duldsamkeit – also an besonderer Kultur – hervorgebracht hat, begründet eine gemeinsame Herkunft für alle, die dabeigewesen sind. Diese gemeinsame Herkunft teilen auch die „deutschen" Italiener, Spanier, Portugiesen, Griechen, Türken. Aber auch der offensten Gesellschaft fiele es schwer, diese Offenheit gegenüber allen späteren Zuwanderern zu beweisen.

. . .

Wer eine Gesellschaft nach außen uneingeschränkt öffnen und offenhalten will, der muß riskieren, daß sie sich im Innern schließt: letztlich auch mit Ausbrüchen von Gewalt. Diesen Realitäten müssen wir uns stellen. Sie lassen sich durch Toleranzedikte allein nicht beseitigen. Gebote der Duldsamkeit und Offenheit sind nötig. Aber bestenfalls halten sie in Schach, was sie zugleich bestätigen und verdrängen: die höhere Gewaltabhängigkeit, Herkunftsbestimmtheit, Exklusivität der „höheren" Kulturen. Wer sich Gewalt und den kollektiven Wir-Gefühlen zivilisierend entgegenstellen will, muß sie zugleich als Gestaltungskräfte anerkennen.

Es bleibt die Kunst der Politik, diese Spannungen zwischen alten und neuen Herkünften, zwischen der Öffnung und Abschließung der Gesellschaft, zwischen dem Nationalismus auch der Progressiven und dem Imperativ der Weltoffenheit abzuschwächen und doch zu erhalten. Das Schicksal der offenen Gesellschaft hängt nicht so sehr von der Vision ab als vielmehr von der Einsicht in ihre Grenzen.

Hondrich, Karl Otto: Grenzen gegen die Gewalt, in: Die Zeit, 5/1994, S. 4.

Fragen zu Kapitel 7:

1 Stellen Sie den grundlegenden Gedanken von Leopold Kohr (Text 7.1) kurz dar! Wie begründet er seinen Vorschlag für ein geeintes (und geteiltes) Europa? Halten Sie seinen Vorschlag für realistisch? Halten Sie seine Verwirklichung für wünschenswert?

Welche Ähnlichkeiten mit der immer wieder vorgeschlagenen Konzeption eines „Europa der Regionen" sehen Sie? Welche Unterschiede ergeben sich?

2 In welchem Zusammenhang stehen Nationalstaat und europäische Einigung im programmatischen Text de Gaulles (Text 7.2)? Was versteht de Gaulle unter „eigene(r) nationale(r) Persönlichkeit"? Können Sie sich seiner Argumentation anschließen oder halten Sie sie heute für eher überholt?

Finden Sie Parallelen zum Text de Gaulles in Text 7.4 (Hagen Schulze) oder ergänzende Argumentationen? Können Sie sich ihnen anschließen?

3 Alan Sked (Text 7.3) wendet sich gegen einen „europäischen Nationalismus". Wie definiert er ihn? Er kreidet diesem europäischen Nationalismus an, daß er – wie der herkömmliche, auf den Nationalstaat bezogene Nationalismus – die Bildung und Aufrechterhaltung von „Mythen" fördere. Welche „Mythen" sind das nach Sked? Wie werden sie von ihm bewertet? Welche Art europäischer Einigung wird von Sked befürwortet?

4 Was meint K. O. Hondrich (Text 7.5) mit der Aussage: „Supranationale Fortschritte und Nationalismus bedingen sich ... gegenseitig"? Womit belegt er seine Aussage?

Eine weitere Aussage Hondrichs ist: „Nationalismus lebt heute wie früher nicht von den Plänen und Visionen einzelner Nationalisten, ... sondern von seiner Funktion, gerade die modernsten Errungenschaften eines Gemeinwesens zu sichern." Was ergibt sich daraus für das Vorgehen des Einzelstaats bei der Integration Europas?

Weiterführende Literatur

Einführungen zu Begriff und Geschichte von Nation, Nationalstaat, nationaler Identität, nationalen Stereotypen und Nationalismus

Anderson, Benedict: Die Erfindung der Nation. Zur Karriere eines folgenreichen Konzepts, erweiterte Neuausgabe, Frankfurt/Main, New York 1996.

Beumann, Helmut/Schröder, Werner (Hrsg.): Aspekte der Nationenbildung im Mittelalter, Nationes, Bd. 1, Sigmaringen 1978.

Bundeszentrale für politische Bildung (Hrsg.): Die Frage nach der deutschen Identität, Schriftenreihe, Bd. 221, Bonn 1985.

Dann, Otto (Hrsg.): Nationalismus in vorindustrieller Zeit, Studien zur Geschichte des 19.Jh., Bd. 12, München 1986.

Dann, Otto: Nation und Nationalismus in Deutschland 1770–1990, 3. überarb. u. erw. Auflage, München 1996.

Dann, Otto (Hrsg.): Die deutsche Nation. Geschichte, Probleme, Perspektiven, München 1994.

Deutsch, Karl-Wolfgang: Nationenbildung – Nationalstaat – Integration, Düsseldorf 1972.

Düding, Dieter: Organisierter gesellschaftlicher Nationalismus in Deutschland (1808–1847). Bedeutung und Funktion der Turner- und Sängervereine für die Nationale Bewegung, München 1984.

Ehlers, Joachim (Hrsg.): Ansätze und Diskontinuität deutscher Nationsbildung im Mittelalter, Nationes, Bd. 8, Sigmaringen 1989.

Eisenstadt, S./Rokkan, Stan (Hrsg.): Building States and Nations, Beverly Hills 1973.

Fehrenbach, Elisabeth: Über die Bedeutung der politischen Symbole im Nationalstaat, Historische Zeitschrift, Bd. 213, 1971, S. 296–357.

Gellner, Ernest: Nationalismus und Moderne, Hamburg 1995.

Giesen, Bernhard: Nationale und kulturelle Identität. Studien zur Entwicklung des kollektiven Bewußtseins in der Neuzeit, Frankfurt/Main 1991.

Glaser, Hermann: Bildungsbürgertum und Nationalismus. Politik und Kultur im Wilhelminischen Deutschland, München 1993.

Hardtwig, Wolfgang: Nationalismus und Bürgerkultur in Deutschland, 1500–1914, Göttingen/Zürich 1994.

Hobsbawm, Eric: Nationen und Nationalismus. Mythos und Realität seit 1780, 2. Auflage, Frankfurt/Main 1992.

Link, Jürgen/Wülfing, Wulf (Hrsg.): Nationale Mythen und Symbole in der 2. Hälfte des 19. Jh. Strukturen und Funktionen von Konzepten nationaler Identität, Stuttgart 1991.

Minc, Alain: Die Wiedergeburt des Nationalismus in Europa, Hamburg 1992.

Mommsen, Margareta (Hrsg.): Nationalismus in Osteuropa. Gefahrvolle Wege in der Demokratie, München 1992.

Mosse, George L.: Die Nationalisierung der Massen: Politische Symbolik und Massenbewegungen in Deutschland von den Napoleonischen Kriegen bis zum Dritten Reich, Frankfurt/Main 1993.

Noelle-Neumann, Elisabeth/Köcher, Renate: Die verletzte Nation. Über den Versuch der

Deutschen, ihren Charakter zu ändern, Stuttgart 1987.

Schieder, Theodor: Nationalismus und Nationalstaat. Studien zum nationalen Problem im modernen Europa. Hrsg. v. Dann, Otto/Wehler, Hans U., 2. Auflage, Göttingen 1992.

Schulze, Hagen: Staat und Nation in der europäischen Geschichte, 2. durchges. Auflage, München 1995.

Schulze, Hagen: Der Weg zum Nationalstaat. Die deutsche Nationalbewegung vom 18. Jh. bis zur Reichsgründung, 4. Auflage, München 1994.

Sontheimer, Kurt: Antidemokratisches Denken in der Weimarer Republik: Die politischen Ideen des deutschen Nationalismus zwischen 1918 und 1933, München 1992.

Tiemann, Dieter: Frankreich- und Deutschlandbilder im Widerstreit. Urteile französischer und deutscher Schüler über die Nachbarn am Rhein, Bonn 1983.

Trautmann, Günter (Hrsg.): Die häßlichen Deutschen? Darmstadt 1991.

Tümmler, Hans: „Deutschland, Deutschland über alles": Zur Geschichte und Problematik unserer Nationalhymne, Köln 1979.

Weidenfeld, Werner/Korte, Karl-Rudolf (Hrsg.): Die Deutschen. Profil einer Nation, Stuttgart 1991.

Winkler, Heinrich August/Kaelble, Hartmut: Nationalismus-Nationalitäten-Supranationalität, 2. Auflage, Stuttgart 1995.

Wollstein, Günter: Das „Großdeutschland" der Paulskirche. Nationale Ziele in der bürgerlichen Revolution 1848/49, Düsseldorf 1977.

Textsammlungen:

Alter, Peter: Nationalismus, München, Zürich 1994.

Bucher, Peter (Hrsg.): Nachkriegsdeutschland 1945–1949, Quellen zum politischen Denken der Deutschen im 19. u. 20. Jh., Bd. X, Darmstadt 1990.

Historikerstreit. Die Dokumentation der Kontroverse um die Einzigartigkeit der nationalsozialsitischen Judenvernichtung, 9. Auflage, München 1995.

Jeismann, Michael/Ritter, Henning (Hrsg.): Grenzfälle. Über neuen und alten Nationalismus, Leipzig 1993.

Korte, Karl-Rudolf: Über Deutschland schreiben. Schriftsteller sehen ihren Staat, München 1992.

Longerich, Peter (Hrsg.): „Was ist des Deutschen Vaterland?" Dokumente zur Frage der deutschen Einheit 1800–1990, 2. Auflage, München 1995.

Nünning, Ansgar/Nünning, Vera (Hrsg.): Der Deutsche an sich. Einem Phänomen auf der Spur, München 1994.

Schulze, Hagen/Paul, Ina (Hrsg.): Europäische Geschichte. Quellen und Materialien, München 1994.

Wende, Peter (Hrsg.): Politische Reden 1792–1945, 3 Bde., Frankfurt/Main 1994.

Wentzcke, Paul u. a. (Hrsg.): Darstellungen und Quellen zur Geschichte der deutschen Einheitsbewegung im 19. und 20. Jh., 15 Bde., Heidelberg 1957–1995.

Wickert, Ulrich (Hrsg.): Angst vor Deutschland, Hamburg 1990.

Zur Lage der Nation im geteilten Deutschland. Erklärungen der Bundesregierung und Aussprachen im Deutschen Bundestag, Bonn 1971, 1972, 1974, 1975, 1979, 1989.

Glossar

Bolschewismus

Im sowjetischen Kommunismus, später auch im Westen gebrauchte Bezeichnung für die von Lenin und seinen Anhängern begründete und von Stalin fortgeführte Weiterentwicklung der Lehre des Marxismus-Leninismus. Der Terminus Bolschewismus resultiert aus dem zufälligen Mehrheitserfolg der Anhänger Lenins bei der Wahl der Parteileitung der Sozialdemokratischen Arbeiterpartei Russlands 1903 (Bolschewiki, deutsch „Mehrheitler"). Diese Lehre wurde von den sowjetischen Kommunisten auch auf die kommunistischen Parteien anderer Länder in Theorie und Praxis übertragen. Nach Stalins Tod (1953) verlor die Bezeichnung im kommunistischen Sprachgebrauch an Bedeutung.

Bundesstaat

Ein Bundessstaat ist die Verbindung von mehreren gleichberechtigten Staaten zu einem Gesamtstaat. Der Gesamtstaat entscheidet über alle Fragen, die für die Einheit und den Bestand des Ganzen wesentlich sind. Die Gliedstaaten (auch Länder, Kantone, Bundesländer, Bundesstaaten, Staaten genannt) behalten ihre Staatlichkeit und sind an der Willensbildung des Ganzen beteiligt. Bundesstaaten sind beispielsweise die Bundesrepublik Deutschland oder die USA. Das Gegenteil des Bundesstaates sind Staatenbund und Zentralstaat.

Dritter Stand

Begriff in der mittelalterlichen und frühneuzeitlichen Ständeordnung für die nicht privilegierten Bürger, Handwerker und Bauern gegenüber den beiden ersten Ständen, den privilegierten Ständen von Adel und Klerus. In Frankreich erklärte sich die Versammlung des Dritten Standes am 17. Juni 1789 zur Nationalversammlung und erzwang in der Französischen Revolution die rechtliche Gleichstellung (Adel und Klerus verzichteten auf ihre Privilegien), danach die politische Führung. Der Begriff Dritter Stand bezeichnete mit dem Aufkommen moderner Industrie nur noch das besitzende Bürgertum im Unterschied zum Proletariat oder Vierten Stand.

Faschismus

Der Begriff Faschismus war zunächst die Eigenbezeichnung einer politischen Bewegung in Italien, die unter Führung Benito Mussolinis die politische Macht errang und ein diktatorisches Regierungssystem errichtete (1922–1945). Später wurde die Bezeichnung auf alle extrem nationalistischen, nach dem Führerprinzip organisierten, antiliberalen und antimarxistischen Bewegungen, Herrschaftssysteme oder Ideologien ausgedehnt. Sowohl durch die Anhänger als auch durch die Gegner des Faschismus gab es eine Verallgemeinerung des Begriffs von einer zeitlich und national begrenzten Eigenbezeichnung zur Gattungsbezeichnung eines bestimmten Herrschaftstyps. Wissenschaftlich umstritten sind die Versuche, zu einem allgemeinen Faschismus-Begriff zu gelangen. Von vielen Historikern wird die begriffliche Unterordnung des Nationalsozialismus unter einen Oberbegriff „Faschismus" als sachlich vereinfachend und historisch bedenklich betrachtet. Faschismus und Nationalsozialismus gelten neben dem Kommunismus als Form des Totalitarismus.

Föderalismus

Den Föderalismus kennzeichnen die verfassungspolitischen Bemühungen, die historisch-politische, weltanschaulich-kulturelle, sozioökonomische und ethnische Vielfalt eines Gemeinwesens im Einzelnen und seinen Anspruch als Staatsganzes im Gleichgewicht zu halten und zu sichern. Dabei entstehen vor allem zwei Grundformen des Staates, die des Bundesstaates und die des Staatenbundes. Der Föderalismus ist ein wesentliches Element der Verfassungsstruktur der USA, Kanadas, Australiens und einiger lateinamerikanischer Staaten. In Europa hat vor allem der deutschsprachige Raum eine starke föderalistische Tradition (Deutschland, Österreich, Schweiz).

Frankfurter Nationalversammlung

Die Frankfurter Nationalversammlung tagte vom 18. 5. 1848 bis 30. 5. 1849 in der Paulskirche in Frankfurt am Main. Aufgabe der Nationalversammlung und ihrer etwa 600 (mit Stellvertretern über 800) gewählten Abgeordneten war die Ausarbeitung einer Verfassung, die an die Stelle des Deutschen

Bundes einen gesamtdeutschen Bundesstaat setzen sollte. Auslöser für ein verfassunggebendes Parlament waren revolutionäre Unruhen im Frühjahr 1848 – vor allem in Süddeutschland, später auch in Preußen – mit liberaldemokratischen und nationalen Forderungen. Das Parlament der Paulskirche verabschiedete im Dezember 1848 das „Gesetz über die Grundrechte des Deutschen Volkes", scheiterte aber letztlich mit der Schaffung eines gesamtdeutschen Staates. Am 28. März 1849 wählte die Nationalversammlung Friedrich Wilhelm IV. von Preußen zum Kaiser eines kleindeutschen Reiches (ohne Österreich). Mit dessen Ablehnung der Kaiserkrone scheiterte die von der Nationalversammlung verkündete und am folgenden Tag verabschiedete Verfassung. Nur 28 Staaten erkannten die Reichsverfassung an, die meisten (u. a. Österreich und Preußen) lehnten sie ab.

Hambacher Fest

Auf dem Hambacher Schloß fand vom 27. bis 30. Mai 1832 die erste Massenkundgebung für ein freies und einiges Deutschland statt. Fast 30 000 Menschen waren dem Aufruf der Publizisten Wirth und Siebenpfeiffer gefolgt und forderten unter den Farben Schwarzrotgold Deutschlands Einheit und Freiheit sowie eine föderative Republik. Der Deutsche Bund reagierte mit Verhaftungen und Unterdrückung auf die Versammlung.

Heiliges Römisches Reich Deutscher Nation

Heiliges Römisches Reich ist die amtliche Bezeichnung für den Herrschaftsbereich des abendländischen Römischen Kaisers und der in ihm verbundenen Reichsterritorien (Deutschland, Italien, Burgund) vom Mittelalter bis 1806 (Niederlegung der Römischen Kaiserkrone durch Franz II.). Der Zusatz „deutsche Nation" wurde nach 1442 beigefügt und bezeichnet einschränkend – in Abgrenzung zu Italien und Burgund – die deutschen Teile des Reichsgebietes. Seit dem 17. Jahrhundert drückte er auch den nationalen Anspruch der Deutschen auf das Imperium aus.

Historischer Materialismus

Der historische Materialismus ist ein entscheidendes Lehrstück der marxistischen Gesellschafts- und Geschichtstheorie: Im Mittelpunkt stehen die Erklärung der Zweckgerichtetheit historischer Sachverhalte (historisches Prinzip) und die These, daß die Geschichte von „wirklichen" Menschen gestaltet wird (materialistisches Prinzip) und nicht von Ideen oder Begriffen.

Imperialismus

Im Frankreich des frühen 19. Jahrhunderts bedeutete Imperialismus die persönliche imperiale Herrschaft eines Herrschers über mehrere Territorien. Im späten 19. Jahrhundert bedeutete Imperialismus in allen europäischen Ländern die Politik territorialer Expansion eines Staates und stand in enger Verbindung mit dem Nationalismus. Imperialismus kann aus systematischer Perspektive entweder eine direkte, häufig gewaltsame koloniale Gebietsherrschaft bedeuten oder eine indirekte Herrschaft militärisch, wirtschaftlich und politisch mächtiger Staaten über weniger entwickelte Regionen. Dann bezeichnet Imperialismus die Ausbeutung fremder Ressourcen ohne Gegenleistung. In beiden Fällen steht der Imperialismus in enger Beziehung zum Kolonialismus. Als Schlagwort wird der Begriff Imperialismus häufig benutzt, um die Haltung eines anderen Staates, der im internationalen Kräftespiel konkurriert, abzuqualifizieren.

Kalter Krieg

Als Kalter Krieg gilt die nichtmilitärische Konfrontation zweier Staaten oder Staatenblöcke. Diese Konfrontation kann durch Wettrüsten, wirtschaftliche Kampfmaßnahmen (Embargo), Begründung und Ausbau von Militärbündnissen, ideologische und propagandistische Unterwanderung, Förderung von Putschen, militärisches Eingreifen in regionale Konflikte u. a. bis zum Rande eines Kriegsausbruches führen. Als Schlagwort wurde die Bezeichnung Kalter Krieg erstmals von B. M. Baruch gebraucht. Als historischer Begriff bezeichnet Kalter Krieg den von 1947 bis 1990 dauernden globalen Antagonismus zwischen den beiden Weltmächten USA und UdSSR und deren jeweiligen Machtblöcken.

Nation

Der Begriff Nation bezeichnet eine soziale Großgruppe, die bestimmt wird durch gemeinsame Abstammung, Wohngebiet, Sprache, Religion, Rechts- und Staatsordnung, Kultur, Welt- und Gesellschaftsvorstellungen, Geschichte sowie durch die Intensität der Kommunikation. Entscheidend dabei ist, daß die Angehörigen einer Nation vom Anders- und Besonderssein im Vergleich zu allen anderen Nationen überzeugt sind, da nicht immer alle oben genannten Merkmale vorhanden sind. Unterschieden wird u. a. zwischen Staats-, Kultur- und Willensnation. Versuche, Nation anhand objektiver, allgemeingültiger Merkmale zu definieren, bleiben bis heute umstritten. Begriffsgeschichtlich standen bis ins 18. Jahrhundert hinein regionale und soziale Bezeichnungen der Nation gleichberechtigt neben anderen Definitionen. So bezeichnete lateinisch „natio" in der Antike und weit ins Mittelalter hinein die Abstammung oder den Herkunftsort einer Person. Im 19. und 20. Jahrhundert wird Nation, ausgehend von Europa, zu einem Zentralbegriff politischer Integration.

Nationalismus

Nationalismus ist eine Ideologie, die – beruhend auf einem bestimmten Nationalbewußtsein – den Gedanken der Nation und des Nationalstaats militant nach innen und außen vertritt. Soziale Großgruppen werden zu einer inneren Einheit verbunden, um sie gegen eine als anders empfundene Umwelt abzugrenzen. Dies geschieht durch überzogene nationale Identifikation, aber auch durch Assimilation oder gewalttätige Gleichschaltung. Der Nationalismus ist an keine bestimmte Staats- oder Gesellschaftsform gebunden. Oft vereint sich im Nationalismus das Bewußtsein eines Anders- oder Besondersseins mit einem starken Sendungsbewußtsein. Dies kann zur Abwertung oder Geringschätzung anderer Völker oder nationaler Minderheiten im eigenen Staatsgebiet führen.

Nationalstaat

Im Nationalstaat besteht eine weitgehende Identität von Nation und Staatsvolk. Im Gegensatz zum Nationalitäten- oder Vielvölkerstaat sind die Staatsangehörigen im Nationalstaat alle oder die überwiegende Mehrheit Angehörige ein und derselben Nation. Das Zusammengehörigkeitsbewußtsein der Nation und der politische Wille derselben zu einem eigenen und selbständigen Staat ist die politische Grundlage eines Nationalstaats.

Patriotismus

Patriotismus ist die Liebe zum Vaterland, zur Heimat und bedeutet Verehrung und gefühlsmäßige Hingabe an Traditionen, Werte und historisch-kulturelle Leistungen des eigenen Volkes bzw. der eigenen Nation. Äußerlich zeigt sich Patriotismus z. B. in der Wertschätzung von Symbolen (Hymnen, Flaggen) oder Institutionen (Verfassung, Parlament), aber auch in der Bereitschaft, sich für das eigene Volk einzusetzen. Er orientiert sich primär am Staatswesen und unterscheidet sich vom Nationalismus, der sich stärker auf die Interessen eines Volkes oder einer Nation bezieht. Die Übergänge sind allerdings fließend.

Rassismus

Rassismus ist ein Begriff aus der politischen und sozialen Sprache des 20. Jahrhunderts. Er wird aber auch, was nicht unumstritten ist, zur Bezeichnung bestimmter Erscheinungen in der Vergangenheit herangezogen. Rassismus kennzeichnet im engeren Sinne die im 19. Jahrhundert ausformulierten Ideologien der Rassenunterschiede, die bis in die Gegenwart in jeweils unterschiedlichen Bezügen (u. a. Kolonialismus, Nationalsozialismus, Antisemitismus, Apartheid, neue Rechte) die Basis der dort gerechtfertigten oder praktizierten Diskriminierung von Menschen bildet.

Staatenbund

Als Staatenbund bezeichnet man einen losen völkerrechtlichen Zusammenschluß von Staaten zu gemeinsamen politischen Zwecken (Beispiel: der Deutsche Bund 1815–1866). Die Souveränität liegt nicht beim Gesamtstaat, sondern bei den Gliedstaaten. So bleiben die Gliedstaaten im Staatenbund zum Beispiel Völkerrechtssubjekte, unterhalten eigene diplomatische Vertretungen und können selbst Staatsverträge abschließen. Gegenteil des Staatenbundes ist der Bundesstaat.

Zusammengestellt nach:
Dieter Nohlen (Hrsg.): Wörterbuch Staat und Politik, Bonn 1995.
Brockhaus Enzyklopädie, 19. und 20. Auflage, Mannheim 1991/1998.